바울서신 연구
-바울과 바울서신-

월터 엘웰 · 로버트 야브루 지음
류근상 옮김

크리스챤출판사

Encountering Paul
And His Epistles

By
Walter A. Elwell
Robert W. Yarbrough

Translated by
Keun Sang Ryu

Copyright ⓒ 2005 by Walter A. Elwell and Robert W. Yarbrough
Originally published in USA under the title
Encountering the New Testament
by Baker Books, a division of Baker Book House Company
P. O. Box 6278, Grand Rapids MI 49516-6287 USA
All rights reserved.

Korean Edition
Copyright ⓒ 2010 by Christian Publishing House
Seoul, Korea

차례

차례 ··· 3
역자서문 ·· 10
저자서문(제2판) ·· 12
교수님들께 ·· 14
학생들에게 ·· 18

제1장 왜 신약성경을 연구하는가? ··· 21
개요 ··· 21
목표 ··· 22
1. 성경: 생사를 좌우하는 책 ·· 22
2. 구약성경과 신약성경 ··· 24
3. 신약성경을 연구하는 이유 ·· 26
   1) 하나님의 임재, 그것과 함께 진리를 전달한다 ················· 26
   2) 인간 개인의 궁극적 의미이다 ·· 27
   3) 문화적 교양의 기초이다 ·· 29
4. 왜 27권인가? ·· 33
   1) 구약성경 정경의 선례 ·· 34
   2) 신약성경의 신적 권위: 영감 ··· 36
   3) 교회의 정경 인정 ·· 38
5. 신약성경의 통일성 ··· 39
   1) 풍부한 증거 ··· 40
   2) 시간적 간격이 짧음 ·· 41
   3) 번역본 및 교부들 ·· 41
   4) 번역본이 이렇게 많다니! ··· 43

6. 신약성경 연구의 필요성 ·· 44
   1) 선입관에 의한 오석을 피하기 위해 ····································· 44
   2) 성령에 대한 잘못된 맹신을 피하기 위해 ··························· 45
   3) 신약성경에 대한 역사적-신학적 해석을 위해 ··················· 46
핵심어 ··· 49
핵심인물/장소 ·· 49
요약 ·· 50
복습 문제 ·· 51
연구 질문 ·· 52
심화 연구 자료 ·· 52

제2장 모든 것을 모든 민족에게: 사도 바울의 생애와 가르침 ············ 55
개요 ·· 55
목표 ·· 55
1. 바울의 생애 개요 ·· 57
2. 선교여행과 바울 서신 ·· 60
3. 바울이 직접 쓴 서신은 무엇인가? ··· 62
4. 바울과 예수님 ·· 63
5. 하나님에 관한 바울의 가르침 ··· 64
6. 악과 인간의 딜레마 ·· 66
7. 바울과 율법 ·· 67
8. 아브라함의 자녀, 하나님의 자녀: 하나님의 백성에 대한 바울의 견해 69
9. 계시와 성경 ·· 70
10. 메시아 ·· 72
11. 구속 ·· 75
12. 십자가 ·· 76
13. 부활 ·· 77
14. 교회 ·· 79
15. 윤리 ·· 80
16. 마지막 일 ·· 82

17. 결론 ··· 83
요약 ·· 85
복습 문제 ·· 86
연구 질문 ·· 86
심화 연구 자료 ·· 87

제3장 로마서: 하나님과 의로운 관계 ·························· 89
개요 ·· 89
목표 ·· 89
1. 복음서-사도행전-서신서 ································· 90
2. 왜 로마서를 건너야 하는가? ····························· 91
3. 로마와 그리스도교 ·· 94
4. 로마서의 상황 및 목적 ····································· 94
5. 개요 ·· 96
6. 로마서의 논증 ··· 97
   1) 서론(1:1-18) ··· 98
   2) 진단(1:9-3:20) ·· 99
   3) 예후 1: 예수 그리스도를 믿는 믿음으로 의롭게 되었다(3:21-8:17) ····· 101
   4) 예후 2: 은혜로 구속되었다(8:18-11:36) ········· 104
   5) 처방(12:1-15:13) ····································· 105
   6) 결론(15:14-16:27) ··································· 106
7. 로마서의 중요성 ·· 108
8. 비평적 문제 ··· 109
핵심 인물/장소 ·· 110
핵심어 ·· 110
요약 ·· 110
복습 문제 ·· 111
연구 질문 ·· 112
심화 연구 자료 ·· 112

제4장 고린도전후서·갈라디아서: 혼란을 겪는 교회를 향한 바울의 권면 ······ 115
  개요 ·· 115
  목표 ·· 116
  1. 고린도전서, 고린도후서 ··· 116
    1) 고린도 도시 ·· 117
    2) 고린도에 그리스도교 전파 ·· 119
    3) 고린도로 보낸 편지와 고린도에서 보낸 편지 ····················· 120
    4) 고린도전서 ·· 121
      (1) 저자, 연대, 기록장소 ·· 121
      (2) 기록 이유 ·· 122
      (3) 개요 ·· 122
      (4) 메시지 ·· 123
      (5) 특별한 이슈 ··· 124
      (6) 비평적 문제 ··· 125
    5) 고린도후서 ·· 127
      (1) 배경 및 목적 ··· 127
      (2) 개요 ·· 128
      (3) 메시지 ·· 129
      (4) 사도의 권위 ··· 130
      (5) 예루살렘 모금 ··· 131
      (6) 비평적 문제 ··· 132
  2. 갈라디아서 ··· 133
    1) 남갈라디아, 혹은 북갈라디아? ··· 134
    2) 개요 ·· 135
    3) 목적 ·· 136
    4) 참 복음과 거짓 복음 ·· 137
    5) 그릇된 지도력 ·· 138
    6) 은혜와 율법 ·· 140
    7) 긍정적 윤리 ·· 141
    8) 비평적 문제 ·· 143

핵심 인물/장소 ·· 145
　핵심어 ··· 146
　요약 ··· 146
　복습 문제 ··· 147
　연구 질문 ··· 148
　심화 연구 자료 ··· 148

제5장 에베소서·빌립보서·골로새서·빌레몬서: 감옥에서 보낸 편지 ········· 151
　개요 ··· 151
　목표 ··· 152
　1. 에베소서 ··· 154
　　1) 서론 ··· 154
　　2) 에베소 도시 ··· 155
　　3) 개요 ··· 155
　　4) 목적 ··· 156
　　5) 선포와 권면 ··· 158
　　6) 비평적 문제 ··· 160
　2. 빌립보서 ··· 161
　　1) 서론 ··· 161
　　2) 필리피(빌립보) 도시 ·· 161
　　3) 개요 ··· 162
　　4) 목적 ··· 163
　　5) 복음을 반대한 사람들 ·· 164
　　6) 기독론 ·· 165
　　7) 비평적 문제 ··· 167
　3. 골로새서 ··· 168
　　1) 서론 ··· 168
　　2) 골로새 도시 ··· 169
　　3) 개요 ··· 170
　　4) 배경 및 목적 ·· 171

5) 메시지 ··· 171
  6) 그리스도 우월성의 함의 ··· 172
  7) 비평적 문제 ·· 175
 4. 빌레몬서 ·· 176
  1) 서론 ·· 176
  2) 개요 ·· 176
  3) 목적 ·· 176
  4) 문학적 및 역사적 질문 ·· 177
  5) 실제적 교훈 ·· 180
 핵심어 ·· 181
 핵심인물/장소 ·· 181
 요약 ·· 181
 복습 문제 ·· 182
 연구 질문 ·· 183
 심화 연구 자료 ·· 184

제6장 데살로니가전후서·디모데전후서·디도서: 충성의 유산 ············ 187
 개요 ·· 187
 목표 ·· 188
 1. 데살로니가전서와 데살로니가후서 ································ 188
  1) 서론 ·· 189
  2) 데살로니가 도시 ·· 190
  3) 데살로니가전서와 데살로니가후서의 기원 ············ 190
  4) 데살로니가전서 ·· 191
   (1) 개요 ·· 191
   (2) 목적 및 메시지 ·· 192
   (3) 데살로니가에서 하나님 중심 ···························· 194

5) 데살로니가후서 ·· 196
      (1) 개요 ··· 196
      (2) 목적 및 메시지 ··· 197
      (3) 비평적 문제 ··· 199
2. 디모데전서, 디모데후서, 디도서 ····························· 200
   1) 4차 선교여행과 저자 문제 ································ 200
   2) 디모데전서 ·· 203
      (1) 개요 ··· 203
      (2) 기록 배경 및 메시지 ································· 204
   3) 디모데후서 ·· 206
      (1) 개요 ··· 206
      (2) 기록 배경 및 메시지 ································· 207
   4) 디도서 ·· 208
      (1) 개요 ··· 208
      (2) 기록 배경 및 메시지 ································· 209
3. 목회서신의 지혜 ··· 210
4. 비평적 문제 ·· 213
핵심어 ··· 215
핵심인물/장소 ·· 215
요약 ·· 215
복습 문제 ·· 216
연구 질문 ·· 217
심화 연구 자료 ·· 218

용어집 ··· 221
복습문제정답 ··· 261

역자서문

코이네 헬라어로 기록된 신약성경은 복음서, 사도행전, 바울서신, 일반서신, 계시록으로 이뤄져 있다. **바울서신은** 구원의 은혜를 받은 그리스도인 공동체가 직면하고 있는 목양적 문제에 대한 실제적 권면을 설득력 있게 제시함으로 건강하며 본래적 사명에 충실할 것을 재촉한다.

월터 A. 엘웰(Walter A. Elwell)과 로버트 W. 야브루(Robert W. Yarbrough)가 집필한 「Encountering Paul and His Epistles」는 바울서신(바울과 바울서신)의 역사적 및 신학적 국면의 해석에 심혈을 기울이며 바울서신 전체를 탁월하게 개관한다. 저자들은 하나님의 영감으로 기록된 구약성경과 신약성경의 연속성을 강조하며 그것이 기술하는 우주와 인간 존재에 대한 하나님의 임재와 역사에 대한 이해로 초대한다. 그릇된 전제로 인한 잘못된 해석이나 영적 맹신을 벗어나기 위해 역사적-신학적 해석을 해야 한다고 주장한다. 그렇다고 문학적 해석을 배제하지 않는다.

본서는 신앙의 성숙과 신학적 기초를 필요로 하는 학부생과 신학원생을 위한 교재로 집필되었다. 바울서신 각 책의 역사적 국면, 곧 지리, 문화, 정치, 종교의 요소들에 대한 자세한 설명에 이어 해당 책의 전체 읽기를 통한 신학적 이해를 기술한다. 핵심어, 핵심인물/장소, 요약, 복습문제, 연구 질문, 용어집, 주제 색인 등은 효율적 학습에 큰 도움을 준다. 그리고 2004년까지 출판된 최근 자료를 중심으로 개정한 각주와 심화 연구 자료, 그리고 제2판에 첨가된 비평적 문제 부분은 보다 전문적이며 학문적으로 신약성경을 연구하는데 등대 역할을 하기에 충분하다. 또한 본서가 영성과 지성의 균형을 이루며 온건한 보수적 관점을 지향하고 있기에 사역현장에서 성경을 연구하고 가르치는 목회자, 설교자, 성경교사들에게도 많은 도움을 줄 것이다.

본서에 적용된 몇 가지 표기 원칙을 밝힌다. 첫째, 성경구절은 「성경전서 개역개정판」을 따른다. 필요할 경우 역자의 번역도 있다. 둘째, 인명과 지명 표기는 원어 발음에 준하며, 주로 「브리태니커」 사전을 참고했다. 주제 색인에는 「성경전서 개역개정 한글판」에 사용된 용어도 병행하여 표기했다. 예를 들면 카이사르 아우구스투스/가이사 아구스도(Caesar Augustus)이다. 셋째, 색인의 항목 순서는 한글 자음 순으로 배열했다. 단, 인명 색인은 번역하지 않았으며 영어 알파벳순으로 배열했다.

하나님의 나라가
예수 그리스도를 통해
성령의 능력으로 실현되길 바라며……

2010년 5월 15

눌노리 동산에서
류근상 교수

저자서문

본서를 교재로 사용하신 많은 교수님들이 개정판을 출판해달라고 요청했다. 우리는 그들의 사려 깊은 정보에 감사하며, 많은 요구를 들어주었다. 그러나 어떤 제안은 받아들이지 못했는데 개선 요구가 한쪽으로 치우치는 경향을 보였기 때문이다. 비평적 문제를 자세히 다루지 않길 바라는 목소리가 있었는가 하면 더 자세히 다루어 주길 바라는 목소리도 있었다. 복습 문제가 더 쉬워야 한다는 의견이 있었는가 하면 더 어려워야 한다는 의견도 있었다. 자세한 설명에 불평하는가 하면 지나치게 간결하다고 불평하기도 했다. 신학적 강조보다는 성경 내용을 자세히 다루어주길 바라는가 하면 정반대의 기대를 보이기도 했다. 일부의 입장을 충족시키면 또 다른 일부는 좌절을 경험할 것이다.

우리는 애매한 표현은 바로잡고, 참고자료는 최신의 것으로 하며, 쇠퇴한 부분은 다시 쓰고, 또 초판의 간단한 부분에 자료를 첨가하는데 최선을 다했다. 철저한 개정, 말하자면 완전히 새로운 책을 쓰는 것이 지혜롭지 않다고 판단했다. 많은 교수들은 강의 교재로 효과적인 한 권의 책에서 지나치게 많은 문제를 다루지 않기를 기대했다. 대체로 학생들도 같은 생각이며, 그런 교재에서 많은 도움을 얻고 있다.

여러 가지 제안들 중 우리가 받아들인 것은 신학적 관점의 다양성-침례교회, 오순절교회, 로마 가톨릭, 개혁교회, 루터교회, 웨슬리교회, 독립교회, 재건교회, 구세군 등-에서 가장 두드러진 사항들이다. 가장 신중한 서평자가 개정을 제안했다할지라도 그 누구도 「신약성경 바로알기」가 강의실이나 신앙공동체에 적합하지 않다고 말하지는 못한다. 본서가 스페인어, 독일어, 그리고 중국어로 번역되어 사용되고 있는 사실은 많은 사람들에게 인정받고 있다는 증거이다.

본서는 학문적 관점에서, 그리고 여러 대륙에 퍼져 있는 많은 교단들의 진영을 초월한 신앙공동체에서 그리스도와 성경에 대한 지배적인 이해와 양립하는 면에서, 신약성경을 설명하는데 성공적이다. 이것은 처음부터 우리의 희망이자 목표였다.

우리는 이 개정판이 여러 광범위한 영역에서 그리스도인의 이해, 연합, 섬김, 그리고 선포에 기여하여 예수 그리스도의 영광을 드러낼 것이라고 믿는다.

월터 A. 엘웰
로버트 W. 야브루

교수님들께

한 권의 책으로 신약성경 전체를 개관한다는 것은, 누군가 말했듯이, 마치 바그너의 오페라를 휘파람으로 연주하려는 것과 같다. 우리 저자가 우선적으로 하고 싶은 말은 이 특별한 「신약성경 바로알기」가 완성을 지향하지만 결코 완성할 수 없다는 사실이다.

다른 개론서들과 마찬가지로 본서도 성경을 대신하거나 그것의 대용물로 읽는 책이 아니다. 이 책은 다만 성경을 읽는 것을 격려하고 본문의 이해를 돕기 위한 자그마한 도구일 뿐이다.

본서의 목적은 성경을 순서대로 해석해 가는 것이 아니다. 다시 말하면 이 책은 주석도 주석적 개관도 아니다. 신약성경 주석에 관한 내용은 D. A. Carson, *New Testament Commentary Survey*, 5th ed. (Grand Rapids: Baker, 2001)를 참고하시오. 본서는 신약성경의 주요 주제들에 대한 신학적 및 주제적 논의를 제시하지만, 절별 주석이나 장별 주석을 제시하지 않는다.

예수님이나 바울과 같은 중심인물들의 가르침에 관한 주제들은 해당 장에 관련 입장들을 통합하여 요약되어 있다. 그러나 개별 복음서나 바울 서신을 설명하는 장들은 주요 주제들에 대해 생략하거나 간단히 언급했으며 요약적 내용을 다룬 장에 보다 자세히 제시했다.

역사적 비평, 해석학, 예수님과 복음서에 대한 현대적 연구에 관한 장들은 복음서와 예수님에 관한 장들 후에 배열했다. 이것은 두 가지 확신을 반영한다. 하나는 신약성경에 대한 비평이나 이론적 접근을 위해서는 신약성경 내용에 대한 기본적 지식이 필요하다는 확신이다. 비근한 예로서 우리가 셰익스피어의 문학을 심도 있게 비평하기 위해서는 먼저 그것을 읽어야 한다. 그러나 본서를 읽는 사람들 가운데는 신약성경을 많이 읽지 않은 사람도 있을 것이다.

또 하나의 확신은 계몽시대 이후 신약성경과 관련된 복잡한 논쟁에 대한 전문적인 지식이 없는 일반 독자들도 신약성경의 기본적 메시지에 대한 접근이 용이하다는 것이다. 역사적 비평은 중요하다. 그 이유는 적절한 방식으로 제시할 것이다. 그러나 이러한 간접적 논쟁에 대한 지식이 원래의 자료에 대한 지식과 같은 비중으로 다루어지거나 그보다 앞선다는 인상을 주어서는 안 된다. 우리는 독자들이 신약성경에 관한 논쟁이 아니라 신약성경을 개관하도록 돕고자 한다.

독자들은 본서가 신학대학 강의 교재로 사용하기에 적절한 책이라는 사실을 알게 될 것이다. 본서의 두 저자는 오랫동안 강단에서 신약성경을 가르치면서 가능한 학습효율을 높일 수 있는 책을 찾았다. 우리는 본서가 이런 책이라고 생각한다. 우리는 신학대학에서 강의하는 교수들의 짐을 들어주고자 했다.

예를 들어, 본서가 교수들을 대신하지 않는다. 오히려 교수들이 주제나 교리 및 이슈를 더욱 발전시킬 수 있도록 여지를 남겨두었다. 본서는 체계적으로 완성된 구조라기보다 그것을 향한 기초를 제공한다. 따라서 각 교수들은 연구 차원에서 이러한 토대 위에 자신들의 관점을 전개해야 한다. 개론서가 지나치게 전문적이거나 세세한 부분에까지 다루면서 강의시간 상당 부분을 차지하는 일은 매우 유감스런 일이다.

본서에 실린 풍부한 삽화와 지도, 차트 및 시각적 자료들 역시 강의의 효율을 높여줄 것이다. 이것들의 내재적 가치는 할애된 지면만큼 많은 도움을 줄 것이다. 또한 이것들은 시각적으로도 본문을 읽기 쉽도록 만들어 준다. 편집이 잘된 책만이 읽기에 용이한 것은 아니지만 그렇지 못한 책은 불편한 것이 사실이다. 우리는 과거에 사용하던(그리고 아쉬움이 많았던) 교재의 밋밋하고 고정적인 포맷을 개선하기 위해 노력했다.

우리는 교수들을 염두에 두고 있기 때문에 가능한 정경의 순서에는 손을 대지 않으려 하였다. 많은 교사들은 이 순서를 선호한다. 선호하지 않은 교수들은 다른 순서로 장을 배열할 것이다. 그러나 우리는 많은 사람들이 선호하는 대로 유서 깊은 교회 관습에 따라 마태복음부터 시작하여 요한계시록까지 이어지는 순서와 논리를 따른다. 이것은 또한 대부분의 독자들이 처음 신약성경을 대할 때 읽는 순서이기도 하며 대체로 신자들은 한 평생 동안 이러한 순서에 따라 성경을 대한다. 다른 순서를 채택할만한 특별한 이유가 없는 이상 우리도 이 관습을 존중한다.

우리는 특히 오늘날 젊은 세대의 독자층과 전문적 지식이 없는 사람들을 염두에 두고 이 작업을 하였다. 우리는 본서가 이 사람들에게 적절한 수준이 되기를 바란다. 용어집은 설명이 필요한 용어에 대한 의미를 정리한 것이다. 사이드바는 신약성경 중 선택된 구절을 오늘날의 상황에 어떻게 적용할 것인가에 관한 내용이다. 본서는 단순한 경향이나 신학적 주장을 피하고, 독자들이 지나치게 복잡한 내용이나 대학원 수준에 해당하는 전문적 내용으로 인해 외면당하는 일이 없도록 신중을 기했다. 본서는 침묵을 결코 강요하지 않는다. 신약성경에는 피할 수 없는 지적 부분과 몇 가지 난제들이 있다. 본서는 이러한 문제들에 대해 합리적인 대안을 제시할 것이다.

끝으로 각 장 끝에 제시된 연구 질문과 복습 문제 그리고 "심화 연구 자료"는 강의실에서 토론을 활성화시키고 과제물이나 시험자료로 활용될 뿐만 아니라 자발적인 독서 습관 배양에도 도움을 줄 것이다.

신약성경 각권에 대한 개요는 주로 「복음주의 성경주석」(*Evangelical Commentary on the Bible*, ed. Walter Elwell, Grand Rapids: Baker, 1989)에서 발췌하였다. 본서의 방식보다 절별 주석을 원하는 독자들에게는 이 책이 큰 도움이 될 것이다.

마지막으로, 교수들은 「신약성경 바로알기」를 보완하는 세 자료에 관해 알고 싶을 것이다.

첫째, 빈칸 시험지와 인도자 지침서이다. 많은 객관적 유형의 문제는 물론이고 교재 사용 제안, 장 요약, 핵심어, 슬라이드, 컴퓨터 자료, 참고자료를 포함한다. 교육 자문위원인 야넷 메릴(Janet Merrill)이 각 장의 개요와 목표, 포커스, 복습 문제, 요약과 이 도구를 개발했다.

둘째, 학생용 대화식 멀티미디어 자료이다. 성경학자 크리스 밀러(Christ Miller)와 교육전문가 필 바셋(Phil Bassett)이 개발한 이 자료는 학생들이 대화식 복습 문제와 연구 도움, 동영상 자료, 성경 지리 사진, 지도, 저자들과 인터뷰 동영상을 통해 「신약성경 바로알기」에 있는 자료들과 익숙하게 한다.

셋째, 「신약성경 이해를 위한 주요 문헌여행」(크리스챤출판사)이다. 신약성경과 관련 있는 주요 자료 모음집인 이 책은 신약성경과 같은 시기에 기록된 자료들로 구성되어 있다. 편지, 법률 문서, 보고서 등이 포함되어 있다. 자료들은 신약성경의 정경 순서에 따라 배열되어 있다.

학생들에게

처음으로 신약성경을 체계적으로 연구해 보면 놀라운 경험을 하게 된다. 특히 신약성경에는 알아야 할 내용이 너무 많다는 점에서 우리를 당황하게 한다. 우리는 신약성경의 내용은 물론 예수님과 바울 시대 당시의 그레코-로마 세계도 알아야 한다.

본서는 독자들로 하여금 이러한 당황스러움을 다소나마 경감해주기 위한 목적에서 나온 것이다. 이를 위해 학습에 도움을 줄 수 있는 많은 자료들을 본문에 삽입하였다. 다음은 본서에 사용된 보조 자료들에 대한 설명이다. 잘 읽고 보다 효과적으로 본서를 사용하기 바란다.

사이드바
사이드바는 오늘날 당면한 윤리적 및 신학적 이슈와 관련된 내용을 별도로 구분하여 이에 대한 신약성경의 관점을 제시한 것, 그리고 논쟁이 되고 있는 구절에 대한 이해를 돕기 위해 고금을 막론하고 다양한 저자들의 주요 자료를 인용한 것 등 두 가지 유형이 있다.

포커스
각 장에는 하나의 포커스가 이것은 본문의 실제적 적용이나 핵심 사상을 제시함으로 본문에 대한 이해를 높이고 관심을 집중시킨다.

각 장의 개요
각 장 첫 머리에 전체 내용에 대한 개요를 간략히 제시한다. 학습 요령: 본문에 들어가기에 앞서 먼저 개요를 읽는다. 안내 지도라고 생각하라. 현 위치를 알면 보다 빨리 목적지에 도달할 수 있다.

각 장의 목표

각 장 첫 머리에 몇 가지 목표를 간략히 제시한다. 이것은 각 장을 공부할 때까지 학습자가 습득해야 할 내용이다. 학습 요령: 본문에 들어가기에 앞서 먼저 각 장의 목표를 자세히 읽는다. 본문을 읽을 때 이 목표를 마음에 새겨야 하며, 자신이 읽은 것에 대한 기억을 위해 메모를 하라. 각 장이 끝나면 다시 각 장의 처음부분을 참고하여 목표에 대한 성취 여부를 점검해 본다.

요약

각 장의 내용을 요약한 내용은 각 장의 끝 부분에 제시된다. 학습 요령: 요약 부분은 읽은 내용을 점검할 때 사용한다.

핵심어 및 용어집

핵심어는 진한 글씨체로 표기해 두었다. 이것은 의미가 어려운 중요한 용어나 어구에 대한 주의를 환기시킨다. 용어 정의는 본서 끝 부분의 용어집에 순서대로 제시되어 있다. 학습 요령: 본문에서 핵심어를 만나면 잠시 멈추고, 본서 끝 부분에 있는 용어집에서 그 용어의 의미를 확인한 다음 다시 공부해 나간다.

핵심 인물/장소

신약성경을 공부할 때 여러 사람의 이름과 장소를 접한다. 특히 중요한 내용은 진한 글씨로 표시했다. 학습 요령: 본문을 읽을 때 사람 이름과 장소 이름에 관심을 가지라. 시험에 대비하여 진한 글씨를 만나면 잠시 멈추고 그 단어가 신약성경에서 가지는 중요성을 파악한다.

복습 문제

각 장의 끝에는 빈칸 채우기 형식의 간단한 질문들이 있다. 이 질문들은 배운 내용에 대한 복습 및 시험 대비에 적절하다. 답안은 책의 끝 부분에 제시된다. 학습 요령: 각 장과 요약을 읽은 후 읽은 내용을 숙지하기 위해 적절한 답안을 작성해 본다. 기말 시험을 대비하여 전체 내용에 대한 점검용으로 사용한다.

연구 질문

각 장의 끝에는 몇 가지 논의할 문제들을 제시한다. 이 문제들은 배운 내용에 대한 복습자료로 활용하면 된다. 학습 요령: 시험을 대비하여 적절한 답안을 작성해 본다.

심화 연구 자료

각 장의 끝에는 심화 연구에 도움이 되는 자료들을 소개한다. 학습 요령: 제시된 자료를 참고하여 특별히 관심 있는 분야를 연구한다.

시각 자료

본서에는 지도, 차트 등 특별히 엄선한 다양한 삽화가 포함되어 있다. 이것들은 본문에 대한 심미적 효과뿐만 아니라 본문에 대한 이해를 더욱 쉽게 하도록 도와준다.

신약성경 바로알기의 흥미 진지한 모험을 즐기길 바란다.

제1장
왜 신약성경을 연구하는가?

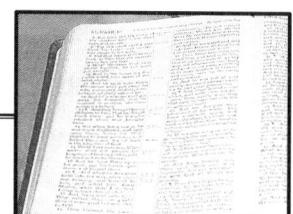

개요

- 성경: 생사를 좌우하는 책
- 구약성경과 신약성경
- 왜 신약성경을 연구하는가?
  하나님의 임재, 그것과 함께 진리를 전달한다
  인간 개인의 궁극적 의미이다
  문화적 교양의 기초이다
- 왜 27권인가?
  구약성경의 정경 전례
  신약성경의 저자이신 하나님: 영감
  교회의 정경 인정
- 신약성경 텍스트의 통일성
  풍부한 증거
  시간적 간격의 짧음
  번역본 및 교부들
  번역본이 이렇게 많다니!
- 신약성경 연구의 필요성
  선입관에 의한 오석을 피하기 위해
  성령에 대한 잘못된 맹신을 피하기 위해
  신약성경에 대한 역사적-신학적 해석을 위해

> **목표**
>
> 본 장을 읽은 후, 다음에 제시된 일을 할 수 있어야 한다.
>
> 1. 신약성경과 구약성경은 어떻게 다른지 설명한다.
> 2. 신약성경에 대한 연구의 정당성에 대해 말한다.
> 3. 신약성경 각 권의 이름을 열거하고 분류한다.
> 4. 신약성경 정경을 믿을 수 있는 이유를 설명한다.
> 5. 신약성경 텍스트의 통전성을 주장할 수 있는 이유를 제시한다.
> 6. 신약성경을 공부하는 이유를 논한다.

1. 성경: 생사를 좌우하는 책

그리스도의 죽음과 부활 이후 수세기 동안 많은 그리스도인들이 성경을 반대자들의 손에 빼앗기지 않기 위해 투쟁하며 죽어갔다.[1] 20세기 서구 그리스도인들은 위험을 감수하면서까지 철의 장막 뒤에 있는 독자들에게 성경을 몰래 전달했으며, 때로는 이런 일을 하다가 화를 당하기도 했다.

코란

오늘날에도 모슬렘 지역에서는 **코란**의 말씀이 아니라 성경의 말씀을 사수하는 그리스도인들이 박해와 순교를 당하고 있다.[2] 중국 본토에 있는 수백만의 그리스도인들은 개인적으로 성경을 소장하기 위해 오랫동안 심혈을 기울여 왔다. 그러나 정부가 성경의 인쇄와 수입을 금지시켰기에 그 숫자는 극히 제한적이었다. 아프리카나 라틴아메리카로 들어가는 선교사들은 자신

---

1) W. H. C. Frend, *The Rise of Christianity* (Philadelphia: Fortress, 1984), 457-60.
2) 성경과 쿠란에 관해서는 Ergun Mehmet Caner and Emir Fethi Caner, *Unveiling Islam* (Grand Rapids: Kregel, 2002), 231-34; Jacques Jomier, *The Bible and the Qur'an*, trans. Edward P. Arbez (San Francisco: Ignatius, 2002)를 참고하시오.

들이 원하는 만큼의 성경을 가지고 들어갈 수 없는 상황이다. 성경이 부족하지 않는 미국이나 캐나다와 같은 서양 국가에서도 매년 동안 성경은 소위 베스트셀러를 포함하여 어떤 책보다 더 많이 판매되고 있다. 또한 계절마다 꾸준히 새로운 번역 성경이 출간되고 있다.3) 성경은 인류 역사에서 그 어떤 책보다도 많이 출판되고 있다.

왜 성경에 대한 수요가 이처럼 많은가? 한 손에 들고 다닐 수 있는 성경이 국가의 흥망성쇠와 개인의 생사를 좌우하며, 그리스도인들이 믿는 대로 수많은 영혼의 구원을 혹은 정죄를 가져오는가?

이 질문에 답하기 위해서는 "세계 역사와 그리스도교 성경"이라는 제목으로 한 학기 과정의 강의가 필요할 것이다. 여기서 이러한 내용을 모두 다룰 수는 없다.4) 그러나 우리는 이것이 우리가 성경을 읽는 여러 가지 이유 중 한 가지라고 말할 수 있다. 구약성경과 신약성경으로 구성되어 있는 성경은 우리가 살고 있는 세계를 형성했다. 우리는 성경을 많이 읽을 수도 있고 그렇지 않을 수도 있다. 또한 매 주일마다 교회를 통해 성경에 기초한 설교를 들을 수도 있고 그렇지 않을 수도 있다. 그것은 중요하지 않다. 현대 사회에서 직접적이든 간접적이든 그리스도교의 성경, 즉 신구약성경의 영향으로부터 자유로운 사람은 아무도 없다.

---

3) 20세기 후반에 영어권에서 무려 50권 이상의 신약성경 번역서와 개정본이 출시되었다. Bruce M. Metzger, "To the Reader," in *The New Revised Standard Version* (New York/Oxford: Oxford University Press, 1989), xii.
4) 이 문제에 관해서는 Peter R. Ackroyd et al., eds., *The Cambridge History of the Bible*, 3 vols. (Cambridge/New York: Cambridge University Press, 1963-1970)를 참고하시오.

2. 구약성경과 신약성경

| 토라 | 예언서 | 성문서 |

구약성경은 하나님께서 특별한 방식으로 다루기로 선택하신 고대 백성들에게 수세기에 걸쳐 주신 책이다(신 7:7). (본서가 제시하는 성경 구절은 가능한 찾아보는 것이 좋다. "신"은 "신명기"의 약어이다.) 이 고대인들은 처음에는 히브리인 또는 이스라엘 백성으로 알려졌으나, 후에는 유대인으로 제시된다. 모세, 다윗, 이사야 등의 인물들은 하나님의 영의 감동을 받아 하나님의 진리를 인간의 말로 표현하였다. 그 결과의 산물인 구약성경(유대인들은 '타나크'라 부른다)은 세 부분으로 나뉜다. 첫 번째 부분인 **토라**(안내, 가르침, 법을 뜻한다)는 모세 오경을 지칭한다. 두 번째 부분은 **네비임**(예언서)이다. 예언서에는 이사야서와 같이 긴 책이나 요엘이나 오바댜서와 같이 짧은 책도 있다. 세 번째 부분은 단순히 **케투빔**(성문서)라고 불리며 역사적 자료와 시편, 잠언, 여타 책들로 이루어진다.

이 책들이 모여 이른바 구약성경을 이룬다. 이 책들은 하나님의 세계 및 인간 창조, 죄로 인한 인간의 타락, 죄가 가져올 끔찍한 결과로부터 죄인들을 구원하시려는 하나님의 수세기 동안 활동 등에 대한 하나님의 옛 "언약"(엄숙한 선언)이었다. 이 책들은 백성들을 죄에서 구하시고 의롭다고 인정하실 한 분을 가리킨다. 그분이 바로 구원자이시다. 그러나 구약성경은 그분을 고대하는 소망의 메시지를 가득 담은 채 끝난다. 미래적 성취를 내다보았던 것이다.

신약성경은 구약성경이 약속한 것들에 대한 성취를 증거한다. 그것은 보다 최근에 있었던 하나님의 구원 사역에 관한 "언약"이다. 구원자이신 예수 그리스도는 베들레헴에서(미 5:2) 동정녀 마리아를 통해(사 7:14) 태어나셨다. 예언자 요한은 그가 오실 것이라고 선포하였다(사 40:3; 마 3:3). 예수님은 이사야가 예언한 대로(사 9:1-2) 갈릴리에서 선포 사역을 하셨다. 그는 기적을 행하셨으며 많은 사람들이 그를 따랐다(마 12:15-21; 사 42:1-14). 그의 메시지는 구약성경이 예언하였듯이(사 6:9-10) 많은 사람들에게 일종의 미스터리로 남아 있다(마 13:13-15). 그가 때로는 책망하는 메시지를 전했기 때문에(마 15:3-9; 사 29:13) 그를 침묵시키기 위한 여러 가지 조치가 시도되었다. 예수님께서는 마지막이 다가오는 것을 아셨다. 그는 제자들에게 구약성경이 예언한 대로 그들마저도 예수님을 버릴 것이라고 말씀하셨다(마 26:31; 슥 13:7). 또한 그는 자신이 죽음에서 부활할 것이라고 예언하셨다(마 26:32). 그의 죽음과 부활은 구약성경에 이미 예언되어 있다(눅 24:45-46). 또한 교회는 물론이고 예수 그리스도를 통한 구원을 전파해야 하는 교회의 사역도 예언되어 있다(눅 24:47).

이와 같이 신약성경은 구약성경이 예고한 구원자의 오심을 선포한다. 신약성경과 구약성경은 우리가 알고 있는 세상을 넘어서는 영원한 질서에 관해 말한다. 그 때에는 하나님을 찾는 사람들에게 하늘의 영광이 임할 것이지만, 자기중심적 삶을 사는 사람들에게 심판이 임할 것이다. 우리는 구약성경과 신약성경을 모두 합하여 성경이라고 부른다. 우리가 신약성경을 살펴보는 중에 종종 구약성경도 언급할 것이다. 물론 연구대상의 초점은 신약성경이다.

일부 현대 성경은 외경적/ 비정경적 책을 구약성경에 포함시키고 있다. 이 책들은 구약성경 시대의 마지막 예언자 말라기(주전 430년경) 이후에 기록된 것으로, 주전 200년에서 주후 100년 사이에 기록되었다. 이것들은 역사적 종교적 가치가 있는 정보를 담고 있다.5) 그러나 개신교는 신약성경과 구약성경을 신적 저작으로 인정하지만 이 책들을 그렇게 인정하지 않는다. 예수님과 사도들은 이 책들을 성경으로 인정하거나 인용하지 않았다. 우리가 외경을 인용하는 것은 그것을 성경으로 인정하기 때문이 아니라 당시에 대한 지식적 자료의 가치가 있기 때문이다.

---

5) 최근의 개관서는 Larry R. Helyer, *Exploring Jewish Literature of the Second Temple Period* (Downers Grove: InterVarsity, 2002); David A. deSilva, *Introducing the Apocrypha* (Grand Rapids: Baker, 2002).

구약성경 외경

로마 가톨릭과 일부 동방 정교회는 다음에 제시하는 문서들을 성경으로 인정한다. 그러나 개신교는 이 책들의 문학적 가치나 역사적 중요성은 인정하지만 영적 권위를 가진 것으로 간주하지 않는다.

마카베오 1서	마카베오 2서	마카베오 3서
마카베오 4서	므낫세의 기도	바룩서
벨과 용	세 유대인의 노래	솔로몬의 지혜서
수잔나	시편 151편	아자리아의 기도
에스더 부록	에스드라스 1서	에스드라스 2서
예레미야 서신	유딧서	토비트서
집회서(시락의 아들 예수의 지혜서)		

---

3. 신약성경을 연구하는 이유

신약성경은 전체 세계 그리고 우리의 삶에 영향을 주었다. 이것이 신약성경을 연구하는 좋은 이유이다. 본서는 신약성경 연구에 실질적인 도움을 준다. 왜 신약성경을 연구해야 하는지에 관한 몇 가지 또 다른 이유들을 살펴보자.

1) 하나님의 임재, 그것과 함께 진리를 전달한다

그리스도인들은 엄숙한 예배에 참여하여 다음과 같은 가사의 찬양을 종종 듣는다.

> 하늘에 가득 찬 영광의 하나님
> 온 땅에 충만한 존귀하신 하나님
> 생명과 빛으로 지혜와 권능으로
> 언제나 우리를 지키시는 하나님

이런 찬양시가 우리가 잘 아는 곡조와 어우러질 때 하나님의 임재하심을 느끼게 된다. 왜 그런가? "그는 우리 각 사람에게서 멀리 떠나 계시지 아니하기" 때문이다(행 17:27). 이 찬양은 이러한 메시지와 감화력을 통해 하나님의 임재를 전해주기 때문에 사랑을 받는다.

신약성경도 같은 이유로 사랑을 받는다. 하나님은 말씀 속에 그리고 말씀을 통해 임재 하신다. 성경은 하나님의 말씀이다. 하나님은 오래전부터 이러한 자신의 인격적, 영적 임재를 통하여 다양한 저자들로 하여금 사건을 목격하게 하시고 그 감동을 기록하게 하셨으며 진리를 전하게 하셨다. 예수님의 한 제자가 기록했듯이 "경의 모든 예언은 사사로이 풀 것이 아니니 예언은 언제든지 사람의 뜻으로 낸 것이 아니요 오직 성령의 감동하심을 입은 사람들이 하나님께 받아 말한 것"이다(벧후 1:20-21). 이 구절은 신약성경이 하나님의 말씀이기 때문에 연구할 가치가 있다는 뜻이다. 사회적 격변과 정치적 변화, 경제적 불안 및 도덕적 혼란이 범람하는 세상에서 확고히 붙들어야 할 것이 있다. 성경은 우리 앞에 놓인 길을 밝혀주는 빛이다. 모든 의미는 바로 여기에 있다. 성경에는 인간의 지혜를 초월하는 위대한 진리가 담겨 있다.

2) 인간 개인의 궁극적 의미이다

신약성경을 연구하는 두 번째 이유는 첫 번째 이유와 관련 있다. 성경은 신적 기원을 가지고 있으나 인간의 삶에 있어서도 중요한 의미를 가진다. 성경은 우리 모두에게 개인적으로 매우 중요하다. 우리의 모든 삶의 방향은 하나님의 말씀을 받아들이느냐 아니면 그것을 무시하고 왜곡하느냐에 달려 있다. 우리가 지금은 젊기 때문에 죽음에 대해 그다지 심각하게 생각하지 않을는지도 모른다. 그러나 신약성경은 우리의 마지막에 대해서도 중요한 의미를 부여한다. "한번 죽는 것은 사람에게 정하신 것이요. 그 후에는 심판이 있으리니"(히 9:27). 삶과 죽음과 관련하여 신약성경은 어떤 다른 책과도 비교할 수 없는 위치에 있다.

신약성경은 하나님께서 깨달음을 찾는 사람들의 영혼을 치유하는 수단으로 사용하시기 때문에 중요하다. 우리는 깨달음을 찾는다는 것이 무슨 뜻인지 알고 있다. 우리는 살면서 참기 힘든 시기를 경험한다. 우리의 미래는 불확실하며 우리의 현재도 기쁨을 주지 못한다. 우리는 갖가지 짜증나는 일들로 지쳐 있다. 우리는 온갖 의문에 둘러싸여 있다. 나는 누구인가? 나는 왜 사는가? 진실로 나를 사랑하는 사람이 있는가? 인생의 의미는 무엇인가? 세상은 왜 죄와 고난으로 가득 차 있는가? 오염된 지구상에 장차 어떤 일이 일어날 것인가? 인류의 운명은 어떻게 될 것인가? 나의 운명은 어떻게 될 것인가? 왜 나는 나쁘다고 생각하는 일을 하는가? 나의 죄의식을 치유할 방법은 없는가? 내 인생에서 깨끗케 되어 보다 나은 세상의 일원이 될 수는 없는가?

이것들은 무엇인가를 찾는 사람들이 하는 질문들이다. 신약성경은 이러한 자들을 부른다. 어느 날 밤 한 절망적인 죄수가 자살을 생각하며 "내가 어떻게 하여야 구원을 얻으리이까?"(행 16:30)라고 부르짖었다. 그는 자신이 찾는 대답을 발견하였다. 그것은 간단한 대답이 아니었다. 신약성경은 간단한 소책자가 아니라 하나님의 말씀이기 때문이다. 그러나 이 말씀에는 능력이 있다. 그것은 우리의 마음 깊숙이 도달한다. 그것은 우리를 나태함과 의심과 불행으로부터 건져내고, 무관심과 자만으로부터 구해주며, 또한 듣고 이해하고 정죄하며 고치시는 분에게로 인도한다.

신약성경이 이른바 은혜의 수단이기에 연구할 가치가 있다. 교만한 마음과 짙은 회의감에 빠져서 신약성경을 읽지 않고 영적 굶주림에 빠진 죄인으로서 그것을 읽는다면 성경은 우리의 마음을 열어 도전하고 또 긍휼과 성결과 기쁨으로 풍성하게 할 것이다. 이것은 바람직한 인격적 변화를 위한 시초가 될 것이다. 또한 하나님의 백성의 일원이 되어 그 안에 포함된 모든 특권과 책임을 누리게 될 것이다. 성경은 이 땅에서 삶은 물론 장차 올 내세에서도 가장 좋은 방향으로 인도할 것이다.

3) 문화적 교양의 기초이다

돌아가신, 시카고 대학의 앨런 블룸(Allan Bloom) 교수는 그리스도인이 아니었다. 그러나 그는 할아버지와 할머니의 삶을 통해 성경의 중요성을 깨닫고 다음과 같이 고백했다.

> 나의 할아버지와 할머니는 우리가 보기에 별 볼일 없는 사람이었으며 할아버지께서는 천한 직업을 가지고 계셨다. 그러나 그들의 가정은 영적으로 풍성하였다. 왜냐하면 그들이 하는 모든 일은 … 성경의 명령, 성경의 이야기에 대한 설명, 그리고 그들에 관한 주석에 근거했다. 그리고 성경이 기록하고 있는 수많은 영웅들의 행위를 본받고자 했다.6)

블룸은 계속해서 성경의 중요성에 대해 지적했으며, 성경이 지식을 전해주고 지적 활동을 활발하게 한다고 주장하였다.

> 내가 하는 말은 … 성경에 근거한 삶은 진리에 가깝다는 것이다. 즉 그것은 보다 깊은 탐구를 하게 만들며, 사물의 본질에 접근하게 한다. 이 위대한 계시, 서사시, 철학을 우리의 자연스런 비전으로 가지고 있지 않다면 우리의 지성에는 아무 것도 남아 있지 않았을 것이다. 성경이 마음을 풍성하게 하는 유일한 수단은 아니지만 그와 같이 진지한 책이 없었더라면 아무 것도 마음을 채울 수 없을 것이다.7)

 모든 것은 상대적인가?

작고하신 시카고 대학의 앨런 블룸 교수는 그의 베스트셀러인 「미국인 지성의 실종」(*The Closing of the American Mind*)에서 "교수들이 명심해야 할 한 가지 사실이 있는데 그것은 대학에 들어온 거의 모든 학생들

---

6) Allan Bloom, *The Closing of the American Mind* (New York: Simon & Schuster, 1987), 60.
7) Ibid.

이 진리는 상대적이라고 믿거나 그렇게 말한다는 것"이라고 했다. 오늘날 "상대적"이라는 말은 윤리나 도덕 및 종교와 관련된 대화에서 흔히 들을 수 있다.

모든 진리에 대한 완전한 지식은 하나님께만 속한다(롬 11:33-34). 그러나 우리가 알 수 없는 것도 있지만 하나님께서 우리에게 계시하신 것도 많다(신 29:29). 우리가 성경을 영감으로 기록된, 하나님의 참된 말씀으로 받아들인다면 적어도 이 땅에 상대적이 아닌 것이 한 가지 있는데 그것은 성경이라는 사실을 알 수 있다.

베드로는 바울(딤후 3:16)이나 성경의 또 다른 저자와 마찬가지로 성경의 절대적 권위를 인정했다. 이것은 그들이 모든 것을 알고 있다고 생각했다는 뜻이 아니다. 그러나 그들은 하나님께서 말씀하셨기 때문에 그것에 대해서는 알고 있다고 확신했다. 베드로가 말했듯이 우리에게 주신 성경은 "오직 성령의 감동하심을 입은 사람들이 하나님께 받아 말한 것"(벧후 1:21)이다.

성경이 하나님의 권위 있는 말씀이며 예수 그리스도께서 그것을 가르치셨다면(요 10:35; 17:17), 모든 것은 상대적이라고 할 수 없다. 즉 절대적인 기준이 있다는 것이다. 하나님께서 말씀하셨기 때문에 우리는 확실히 알 수 있는 것이 있다.

우리는 성경의 메시지에 대한 "상대성" 개념을 조금이라도 가지고 있다. 우리는 항상 확실한 판단을 할 수는 없으며 언제나 동의하지도 않는다. 그렇다고 이것은 모든 것이 회의적이라는 말은 아니다.

지금까지 수세기 동안 성경의 핵심적인 교훈에 대한 확실한 믿음에 대해서는 광범위한 공감대가 형성되어 왔다. 그러나 오늘날 스스로 그리스도인으로 자처하는 사상가들이 우리에게 성경에 대한 회의적 시각을 가지도록 강요하고 있을 뿐이다(참고. 본서 10장).

> 우리는 그의 아들 예수 그리스도를 통하여 경배할 대상이 성경 본문이 아니라 하나님이시라는 사실 또한 기억해야 한다. 그러나 하나님은 성경을 통해 우리로 하여금 "그리스도 예수 안에 있는 믿음으로 말미암아 구원에 이르는 지혜가 있게"(딤후 3:15) 하신다. 예수님은 의심하는 자들에게 "그[모세]의 글도 믿지 아니하거든 어찌 내 말을 믿겠느냐"(요 5:47)라고 반문하셨다.
>
> 오늘날 아무리 상대성 개념이 범람하는 시대라 하더라도 예수 그리스도의 제자들은 "천지는 없어지겠으나 내 말은 없어지지 아니하리라"(마 24:35)라는 주님의 말씀에 기초를 두어야 할 것이다.

우리는 이른바 영적인 문제와 관련하여 성경의 중요성을 살펴보았다. 블룸은 성경이 우리 마음의 양식에 얼마나 중요한지를 상기시킨다. 신약성경은 구약성경과 마찬가지로 세상의 가장 위대한 사상가들을 품고 있다. 오늘날 세상에서 진지한 사색을 원하는 사람이 있다면 성경의 메시지에 심취해 보기를 권한다.

그러나 오늘날 사회는 성경을 거의 모르고 있다. 성경의 중요성을 입버릇처럼 떠벌리는 사람들도 정작 자신은 그것을 제대로 읽지 않거나 기본적 내용조차도 알지 못한다. 이전 세대의 문화적 성취를 향유하지 못하였다는 사실이 최근 수십 년간 진행되어온 서구문명의 퇴조에 일조하였다면, 성경에 대한 무지는 우리의 가장 큰 죄악 가운데 하나일 것이다. 보다 나은 내일을 건설하기 위해 우리는 신약성경을 지금보다 더 잘 이해할 수 있는 기초를 쌓아야 한다.

여기서 이슈가 되는 것이 바로 문화적 교양이다. 이것은 적어도 과학, 인문학, 예술 등의 광범위한 범주에 대한 지식을 의미한다. 이것은 또한 한 사회의 도덕적 특성과 신념체계 및 사회 조직에 대한 이해를 의미한다. 한 사회의 공유된 지식은 그 사회의 모습에 영향을 준다. 한 때 우리 사회는(폭력을 행사하는 대신) 서로 사랑하고, (속이거나 도적질하는 대신) 진실을 말하며, (성적 타락과 무분별한 이혼 대신) 성적 순결과 충실한 결혼 생활을 유지하며, (어른들의 자기 욕구충족을 위한 낙태나 자녀에 대한 무관심 대신) 자기희생적 삶을 살라는 신약성경의 가르침에 보다 많은 영향을 받은 적이 있었다. 사실 우리가 다시 돌아가야 할 만큼 이상적인 황금기는 지금까지 없었다. 그러나 많은 사람들은 최근 수십 년간 진행되어온 문화적 격변 이전의 문화적 상황이 아무리 열악하였다 하더라도 지금보다는 나았다고 생각한다. 우리는 신약성경에 대한 새로운 관심이 보다 나은 미래 형성에 중요한 역할을 할 것이라고 생각한다.

확실히, 말씀을 통해 하나님을 알고 또 삶의 변화를 받은 그리스도인들은 성경을 가능한 많이 배우려 한다. 그러나 모든 사람은 과거 세대와 세계의 문화에 광범위한 영향을 끼친 성경에 보다 많은 열심을 내어야 한다. 문화적 교양을 갖춘 사람들은 결코 신약성경이 인간에게 제시하는 심오한 통찰력을 무시하지 않는다. 모든 것을 아시는 절대자이신 인격적인 하나님의 뜻을 무시하지 않는다면, 인간의 상황은 점차 어두움에서 빛으로 바뀔 것이다.

"그에 대한 생각과 믿음이 어떠한 것이든 나사렛 예수는 2천년 서구 역사에서 가장 지배적인 인물이었다."[8] 이 지배적 인물에 대한 정보의 중요한 원천이 바로 신약성경이다.

구약성경에 대한 고대의 헌신

교회가 시작하기 거의 두 세기 전에 유대 공동체는 구약성경의 교훈과 가르침에 대해 예수님과 초기 교회가 보여주었던 것과 동일한 열심을 보여주었다. 이 사실은 그들의 열심을 극화한 구약성경 외경에서 찾아볼 수 있다. 반대자 왕은 주전 175-163년에 예루살렘을 통치한 시리아의 안티오코스 4세 에피파네스(Antiochus IV Epiphanes)이다.

---

8) Jaroslav Pelikan, *Jesus through the Centuries: His Place in the History of Culture* (New York: Harper & Row, 1987 [1985]), 1.

> ··· 왕은 아테네의 원로 한 사람을 유대인에게 보내어 그들에게 조상 때부터 내려오는 율법을 버리고 하나님의 율법을 따르는 생활 규범을 버리라고 강요했다. 그리고 예루살렘의 성전을 더럽히고 그 성전을 올림피아의 제우스신에게 봉헌하게 하고 ··· 악은 날로 더해만 갔다. 이방인들은 이 성전 안에서 온갖 방종과 향락을 일삼았다. 그들은 거룩한 성전 경내에서 창녀들과 놀아나고 부녀자들을 농락했다 ··· 그때에 일곱 아들을 둔 어머니가 있었는데 그들은 모두 왕에게 체포되어 채찍과 가죽 끈으로 고문을 당하며 율법에 금지되어 있는 돼지고기를 먹으라는 강요를 받았다. 그들 중의 하나가 대변자로 나서서 말했다. "우리를 심문해서 무엇을 알아내겠다는 것인가? 우리 조상의 법을 어기느니 차라리 죽겠다." 이 말을 듣고 왕은 화가 나서 솥과 가마를 불에 달구라고 명령했다. 명령대로 당장에 솥과 가마를 뜨겁게 달구자 남은 형제들과 어머니의 눈앞에서 왕은 그들의 대변자로 나섰던 사람의 혀를 자르고 머리카락을 밀고 사지를 자르라고 명령했다. 왕은, 완전히 폐인이 되었지만 아직도 생명이 붙어 있는 그를 뜨겁게 달군 솥에 넣어버리라고 명령했다. 솥에서 연기가 사방으로 멀리 퍼져 나갈 때에 나머지 형제들은 어머니와 함께 서로 격려하고 고상하게 죽자고 하면서 이렇게 말했다. "모세가 선언했듯이, 주 하나님께서 우리를 지켜보시며 틀림없이 긍휼히 여겨주실 것입니다 ···"
>
> (마카베오 2서 6:1-2a, 3-4a; 7:1-67a)

4. 왜 27권인가?

신약성경은 복음서라 불리는 네 권의 책과 초기 교회의 부상과 확산을 기록한 사도행전, 21개의 서신 및 한 권의 예언서로 구성되어 있다. 모두 27권을 정경으로 분류한 이유는 무엇인가?

1) 구약성경 정경의 선례

사해사본

적어도 예수님 시대(주후 1세기)까지 구약성경은 오늘날 우리가 알고 있는 것과 동일한 문서로 되어 있었다. 이 문서가 어떤 과정을 거쳐 인정을 받게 되었는지에 대한 역사나 세부적인 내용에 대해서 아는 사람은 아무도 없다. 지금도 학계에서는 이 문제에 대한 보다 나은 해답을 제시하기 위해 논쟁 중이다. 그러나 신약성경과 같은 1세기 자료나 **사해사본**과 같은 특별한 자료 및 요세푸스와 같은 유대 작가는 통일성 있는 공인된 문헌이 존재한다는 사실을 확인한다. 유대인 저자들은 하나님께서 특정 문헌을 통해 자신의 뜻을 백성들과 사실상 모든 세상에 계시하셨다는 공감대를 형성하고 있었다. 이 계시는 앞서 언급한 문헌(율법서, 선지서, 성문서)으로 보존되었다.

정경

이 문헌들은 하나님을 사랑하고 경외하는 백성들의 신앙과 삶의 기준이 되었다. 이것들은 **정경**, 즉 하나님의 권위를 가진 문헌을 모은 책이 되었다. 유대 백성들은 이 정경을 개인과 공동체의 삶의 토대로 삼았다. 마카베오 2서라 불리는 유대 문헌은 안티오코스 에피파네스(주전 170년경)의 독재 치하에서 모세율법을 범하지 않으려다 모진 고문을 받고 살해당한 일곱 아들과 그들의 어머니에 관한 이야기를 전한다. 신앙을 배반하지 않으려 했던 그들의 마음 중심에는 하나님의 영원한 뜻이 모세 율법에 나타나 있다는 확신이 있었다. 성경에 대한 그들의 담대한 믿음은 비록 성경관은 다를지라도 그들이 하나님의 계시를 얼마나 절대적으로 생각하였는지를 상징적으로 보여준다.[9]

---

9) 2세기 프랑스 리용의 한 젊은 여자 그리스도인인 블랑디나(Blandina)가 보여준 이와 유사한 담대함에 관해서는 Frend, *The Rise of Christianity*, 184를 참조하라.

유대인이신 예수님은 "우리는 아는 것을 예배하노니 이는 구원이 유대인에게서 남이니라"(요 4:22)라고 말씀하셨다. 그가 세우신 공동체인 교회는 유대인들의 성경인 구약성경을 존립 기반으로 삼았다. 그러나 예수님께서 직접 구약성경을 성취하셨기 때문에 공동체는 중요도나 권위에 있어서 구약성경과 동일한 효력을 갖는 27권의 책을 만들었다. 이 책들은 예수님을 가까이 따르던 사람들이 기록했으며 나중에 신약성경으로 불렸다. 하나님의 백성들이 구원자에 관해 영감으로 기록된 책을 통하여 생명을 발견하고 양육을 받았다면, 구원자가 나타나신 후 그에 관해 설명한 영감된 기록이 주어질 것이라는 기대 역시 당연한 것이다. 이 기대는 적중하였다. 유명한 신약성경 학자이자 번역가인 브루스 메츠거(Bruce M. Metzger)는 "신앙에 관한 기록 원리에 관한 신념은 원초적이며 [즉, 교회의 초기시절부터 존재했으며] 사도적이다"10)라고 말했다. 따라서 우리는 신약성경을 신적 권위를 가진 특별한 문서로 간주해야 한다.

27권의 신약성경

신약성경 각권에 대해서 주저 없이 다음과 같이 말할 수 있다. 마태, 마가, 누가, 요한이 기록한 사복음서, 사도행전, 일곱 개의 일반서신(Catholic Epistles)이 있다. 일반서신에는 야고보의 서신이 한 편, 베드로의 서신이 두 편, 요한의 서신이 세 편, 그리고 유다의 서신이 한 편 있다. 사도 바울이 기록한 열네 개의 서신이 있다: 로마서, 고린도전후서, 갈라디아서, 에베소서, 빌립보서, 골로새서, 데살로니가전후서, 히브리서, 디모데전후서, 디도서, 빌레몬서. 그리고 요한이 기록한 묵시(요한계시록)도 있다 …

— 아타나시우스(주후 296-373년 경)

---

10) *The New Testament: Its Background, Growth, and Content*, 2nd ed. (Nashville: Abingdon, 1983), 276.

2) 신약성경의 신적 권위: 영감

우리는 신약성경이라 불리는 27권의 책에 대해 특별한 주의를 기울여야 한다. 이 책들은 영감된(즉, 하나님의 감동으로 기록된) 문서이다. 예수님은 사역 초기에 자신의 승천 후에 사역을 이어받을(한 사람은 제외) 열두 명의 제자를 직접 택하셨다. 가룟 유다가 배반한 날 밤에 예수님은 나머지 11명의 제자들에게 그들이 수행할 미래적 역할에 대한 몇 가지 중요한 말씀을 전하셨다. 예수님의 죽음과 부활 이후 성부 하나님의 보내심을 받은 예수의 영이 그들과 함께 하시며 그들에게 통찰력을 주실 것이다. 예수님은 다음과 같이 말씀하셨다.

> 보혜사, 곧 아버지께서 내 이름으로 보내실 성령 그가 너희에게 모든 것을 가르치시고 내가 너희에게 말한 모든 것을 생각나게 하시리라(요 14:26).

> 내가 아버지께로서 너희에게 보낼 보혜사, 곧 아버지께로서 나오시는 진리의 성령이 오실 때에 그가 나를 증거하실 것이요. 너희도 처음부터 나와 함께 있었으므로 증거하느니라(요 15:26-27).

> 내가 아직도 너희에게 이를 것이 많으나 지금은 너희가 감당치 못하리라. 그러나 진리의 성령이 오시면 그가 너희를 모든 진리 가운데로 인도하시리니 그가 자의로 말하지 않고 오직 듣는 것을 말하시며 장래 일을 너희에게 알리시리라(요 16:12-13).

예수님의 언급에 관해 두 가지 점을 생각할 수 있다. 첫째, 예수님이 떠나신 후 성령께서 제자들에게 임하실 것이며, 예수께서 그들에게 하신 말씀을 가르치시고 생각나게 하신다는 것이다. 그러므로 제자들은 그리스도를 증거할 수 있다. 성령께서는 그들을 "모든 진리" 가운데로 인도하시며 "장래 일"을 알려주실 것이다. 이 말씀은 예수님과 그가 택하신 처음 제자들 사이의 특별한 유대관계를 형성한다. 예수님은 그들을 통해 자신에 관한 것을 오는 세대에게 계시하실 것이다. 그가 죽으신 후 성령께서는 그들에게 예수님이 누구시며 무슨 일을 하셨는지에 관한 진리를 확인해 주실 것이다. 제자들은 이미 예수님의 가르침을 듣고 그의 기적적 사역을 목도하였다. 그러나 그들은 성령을 통해, 그리고 그리스도의 부활과 승천을 통해 예수 그리스도에 관한 좋은 소식, 즉 복음을 전하는 특별하고 권위 있는 위치에 서게 된 것이다. 우리는 예수께서 자신의 생애에 관한 내용이나 자신의 메시지가 그를 가까이 따르던 제자들을 통해 증거되고 기록되기를 원하셨을 것이라고 추측할 수 있다. 오늘날 우리가 신약성경이라고 부르는 책은 바로 이러한 예수님이 약속의 직접적인 결과라고 할 수 있다.[11]

둘째, 예수님의 말씀은 신학자들이 말하는 소위 **영감**에 관한 언급이다. 성령께서는 예수님을 따르는 자들의 생각과 마음에 함께 하셔서 깨닫게 하시고 생각나게 하시며 결국 기록하게 하신다. 이와 같은 신적 요소와 인간적 요소의 결합은 종종 **동시 사역**(*concursus*)으로 불리는데, 이것은 성경을 기록함에 있어서 하나님과 인간 기록자가 상호 보완작용을 말한다. 게르하르트 마이어(Gerhard Maier)는 다음과 같이 주장하였다.

> 성령을 통해 주어진 계시는 사람들에 의해 통일성과 체계를 갖춘 책으로 기록되어 우리에게 전해진다 … 하나님의 말씀과 사람의 말이 유기적인 내적 작용을 통해 형성된 것이 바로 성경이다. 예수 그리스도는 참 하나님이자 참 사람이시지만 그럼에도 불구하고 둘로 나뉘지 않고 하나님의 아들이심과 같이, 성경도 하나님의 말씀이자 사람의 말이지만 둘로 나뉘지 않고 최종적으로는 하나님의 말씀인 것이다.[12]

이 모든 것은 왜 우리가 신약성경, 또는 정경을 존중해야 하는지에 대한 두 번째 이유를 제시한다. 그것은 하나님의 영감을 받은 책이기 때문이다. 이 점에서 바울의 언급은 신구약성경 모두에 적용된다. "모든 성경은 하나님의 감동으로 된 것이다."[13]

---

11) 이러한 관점에 대해서는 Herman N. Ridderbos, *Redemptive History and the New Testament Scriptures*, trans. H. De Jongste, rev. Richard B. Gaffin Jr. (Phillipsburg, N.J.: Presbyterian & Reformed, 1988)을 참조하라.

12) *Biblical Hermeneutics*, trans. Robert W. Yarbrough (Wheaton, Ill.: Crossway, 1994), 130-31.

3) 교회의 정경 인정

우리가 신약성경의 중요성을 인정하는 세 번째 이유는 고대 교회에서 차지하는 위상 때문이다. 예수님의 사도들이 기록하였다고 주장하는 많은 글이 주후 2세기에서 9세기까지 제시되었다. 신약성경에는 복음서, 사도행전, 서신서, 계시록이 포함된다. 이 책들에 관한 많은 논쟁이 있었다. 그리스도교 성경을 감추었다는 이유로 박해받을지도 모르는 그리스도인들은 그들의 삶을 맡겨야 할 책이 어떤 책인지 알고자 했다. 목회자와 신학자들은 그들의 신앙에 관한 정보를 얻기 위해 가장 믿을 수 있는 문헌을 찾고자 했다. 그로부터 약 3세기 후 우리가 알고 있는 형태의 정경이 나타났다. 이것은 그 외의 모든 책을 판단하는 기준이 되었다. 정경은 사도적 권위의 특징을 가지고 있었다. 즉, 예수께서 직접 택하신 제자나 사도 또는 그들을 가까이서 돕던 사람들에 의해 기록되었다. 정경이 1세기의 저작이라는 증거가 있다. 그러나 비정경적 문헌 중 그처럼 오래된 기원을 가진 책은 거의 없다. 일부는 2세기의 저작이지만 확실히 1세기의 저작이라고 할 만한 책은 전혀 없다. 또한 정경에는 예수 그리스도의 참된 복음에 대한 사도적 메시지가 담겨 있다.

27권의 신약성경은 초대 교회로부터 하나님의 영감으로 기록되어 성도를 "교훈과 책망과 바르게 함과 의로 교육하기" 위해(딤후 3:16) 교회에 주어진 책으로 인정을 받았다. 따라서 오늘날 이 정경을 존중히 여기는 것은 지나치게 고지식한 것이 아니라 성령의 사역을 인정함과 동시에 하나님께서 모든 시대의 그리스도인에게 자신의 뜻을 알게 하셨다는 사실을 겸손히 받아들이는 것을 의미한다.[14]

---

13) 영감 교리에 관한 논쟁에 대해서는 René Pache, *The Inspiration and Authority of Scripture*, trans. Helen I. Needham (Salem, Wis.: Sheffield, 1992 [1969])을 참조하라.

14) 참고. Peter Balla, "Evidence for an Early Christian Canon (Second and Third Century)," in *The Canon Debate*, ed. L. M. McDonald and James A. Sanders (Peabody, Mass.: Hendrickson, 2002), 372-85.

수년 전, 신약성경의 권위를 부정하던 한 학자는 그것을 받아들이는 것은 2-4세기의 주교들의 권위에 복종하는 것이라고 주장하였다.15) 이러한 냉소적 주장은 잘못된 역사 인식에서 비롯된 것이다. "정경에 대한 논쟁은 매우 격렬해서 16세기 트렌트 종교회의 이전의 어떤 교회 공의회도 결론을 내리지 못했다."16) 고대 교회는 의심이 가지 않는 구성원들에게 정경을 떠맡기지 않았다. "가장 근본적인 의미에서 말하면, 개인이나 공의회도 정경을 결정하지 않았다. 그들은 이 문헌 자체가 가진 권위를 인식하고 인정했을 뿐이다. 그래서 이 문헌들은 교회를 위한 정경이 되었다.17) 따라서 이런 냉소적 학자에게는 정경을 거절하는 것이 오늘날 성경을 통해 교회에 나타나는 예수 그리스도와 그의 권위를 믿지 않는 정신적 권위에 복종하는 것이라고 말해주는 것이 좋을 것이다.

5. 신약성경의 통일성

사본

인쇄기가 개발된 것은 15세기였다. 그 전에는 모든 필사는 수작업에 의지했다. 손으로 기록한 것을 **사본**(manuscript)이라 한다. 모든 성경 문헌은 수세기 동안 사본의 형태로 전수되었다. 오늘날의 번역 성경은 모두 이 사본으로부터 나온 것이다. 영어 성경 역시 사본에 기초한 번역본이다.

---

15) William Wrede, "The Task and Methods of 'New Testament Theology,'" in *The Nature of New Testament Theology*, ed. and trans. Robert Morgan (London: SCM, 1973), 71.
16) Robert M. Grant, *Heresy and Criticism: The Search for Authenticity in Early Christian Literature* (Louisville: Westminster/John Knox, 1993), 32. "트렌트 종교회의"는 1540년에 개신교의 부상을 견제하기 위해 열렸던 로마 가톨릭 종교회의를 일컫는다. Raymond F. Collins, *The Birth of the New Testament: The Origin and Development of the First Christian Generation* (New York: Crossroad, 1993), 293 n. 93: "보편적 교회의 신약성경 정경에 대한 공식적인 선언에 관해서는 … 트렌트 공의회 제4차 회기(1546년 2월 4일)를 주시해야 한다."
17) Bruce M. Metzger, *The New Testament* (Nashville: Abingdon, 1983), 276.

그러나 무엇인가(신문 인용문이나 처방전 등)를 손으로 옮겨 적어본 사람이라면 무엇인가를 그대로 옮겨 적는다는 것이 얼마나 힘든 일인지를 잘 안다. 만일 신약성경을 옮겨 쓴 하나의 사본이 천년 이상 전수되었다면 영어 번역본이 바울, 베드로, 혹은 누가가 원래 헬라어로 기록한 내용을 정확히 반영한다고 확신할 수 있는가?

1) 풍부한 증거

| 파피루스 | 언셜 | 미너스쿨 | 성구집 |

다행히도 그 대답은 긍정적이다. 가장 중요한 이유는 그 증거가 풍성하다는 사실이다. 신약성경은 고전적 유산을 가장 잘 입증할 수 있는 문서이다. 1989년까지 성경의 한 조각이라도 포함하고 있는 사본이 약 5천 개 이상 발견되었다. 가장 최초의 것은 갈대로 만든 종이인 **파피루스**에 기록되었다. 약 3백 개의 사본은 **언셜**(uncials)로 기록되었다. 이것은 신약성경을 대문자로 기록한 것으로 대개 가죽 표면에 기록하였다. 대부분의 사본은 **미너스쿨**(minuscules)로 기록되었다. 이것은 9세기경 비잔틴에서 발전된 일종의 초서체 형태이다. 끝으로 교회의 예배에 사용된 **성구집**(lectionaries)이 있다. 이것들 역시 수세기 동안 전수되어 온 것이기 때문에 신약성경에 대한 중요한 증거가 된다.

신약성경의 일부 및 전체를 포함한 헬라어 사본

파피루스	115
언셜	270
미너스쿨	2,862
성구집	2,281
전체	5,528

(Kurt Aland, Barbara Aland, and M. Holmes의 통계 자료에서 발췌)

2) 시간적 간격이 짧음

신약성경이 마태나 바울 그리고 다른 저자들이 원래 기록한 내용이라고 확신하는 또 하나의 이유는 문헌이 기록된 시기와 우리가 가진 최초의 사본이 기록된 시기의 간격이 짧다는 사실이다. 고대 저술과 그것에 대한 최초의 복사본 사이에 천년 이상의 간격이 있는 경우는 드문 일이 아니다. 그러나 신약성경의 경우는 다르다. "몇 개의 파피루스 사본은 … 원래의 문헌이 기록된 후 한 세기 이내에 필사되었다."[18] 이집트에서 발견된 요한복음 파피루스 사본 조각은 주후 125년에 작성된 것이다. 이것은 많은 학자들이 복음서가 처음으로 기록되었을 것이라고 생각하는 주후 90년보다 불과 한 세대밖에 지나지 않은 시점이다. 본문 증거는 네 복음서가 1세기에 기록되었다는 견해와 일치한다.

3) 번역본 및 교부들

신약성경의 원본에 대한 낙관론을 뒷받침하는 또 하나의 근거는 그것이 오래전부터 광범위한 지역으로 배포되었다는 사실이다. 이것은 학자들이 말하는 소위 고대 역본에 대한 언급이다. 복음이 헬라어를 사용하지 않은 지역으로 전파되면서 신약성경은 아람어, 라틴어, 콥틱어 등으로 번역되었다. 현재 라틴어 사본만 약 8천개가 존재한다. 물론 이 번역본들은 헬라어 원본에 대한 정보를 알려주기보다는 헬라어 사본과 관련된다. 그러나 어느 면에서는 동일한 가치가 있다. 이것들은 신약성경이 서기관으로부터 서기관으로, 그리고 한 언어로부터 다른 언어로 전수되면서 매우 정확하게 옮겨졌음을 보여준다. 이와 같은 전수는 완전한 것은 아니지만 신약성경의 저자가 원래 기록한 내용에 대한 일말의 의구심도 제거할 수 있을 만큼 충분한 것이었다.

---

[18] Bruce M. Metzger, *The Text of the New Testament: Its Transmission, Corruption, and Restoration*, 3rd ed. (New York/Oxford: Oxford University Press, 1992), 35.

초기 교회 교부들의 기록은 여전히 최초의 헬라어 원본의 모습에 대한 또 하나의 중요한 증거가 된다. 로마의 클레멘스(Clement of Rome, 주후 95년), 순교자 저스틴(Justin Martyr, 주후 150년), 이레나이우스(Irenaeus, 주후 170년) 및 오리게네스(Origen, 주후 250년) 등 많은 교회 지도자들이 기록한 현존하는 저서들에는 신약성경이 인용되어 있다. 이 인용문과 주석을 자세히 살펴보면 초기 교부들이 다양한 도시와 나라에 배포시켰던 신약성경 원문의 내용에 대한 통찰력을 제공해준다.

그렇다면 우리는 신약성경의 원본에 대한 우리의 지식을 의심할 어떠한 근거도 없다는 결론에 이르게 된다. 물론 학자들은 개별적 차원에서 원본이 무엇이라고 말했는지에 대해 논쟁하고 있는 것이 사실이다. 예수께서 영적 추수를 위해 보낸 사람은 실제로 70명인가 72명인가(눅 10:1)? 이와 관련하여 여러 사본들 사이에 혼란이 있는 것이 사실이다. 마태복음 원본에는 12장 47절이 포함되어 있었는가? 일부 중요한 고대 사본에는 본문이 빠져 있다. 간음한 여인에 대한 이야기(요 7:53-8:11)는 어떤가? 현대 역본들은 본문을 괄호로 표시하거나 다른 방식으로 요한복음 나머지 부분과 구분하고 있다. 확실히 이런 내용들은 신약성경의 원래 기록에 대한 정확한 규명을 위해 논쟁이 계속되고 있다. 이러한 학문적 연구를 본문비평(textual criticism)이라 한다(본문비평의 방식에 관해 다룬 저서들은 본 장 끝부분에 소개되어 있다).

그러나 우리가 가지고 있는 신약성경에 관한 지식의 확실성은 거의 100%라고 해도 좋다. 전문가들은 본문과 관련된 논쟁의 어떤 부분도 복음의 메시지나 그리스도교 교리에 영향을 주지 않는다고 한다. 우리는 신약성경을 어떻게 해석하며 또한 우리가 해석한 것을 어떻게 적용할 것인가에 대해 갈등할 수 있으나, 본문의 통일성에 관해서는 전혀 의심할 필요가 없는 것이다.

4) 번역본이 이렇게 많다니!

최근 수십 년 동안 영어 번역본을 급속하게 늘어났다. 수 세기 동안 King James Version(1611년)이 주로 사용되었다. 그러나 1950년대에 Revised Standard Version이 출판되었다. 주로 개신교 학자들이 번역했다. 로마 가톨릭은 두 권의 새로운 번역본을 출판했다. 하나는 Jerusalem Bible(1966년)이며 다른 하나는 New American Bible(1970)이다. 복음주의 학자들은 New American Standard(1960)과 New International Version(1978)을 번역했다. NIV는 가장 널리 많은 사람들이 사용하는 번역본이 되었으며, 개정판 Today's New International Version이 지금 사용된다.

Revised English Bible(1989), 그리고 Revised Standard Version의 개정판인 English Standard Version(2001)은 성경을 가장 정확하며 읽기 쉽게 번역하려는 지속적 노력의 실례이다. Revised Standard Version은 이미 수용적 언어 번역본인 New Revised Standard Version(1989)으로 출판되었다. 2001년 또 다른 학자들은 신약성경을 새롭게 번역한 Holman Christian Standard Bible을 출판했다. 직역이 아니라 의역하여 뜻을 쉽게 풀어 주면서도 고대 사본의 본래 의미에 충실하려는 번역도 언급할 가치가 있다. 이런 번역본에는 Living Translation(1971)의 개정판인 New Living Translation(1996), 그리고 Contemporary English Version(1995)가 있다.

상황이 복잡하지만 이런 노력은 성경의 의미와 영어로 정확하게 번역하는 것의 중요성에 대한 가치를 반영한다. 번역은 청중, 그리고 번역 작업에 참여한 학자들의 헌신에 따라 다양하다. 다른 번역에 관한 연구는 번역본들이 강조, 문체, 뉘앙스에 차이를 두고 있음을 알려준다. 어떤 번역본은 개인이 성경을 읽을 때 더 좋을 수 있으며, 또 다른 번역본은 공적으로 낭독할 때 더 좋을 수 있다. 그렇다고 번역본들이 하나님, 예수님, 그리고 그리스도교 교리를 판이하게 다르게 제시하지는 않는다. 오히려 신중한 학도들이 스스로 성경 의미의 보다 정교하며 깊은 국면을 탐구할 수 있는 풍부한 가능성을 제공한다. 이것은 신약성경의 공식적 연구의 제반 문제를 고찰하게 한다.

6. 신약성경 연구의 필요성

우리는 신약성경을 진지하게 대해야 하는 이유와 그것과 관련된 몇 가지 사안을 살펴보았다. 그러나 우리가 신약성경이 말하는 내용을 연구해야할 필요성이 있는가? 만일 그것이 하나님의 영감된 책이며 본문이 오류 없이 보존되었다면 굳이 그 내용을 알기 위해 고된 노력을 들여야 할 필요가 있는가? 즉 고대의 이름이나 연대에 대해 암기하며, 다양한 가르침에 대해 요약하며, 또 각 저자의 강조점과 상호간의 차이점에 대해 연구해야 할 필요가 있는가? 성경에 대한 신앙만 고백하고 요리문답과 같은 요점만 암기하면 안 되는가?

1) 선입관에 의한 오석을 피하기 위해

신약성경을 연구해야 하는 분명한 이유는 우리가 이미 언급한 내용과 관련 있다. 신약성경은 그것을 받아들이는 사람에게 많은 내용을 전달하는 아주 중요한 책이다. 그것이 주는 유익을 얻기 위해서는 다양한 내용을 자기 것으로 만드는 수고가 필요하다. 그러나 여기서 한 걸음 더 나아가 보자.

신약성경은 종교적 본성을 가진 사람이 읽어야 하는 종교적 내용으로 되어 있다고 한다. 이것은 놀라운 조합이 아닐 수 없다. 독자는 종교적 갈증을 가지고 있으며 신약성경은 그것을 만족시켜준다. 이러한 주장이 무엇이 잘못되었는가? 많은 점에서 잘못되었다. 우리에게는 성경이나 다른 곳에서 우리의 경험이나 확신이 전해주는 것만 보려는 경향이 있다. 따라서 많은 사람들에게는 이러한 점이 신약성경 연구를 불가능하게 만드는 요소가 된다. 그들은 종교적 내용에 관해서는 이미 마음을 결정해둔 상태이며, 따라서 신약성경에 개방적인 태도를 보이지 않는다. 그들이 성경을 읽는다면 그것은 아마도 기존의 사고를 확장하거나 보강하기 위해서일 것이다. 그러나 그들은 자신의 사고체계에 의문을 불러일으킬만한 내용이나 사상에 대해서는 마음을 열지 않는다. 우리가 확신을 가지고 성경이나 다른 책을 대하는 것은 좋은 일이지만 그것이 본문의 메시지를 차단하는 역할을 한다면 역효과가 날 뿐이다.

어느 목사가 "인류의 모든 족속을 한 혈통으로 만드사 온 땅에 거하게 하시고 저희의 연대를 정하시며 거주의 경계를 한하셨으니"라는 사도행전 17장 26절을 포함한 본문으로 설교 중이었다. 일부 청중들은 그가 카프카스인(Caucasians)과 아메리카 흑인(African Americans)이 사귀거나 결혼하는 것에 대해 진노하는 것을 듣고 깜짝 놀랐다. 그는 "이것은 내 피를 끓게 한다"고 소리쳤다. 그는 사도행전 17장 26절이 그것을 금한다고 설명하였다. 하나님께서는 "거주의 경계를 한하셨다"라는 것이었다. 그 목사는 본문을 흑인과 백인은 어느 곳에서 태어났든지 절대로 함께 해서는 안 된다는 의미로 받아들였던 것이다. 그러나 그는 이 본문을 시작하는 "인류의 모든 족속을 한 혈통으로 만드사"라는 내용을 무시함으로 이러한 결론에 이르게 된 것이다. 성경이 말해주듯이 아담과 하와는 모든 인류의 조상이기 때문에 우리는 다 한 혈통이다. 이것은 여타 모든 인종차별의 입장을 배제한다.

분명히 그 목사는 이 점에서 성경을 깊이 연구하지 못하였으며 단순히 지금까지 가지고 있던 선입관으로 그것을 읽었을 뿐이다. 불행히도 이것은 지혜가 없거나 절제하지 못한다면 누구나 성경에 대해 가질 수 있는 성향이다. "미련한 자는 명철을 기뻐하지 아니하고 자기의 의사를 드러내기만 기뻐하느니라"(잠 18:2)라고 하였다. 성경을 부지런히 연구하는 것은 잘못된 해석을 피하게 하고 우리의 생각보다 하나님께서 말씀하시는 것이 무엇인지를 발견하게 한다.

2) 성령에 대한 잘못된 맹신을 피하기 위해

신약성서 연구와 관련된 위험의 요소로는 성령께서 우리의 모든 삶에 영향을 미치기 때문에 우리가 힘들여 연구하지 않아도 신약성경의 진리에 대한 지식을 주신다는 생각이다. 물론 우리가 성경을 깨닫기 위해 하나님의 성령께 의지하는 일이 중요하다는 사실을 잊어서는 안 되지만, 하나님께서 성경의 형태로 주신, 은혜의 실제적 수단을 영적 감화로 대치하는 것은 잘못된 것이다. 성경에 나타난 하나님의 자기계시에 대한 명확한 이해도 없이, 어떻게 영적 감화가 하나님으로부터 온 것이라고 확신할 수 있겠는가? 이러한 결정을 할 수 있는 가장 중요한 기준은 성경이 되어야 한다.

그리스도교의 유명한 지도자이자 나치 독일의 전쟁 포로였던 마틴 니에뮐러(Martin Niemöller)는 자신은 설교를 위해 연구하기 보다는 성령을 의지했다고 말했던 독일인 젊은 목사에 대해서 이야기 하였다. 한 동료 목사는 이것에 대해 다음과 같이 주석하였다. "나의 경우 성령께서 강단에서 한번도 나에게 말씀하신 적이 없다. 물론 나는 그가 한번 말씀하신 것을 기억한다. 내가 설교를 잘못한 후 강단을 내려 갈 때 성령께서는 나에게 말씀하셨다. 그는 단 세 마디 말씀을 하셨는데 그것은 '하인리히, 너는 게으르다'는 것이었다." 다시 말하면 "성령께서는 인간의 나태함을 대치하는 활동을 하시는 것이 아니라, 다른 중요한 일들을 하신다는 말이다.19)

우리는 복음서에 근거하여 예수께서 성경을 배우고 정통하셨으며 그 말씀에 순종하신 것을 볼 수 있다. 이와 같이 예수님의 제자들은 모두 그에게로부터 직접 교훈을 받았으나 성경을 진지하게 배우는 학생들이었다. 바울은 랍비의 해석에 대해 광범위한 공적 훈련을 받았으며 개종한 후에도 구약성경에 대한 이해를 계속해서 확장하였다. 물론 이 사람들은 하나님을 믿고 성령의 능력을 받은 자들이었다. 그러나 성령께서는 그들의 기도와 연구의 열매를 맺게 하셨지, 결코 그것을 대치하지 않으셨다. 성경에 대한 연구가 그들의 삶에 중요한 한 부분이었다면 우리들에게도 마찬가지인 것이다.

3) 신약성경에 대한 역사적-신학적 해석을 위해

신약성경을 연구해야 하는 마지막 이유는 신학적 이해와 적용에 관한 역사적 정보를 제공해 주기 때문이다.

하나님께서는 역사라는 수단을 사용하여 자신을 계시하시고 구원 사역을 전개하신다. 복음은 공상적이고 신비스러운 경험에 관한 선포가 아니다. 그것은 전문적 방식이나 복잡한 논리에 의해 얻을 수 있는 특이한 통찰력이나 철학적 이론이 아니다. 그것은 하나님께서 그리스도를 통하여 자신이 다스

---

19) Dewitt Matthews, *Capers of the Clergy: The Human Side of Ministry* (Grand Rapids: Baker, 1976), 34-35.

리시는 세상에 대해 사랑과 자비로 행하신 메시지이다. 그것은 인간의 삶의 모든 영역에 나타난 하나님의 행하심과 자기 계시에 대한 말씀이다. 하나님은 역사를 통해 인간의 삶을 새롭게 하고 하늘의 성품과 소망을 주신다. 이 역사에는 자연 세계와 인간 문명의 모든 영역이 포함한다.

우리는 이미 성경은 결국 신적 특징을 가진다고 언급한 바 있다. 그것은 하나님의 말씀이다. 그러나 그것은 지상의 옷을 입고 인간이라는 대행자를 통하여 우리에게 전달되었다. 지상적이며 인간적인 부분(역사)을 이해하는 것은 신학적 의미를 깨닫는데 필수적이다. 이 요소에는 지리, 정치, 군사적 역사(이스라엘, 이집트, 아시리아, 바벨론, 페르시아, 헬라, 로마 등), 문학 및 다양한 언어가 포함된다. 신약성경의 해석에 필요한 정보들은 고고학, 사회과학, 경제학, 언어학, 음악학 등 다양한 분야의 현대 학문으로부터 얻을 수 있다.

이 모든 것들은 결국 신약성경에 대한 연구가 그것에 대한 가장 기본적이고 책임감 있는 해석에 필요하다는 것을 보여준다. 그렇다할지라도 성경에 대한 여러 가지 형태의 해석이 제시될 수 있다. 예를 들어 경건주의 해석은 역사적 상황에 대한 고려는 전혀 없이 오직 격려와 신비적 내용만 찾는다. 문학적 해석은 구성이나 구조와 같은 형식적 특징들이 어떻게 책의 메시지를 이해하는 데 도움이 되는가만 찾는다. 정치적 해석은 성경이 용인하고 있는 것처럼 보이는 사회적 부정이나 성경에서 언급하고 있는 좋은 정부에 관한 내용만 찾는다.

그러나 이 모든 해석의 기초는 하나님께서 영감하신 목적에 가장 근접하는 의미를 깨닫는 것이다. 경건주의적, 문학적, 정치적 관심 및 다른 관심사들은 나름대로 가치는 있으나 성경을 주신 원래의 뜻에 비하면 어디까지나 간접적이다(이런 것들은 종속적이다). 성경의 구속적 메시지를 오늘날 우리에게 주시는 메시지로 받아들이게 하는 역사적-신학적 해석은 아마도 힘은 들지만 가장 중요하면서도 효과적인 접근방법일 것이다. 그것은 처음에는 낯설고 불필요해 보이는 여러 가지 정보들에 대한 학습 과정을 포함된다. 그것은 노력을 요한다. 그것은 종종 하나님의 위대하심에 대한 경외감이나 인격적 고백을 왜곡하지 않도록 개인적 반응(때로는 겸손)을 요구한다. 또한 진정한 연구를 위해 때로는 말씀의 의미를 다른 각도에서 살펴볼 필요도 있다.

그러나 본서의 저자들은 이러한 연구를 통하여 하나님과 그의 책을 더욱 사랑하게 되었으므로 독자들에게도 동일한 방식을 권하고자 한다. 우리 앞에 제시된 길은 대체로 즐거운 길이다. 그러나 다소 과장되고 무미건조하며 힘든 부분이 있을지라도 그것이 도움이 될 것으로 믿는다.

포커스 1
구약성경 외경

개신교 교회에서 정경의 일부로 인정하지 않는 외경은 약 14-15개 있다. 이것들은 주전 2세기에서 주후 1세기에 나타났다. 이것들 중 많은 문헌이 당시의 종교, 정치 및 사회적 상황에 대한 통찰력을 반영하고 있지만 다른 성경이 반영하고 있는 영감된 성경의 범주에는 들지 못한다.

다음 이야기는 "벨과 드라곤의 멸망에 관한 역사"에서 발췌한 것으로, 혹자는 이 책을 다니엘서 부록으로 보기도 한다. 다음 본문은 어떻게 외경의 이야기가 구약 정경에서 발견되는 기사나 사상과 혼합되어 있는지를 보여준다.

23. 같은 장소에 바벨론이 숭배하던 큰 용이 있었다.
24. 왕이 다니엘에게 물었다. "이것도 놋이냐? 보라 그는 살았다. 그는 먹고 마신다. 결코 그를 살아 있는 신이 아니라고 해서는 안 된다. 그러므로 너는 그를 섬기라."
25. 그러자 다니엘이 왕에게 말했다. "나는 나의 하나님 여호와만 섬기나이다. 오직 그분만이 살아계신 신입니다.
26. 그러나 왕이시여 허락하시면 내가 이 용을 칼이나 지팡이 없이도 죽이겠나이다." 왕이 말했다. "허락하노라."
27. 그러자 다니엘은 역청과 기름과 머리털을 취하여 그것을 부드럽게 섞어 덩어리를 만들었다. 그가 이것을 용의 입에 던지자 용이 박살났다. 그때 다니엘은 "왕이여 보소서 이것이 당신이 섬기는 신이니이다"라고 말했다

28. 이 이야기를 들은 바벨론 사람들은 크게 분노하여 왕을 추방하기 위해 음모를 꾸미며 말하기를 "왕이 유대인이 되어 벨과 용을 죽였으며 제사장들을 살해하였다"라고 말했다.
29. 그들은 왕에게 와서 "만일 그들을 다니엘에게서 구원하지 않으면 왕과 왕의 집을 멸하겠노라"라고 하였다.
30. 왕은 그들의 강압에 못 이겨 다니엘을 그들에게 내어주었다.
31. 그들은 다니엘을 사자 굴에 던져 넣었으며 그는 그곳에서 6일 동안 있었다.
32. 사자 굴에는 7마리의 사자가 있었으며 사람들은 그들에게 매일 두 마리의 날고기와 양 두 마리를 먹이로 주었으나 당시에는 아무 것도 주지 않아 다니엘을 먹이가 되게 하였다.

핵심어

랍비	마카베오 2서	복음서정경	사본
사해사본	성경	성구집	성문서
언설	영감	코란	토라
파피루스	협력 사역		

핵심인물/장소

로마의 클레멘스   비잔틴   순교자 저스틴
안티오코스 에피파네스   요세푸스   이레나이우스
이집트

요약

1. 성경은 우리가 살고 있는 세계를 형성하였으며 아무도 그것의 영향으로부터 자유로울 수 없다.

2. 구약성경은 하나님의 천지 창조와 인간의 범죄 및 죄 문제를 해결하시기 위한 하나님의 구원사역에 대해 말해준다. 성경은 크게 토라, 선지서, 성문서로 나뉜다.

3. 신약성경은 최근에 있었던 하나님의 구원 사역에 관한 증언이며 구약성경이 기다리던 구원자를 선포한다.

4. 신약성경 연구는 중요하다. 왜냐하면 성경은 하나님의 임재를 느끼게 하고, 인간 개인의 궁극적 의미를 드러내 주며, 또한 문화적 교양의 기초가 되기 때문이다.

5. 신약성경 27권은 4권의 복음서, 초대 교회에 관해 기록한 사도행전, 21개의 서신, 그리고 1권의 예언서로 되어 있다.

6. 신약성경은 하나님의 영감으로 기록되었다. 성령께서는 예수님의 제자들의 마음과 생각에 함께 하셔서 이 참된 말씀을 기록하게 하셨다.

7. 신약성경 정경은 약 3세기 동안 모은 것으로 신적 권위를 가진 문헌이다. 이것은 교훈과 책망과 바르게 함과 의로 교육하기 위해 교회에 주신 책이다.

8. 신약성경 사본은 처음에 파피루스에 기록되었으며, 그 후 가죽에 기록되었다. 사본의 형태에는 파피루스, 언셜, 미너스쿨, 성구집 등 다양한 종류가 있다.

9. 우리가 가지고 있는 신약성경 본문은 원본을 그대로 보존하고 있다고 말할 수 있다. 첫째, 그것을 뒷받침하는 풍성한 증거가 있다. 둘째, 저자는 그리스도교 역사 초기 1-2세기 안에 그것을 기록하였다. 셋째, 고대 역본이 널리 배포되었다는 점을 들 수 있다.

10. 그리스도인들은 신약성경을 연구해야 선입관에 의한 오석과 성령에 대한 잘못된 맹신을 피할 수 있으며, 성경의 교훈을 깨닫고 적용하기 위한 역사적 기초를 세울 수 있기 때문이다.

복습 문제

1. 고대에 구약성경은 _____, _____, _____, 세 부분으로 나뉘었다.
2. 모세 오경을 _____라고 부른다.
3. 엄숙한 선언이란 뜻을 가진 단어는 _____이다.
4. 역사적, 종교적 정보는 제공하나 영감 되지 않은 책을 _____이라 한다.
5. 영적 이유와 상관없이 성경은 _____에도 중요하다.
6. 신약성경 문헌의 주요 네 부류는 _____, _____, _____, _____이다.
7. 구약성경으로 알려진 문헌의 통일성을 확인하고 인정한 유대 역사가는 _____이다.
8. 신적 권위를 가진 문헌을 모은 것을 _____이라 한다.
9. 성경 기록에 있어서 하나님과 인간 저자의 협력 사역을 _____이라 한다.
10. 신약성경의 최초 사본은 _____에 기록되었다.

연구 질문

1. "구약"(Old Testament)과 "신약"(New Testament)이라는 단어에서 "Testament"는 어떤 의미를 가지는가?
2. 구약성경과 신약성경은 어떠한 관계에 있는가?
3. 문화적 교양이란 무엇인가? 신약성경은 이것과 관련하여 어떠한 역할을 하는가?
4. 정경은 무엇인가? 구약 정경에 대한 고대 구분은 어떠한가?
5. 신약성경을 연구해야 하는 세 가지 이유를 말하시오.
6. 신약성경 본문이 원문과 같다고 믿는 근거는 무엇인가?
7. 성경을 이해하려면 어떤 분야의 학문이 필요한가? 이 분야들과 신약성경 연구와 차이점이 있다면 무엇인가?

심화 연구 자료

Bruce, F. F. *The New Testament Documents: Are They Reliable?* Leicester/Grand Rapids: InterVarsity/Eerdmans, 1988. 본문의 통일성 및 정경의 가치에 대한 존중해야 할 이유에 대한 간결한 요약을 제시한다.

_____. *The Books and the Parchments.* Westwood, N.J.: Revell, 1963. 어떻게 신약성경의 사본이 우리에게 전달되었는지 설명하는 연구서이다.

Carson, D. A. *The Inclusive Language Debate.* Grand Rapids/Leicester: Baker/InterVarsity, 1998. 성경 번역 문제에 직접 관련된 질문의 복합성을 보여준다.

_____. *The King James Version Debate: A Plea for Realism.* Grand Rapids: Baker, 1985. 더 좋은 번역을 위해서 신약성경의 원본에 대한 지식의 향상이 요구됨을 보여준다.

Evans, Craig A. *Noncanonical Writings and New Testament Interpretation.* Peabody, Mass.: Hendrickson, 1992. 정경외적 문헌에 대한 포괄적 목록을 제시한다.

Lewis, Jack P. *The English Bible from KJV to NIV*. Grand Rapids, Baker, 1981. 오늘날 주요 영어성경 역본에 대한 연구와 평가이다.

McDonald, Hugh D. *What the Bible Teaches about the Bible*. Wheaton, Ill.: Tyndale, 1979. 하나님의 영감으로 기록된 성경의 독특한 본질에 대한 체계적인 요약이다.

Metzger, Bruce M. *The Text of the New Testament: Its Transmission, Corruption, and Restoration*. 3rd ed. New York/Oxford: Oxford University Press, 1992. 신약성경 본문 비평의 모든 영역에 대해 깊이 있게 고찰한 전문서이나 대중적으로 읽혀진다.

Wenham, John. *Christ and the Bible*. 3rd ed. Grand Rapids: Baker, 1994. 왜 성경 본문과 정경의 권위를 인정해야 하는지에 대한 간략한 개요이다.

제2장
모든 것을 모든 민족에게
― 사도 바울의 생애와 가르침 ―

개요

- 바울의 생애 개요
- 선교여행과 바울 서신
- 바울이 직접 쓴 서신은 무엇인가?
- 바울과 예수님
- 하나님에 관한 바울의 가르침
- 악과 인간의 딜레마
- 바울과 율법
- 아브라함의 자녀, 하나님의 자녀: 하나님의 백성에 대한 바울의 견해
- 계시와 성경
- 메시아
- 구속
- 십자가
- 부활
- 교회
- 윤리
- 마지막 일
- 결론

목표

본 장을 읽은 후, 다음에 제시된 일을 할 수 있어야 한다.

> 1. 바울의 생애를 간략히 쓴다.
> 2. 바울이 선교여행 중 방문한 도시를 확인한다.
> 3. 바울이 기록한 서신을 열거하고, 저작권에 대한 증거를 제시한다.
> 4. 하나님이 바울신학의 중심임을 증거한다.
> 5. 율법주의에 대한 바울의 입장을 논의한다.
> 6. 바울이 예수님을 메시아로 이해한 방법을 자세히 쓴다.
> 7. 구속, 십자가, 부활에 관한 바울의 가르침을 요약한다.
> 8. 바울이 윤리를 신학에 연결한 방법을 예시한다.

최근 과학자들은 공공학교에서 진화론을 가르치는 것을 반대하는 것에 당혹해 한다. 부모들은 신앙에 기초하여 반대하며, 학자들은 지적 관심을 표현하며 반대한다. 러트거스 대학교(Rutgers University)의 한 수학자는 교육받은 사람들이 과학의 유효성과 진화론에 동의하는 것으로 생각한다고 기술한다. 그러나 다른 학자들은 오늘날 "과학"의 특정 국면을 두고 질문한다. 그들은 그리스도교의 주장과 신앙을 폄하하며 조롱하는 서구 대학교의 성실성을 질문한다.[1] 일부 과학자들은 다른 과학자들의 입장에 어려움을 겪는다. 언어 전쟁이 벌어졌다.

사도행전을 설명한 이전 장에서 언어 전쟁이 현대의 새로운 현상이 아니라고 말했다. 그것은 또한 신약성경 세계의 일부였다. 우리는 이미 열정적이며 탁월한 유대인 지도자 바울이 예수 그리스도의 유대인과 이방인에 대한 의미를 중심으로 투쟁할 때 핵심적 역할을 한 것을 살펴보았다. 이제 바울의 생애를 자세히 살펴보겠다. 여러 주제들에 대한 그의 가르침을 요약할 것이다. 교회사와 세계사에서 가장 영향력 있는 인물 중 한 명과 친하게 될 것이다. 이것은 우리가 이미 살펴본 사도행전 이해에도 도움을 준다. 또한 바울 서신을 본격적으로 연구할 준비를 하게 한다. 무엇보다 주 예수 그리스도께서 복음을 통해 제시한 영광과 도전을 보다 분명히 이해하게 한다.

---

1) 참고. Phillip E. Johnson, *Defeating Drawinism by Opening Minds* (Downers Grove: Intervarsity, 1997); George M. Marsden, *The Outrageous Idea of Christian Scholarship* (New York/Oxford: Oxford University Press, 1997).

1. 바울의 생애 개요

바울의 정확한 출생 연대는 알려져 있지 않다. 예수님의 출생을 기점으로 10년 범위 안에 태어났다고 가정해도 무방할 것이다. 바울은 주후 60년대 중반 혹은 후반에 로마에서 죽었을 것이다.

바울의 출생지는 그리스도께서 활동하셨던 땅이 아니라 헬라도시 타르수스(Tarsus)이다. 이 도시는 로마 실리시아(Cilicia)주의 주요 도시였다. 타르수스, 현재는 터키 남부에 위치하여 테르수스(Tersous)로 불리는 이 도시는 1세기와 관련해서 체계적으로 발굴되지 않아서, 종합적인 고고학적 자료가 미비하다. 문헌 자료는 바울의 고향이 로마 제국과 헬레니즘의 활동무대였다고 증거한다. 그러나 그의 저작은 이방 저자들의 영향을 거의 받지 않았다. 그의 사상을 주도하는 한 권의 책은 구약성경이다. 바울은 "철저한 유대인이다."[2] 바울은 자신의 할례, 베냐민 지파, 히브리인, 바리새적 가르침 등에 관심을 두면서 이 점을 강조한다(빌 3:5).

사도행전 13장 9절까지 히브리 이름 사울(참고. 행 7:58; 8:1; 9:1)로 불린 바울은 타르수스가 아니라 예루살렘에서 어린시절부터 교육받았다(행 22:3). 그가 어렸을 때 그의 가족이 예루살렘으로 이주했는지 혹은 바울이 그곳으로 유학 갔는지는 분명하지 않다. 그는 최고의 랍비인 가말리엘 1세의 가르침을 받았다. 그의 구약성경 사용은 랍비적 가르침에 대한 증거이다.[3] 바울은 3개의 언어를 사용했다. 그의 서신은 탁월한 헬라어 실력을 반영하며, 팔레스타인에서 생활과 연구는 히브리어와 아람어 지식을 전제한다. 라틴어 실력을 배제할 수 없다. 바울이 히브리어에 무지했다고 전제할 이유가 없으나, 그의 기록은 구약성경 헬라어, 곧 70인 역본에 대한 익숙했음을 반영한다.

---

2) Martin Hengel, *The Pre-Christian Paul*, trans. John Bowden (London/Valley Forge, Pa.: SCM/Trinity Press International, 1991), 3.
3) D. Brewer, *Techniques and Assumptions in Jewish Exegesis before 70 CE* (Tübingen: J. C. B. Mohr [Paul Siebeck], 1992); John B. Polhill, *Paul and His Letters* (Nashville: Broadman & Holman, 1999), 30-32.

일부 학자들(예. 윌리엄 람제이와 아돌프 슐라터)는 바울이 지상의 예수님께서 하신 사역을 개인적으로 알았다고 주장한다. "청년 사울이 예수님의 죽음을 목격했을 가능성 실제로는 개연성이 높다"라고 주장하는 사람도 있다.4) 어쨌든 예수님의 십자가 죽음이 있은 지 2년 정도 지난 후, 세례자 요한과 예수님으로 시작된 메시아 운동에 대한 바울의 적대적 태도는 급진적 변화를 겪었다. 그는 유대인 그리스도인들을 추적하여 체포할 수 있는 권위를 가지고 예루살렘부터 다마스쿠스까지 150마일을 이동하던 중에, 밝은 빛과 천상의 음성이 길 가던 그를 가로 막았다(행 9:1-2). 예수님이셨다. 유감스럽게도 그가 생각했던 대로 문제아가 아니라 부활하신 주님이셨다. 바울의 설교는 자신의 회심에 초점을 두지 않았다. 그는 자신의 개인적 경험이 아니라 그리스도를 선포했다(고후 4:5). 물론 그의 회심은 그의 신학과 사고와 삶에 결정적인 영향을 주었다(행 22:2-12; 26:2-18).5)

우리는 바울의 회심부터 주후 40년대에 후반에 진행된 그의 1차 선교여행까지 그의 생애를 요약할 수 있다. 그는 아라비아, 다마스쿠스, 예루살렘에서 많은 시간을 보냈으며, 시리아 그리고 자신의 고향 실리시아에서는 더 많은 시간을 보냈다(갈 1:15-21). 그곳에서 바나바가 시리아 안디옥 교회에서 가르침 사역에 합세하도록 초청했다(행 11:25). 아이러니하게 여러 인종으로 구성된 이 교회는 타르수스의 사울이 주도한 박해로 팔레스타인에서 쫓겨난 그리스도인들이 세웠다(행 11:19-21). 자료를 근거로 바울의 생애와 신학을 보다 자세히 말할 수 있는 시점은 여기서부터이다.

바울 생애의 주요 연대 및 사건

연대	그리스도교 역사	로마 역사
14-37년		티베리우스 황제

---

4) Hengel, *The Pre-Christian Paul*, 63.
5) 참고. S. Kim, The Origins of Paul's Gospel, 2nd ed. (Tübingen: J. C. B. Mohr [Paul Siebeck], 1984); idem, *Paul and the New Perspective* (Grand Rapids: Eerdmans, 2001).

28-30년경	예수님의 공적 사역
33년경	바울의 회심
35년경	바울의 첫 번째 예루살렘 방문
35-46년	실리시아와 시리아에서 바울의 사역
37-41년	가이우스 황제
41-54년	클라우디우스 황제
46년	바울의 두 번째 예루살렘 방문
47-49년	사이프러스와 갈라디아에서 바울과 바나바의 사역
48-49년경	갈라디아서
49년	예루살렘 회의 유대인 로마 추방
49-50년	바울과 실라는 시리아 안티오크를 출발해서 소아시아를 경유하여 마케도니아와 아가야에 도착
50년	데살로니가서
50-52년	고린도 사역
51-52년	아가야 총독 갈리오
52년 여름	바울의 세 번째 예루살렘 방문
52-59년	유대 총독 펠릭스
52-55년	에베소 사역
54-68년	네로 황제
55-56년	고린도서
55-57년	마케도니아, 일리리쿰, 아가야에서 바울의 사역
57년 초	로마서
57년 5월	바울의 다섯 번째이자 마지막 예루살렘 방문
57-59년	바울의 카이사레아 투옥

59년		유대 총독 페스투스
59년 9월	바울의 로마 항해 시작	
60년 2월	바울의 로마 도착	
60-62년경	바울의 로마 감금	
62년		유대 총독 알비누스
60(?)-62년	옥중서신	
64년 7월		로마 화재
65(?)년	바울의 스페인 방문	
(?)	목회서신	
67(?)년	바울의 처형	

F. F. Bruce, *Paul: Apostle of the Heart Set Free* (Grand Rapids: Eerdmans, 1977), 475 재인용.

2. 선교여행과 바울 서신

바울의 편지들은 선교사역의 모진 시련, 그리고 그의 설교를 통해 그리스도를 발견한 사람들을 교육하며 유지하는데 요구된 신학적 노력에서 기인했다. 갈라디아서는 바울과 바나바가 로마의 갈라디아주를 여행한 후에 기록되었을 것이다(주후 47-49년경). 이른바 1차 선교여행이었다(행 13-14장). 실라와 디모데와 동행한 2차 선교여행은 거의 3년 동안 진행되었다. 그 결과 필리피, 베레아, 데살로니가, 고린도 교회가 세워졌다. 데살로니가 전·후서는 이 기간에 기록되었다.

바울의 3차 선교여행(행 18:23-21:16)은 주후 52년에 시작하여 55년까지 진행되었으며 에베소에 오랫동안 체류하는 동안에 고린도전서를 기록했다. 마케도니아를 지나는 동안에 고린도후서를 썼다. 3차 선교여행 막바지에 예루살렘으로 출발을 기다리면서 고린도에서 로마서를 썼다(주후 56년경).

제2장 모든 것을 모든 민족에게 61

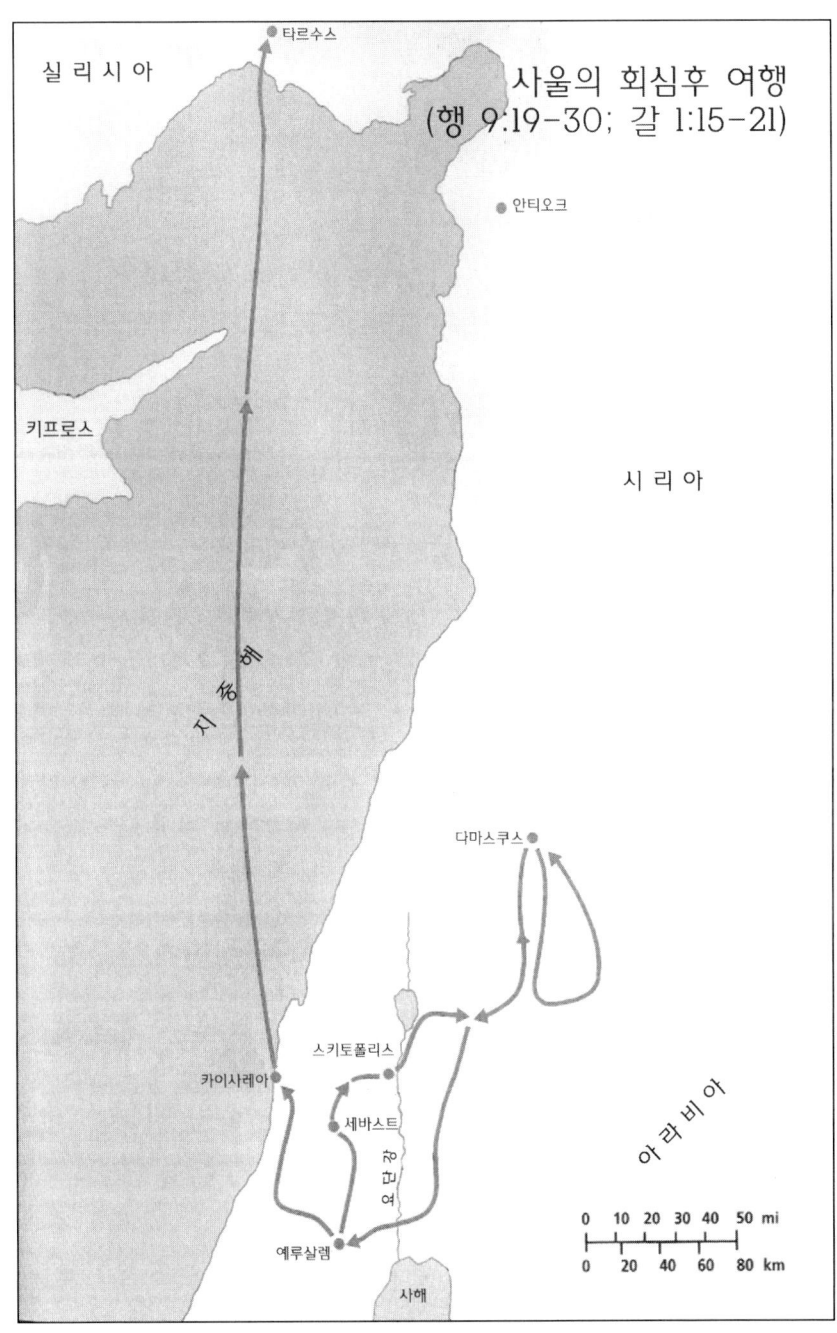

바울은 예루살렘에 도착한 직후, 이방인들을 유대인들에게만 허용된 성전 뜰로 데려갔다는 이유로 체포되었다. 카이사레아 마리티마에 2년간 투옥되었다. 그 후 로마 황제 네로의 법정에 상소한 이유로 로마 항해를 시작했다. 그곳에서 옥중서신, 곧 에베소서, 빌립보서, 골로새서, 빌레몬서를 쓴 것이 분명하다(참고. 행 28장). 이런 관점으로 바울의 사역을 재구성하는 것은 시험적이다. 바울이 석방되어 네 번째 선교여행을 했으며 서쪽으로 스페인까지 갔다가 에게해 지역으로 돌아왔다고 추정할 수 있다. 목회서신 중 하나 혹은 그 이상이 이 시기에 기록되었을 것이다. 디모데후서는 바울이 다시 투옥되었다고 말하며 마무리한다. 확실하지 않은 보고에 의하면 바울은 주후 67년경에 네로의 미친 통치 속에서 죽었다.

3. 바울이 직접 쓴 서신은 무엇인가?

바울의 입장을 요약하고자 한다. 그의 신학적 입장은 그의 사상을 재구성하는데 어떤 서신을 사용하느냐에 달렸다. 18세기 계몽주의 이래, 대부분의 학자들은 로마서, 고린도전서, 고린도후서, 갈라디아서, 빌립보서, 데살로니가전서, 빌레몬서가 바울이 직접 쓴 서신이라는데 입장을 취했다. 일부학자들은 에베소서, 골로새서, 데살로니가후서의 바울 저작을 부인한다. 또 다른 학자들은 이런 입장에 반대하며, 바울의 신학을 연구하는데 그 서신들을 의존/이용하는데 충분한 학문적 정당성이 있다고 주장한다. 많은 사람들은 바울이 목회서신(디모데전서, 디모데후서, 디도서)을 기록하지 않았다고 말한다. 그러나 D. 거쓰리(D. Guthrie), E. 엘리스(E. Ellis), L. T. 존슨(L. T. Johnson) 등 학자들은 바울 저작이 전적으로 가능하다고 주장한다. 문헌들은 바울이 그 서신들을 썼다고 진술한다. 그리고 바울이 목회서신을 썼다는 것을 증명하는 것을 의도하지 않는 연구도 바울이 기록했을 것이라는 증거를 발견해내고 있다.[6] 바울의 신학을 요약할 때 13개 서신 전체를 학문적으로 연구하는 것은 힘들다. 그리스도인들은 신약성경 정경의 신적 저작을 확신하고, 13개의 바울서신을 진정한 것으로 수용한 교회의 권위를 인정한다.

---

[6] 디모데전서와 디모데후서의 바울 저작을 활발하게 그리고 박식하게 변호하는 자료를 위해서는 Luke Timothy Johnson, *The First and Second Letters to Timothy* (New York: Doubleday, 2001), 55-99를 참고하시오.

또 다른 흥미롭고 중요한 문제는 사도행전의 자료를 바울서신의 자료와 함께 사용할 수 있는지의 문제이다. 일부 학자들은 "사도행전은 바울의 선포 내용 자료로 사용될 수 없다"고 주장한다.[7] 이런 복잡한 문제의 관건은 사도행전의 역사성이다. 사도행전이 문학적으로 정교하게 구성되어 있지만 가상의 이야기로 간주하는 사람들은 바울과 그의 메시지에 관한 믿을 수 있는 정보의 자료로 사용할 수 없다고 거절한다. 그러나 많은 연구들은 누가가 자신의 보고를 신중하게 작성했다(참고. 눅 1:1-4; 본서 14장)는 낙관적인 입장을 보인다. 바울의 저작이 바울 신학을 위한 일차자료이지만, 많은 자료들은 사도행전이 바울의 생애와 사역에 대한 역사적 구성에 신뢰할 수 있는 도움을 준다고 주장한다.[8] 바울은 자신이 직면한 다양한 상황에 있는 청중들에게 메시지를 전할 때 3인칭이나 1인칭으로 기록하곤 했는데 이런 자료 역시 신뢰할 수 있는 것이다.

4. 바울과 예수님

계몽주의 이래, 예수님께서는 단순한 윤리적 영성을 가르치셨고 정치적 혹은 사회적 변혁을 요청하셨으며, 바울은 성공적인 사역을 했으며 신사적이며 혁명적인 예수님을 이상화된 신적 인간으로 변형시켰다는 주장이 되풀이된다. 이런 견해에 따르면 그리스도교의 고전적 교리는 예수님의 의도가 아니라 전적으로 바울의 창작물이다. 최근 저자들이 바울을 "초기 그리스도교 저자들 중 가장 오해한 인물" 혹은 영적으로 "성숙하지 않은 인물"로 부르는 것은 바로 이런 맥락에서 이다. 사실 "그는 예수님을 전혀 이해하지 못했다" 그리고 "예수님에게는 관심이 없었고 그리스도에 대한 자신의 사상에만 관심을 두었다."[9]

---

[7] V. Furnish, "Pauline Studies," in *The New Testament and Its Modern Interpreters*, ed. Eldon J. Epp and George W. MacRae (Philadelphia/Atlanta: Fortress/Scholars, 1989), 331. 사도행전의 신뢰성에 대한 부정적 평가를 결론짓는 최근 논의를 위해서는 David H. Akenson, *Saint Paul* (Oxford/New York: Oxford University Press, 2000), 134-43을 보시오. John G. Gager는 사도행전을 "조화로운 이야기"로 말한다(*Reinventing Paul* [Oxford/New York: Oxford University Press, 2000], 69).

[8] David Wenham, *Paul and Jesus: The True Story* (Grand Rapids: Eerdmans, 2002).

예수님의 하나님 나라 선포와 바울의 부활한 예수님에 대한 선포 사이에는 분명히 차이가 있다. 그러나 그 차이는 하나님께서 예수 그리스도의 사역을 통해 심판과 구원의 활동을 하심으로 자신을 결정적으로 계시하셨다는 전반적 진리에 부수적인 것이다. 예수님께서는 하나님께서 그에게 부여하신 속죄 사역을 선포하셨고, 먼저 설명하셨으며, 결국에는 그것을 수행하셨다. 바울은 예수님의 구속적 죽으심과 부활을 인정했으며, 그의 제자가 되었으며, 그의 영광의 십자가 말씀을 로마 세계에 전파했다.

바울과 예수님은 말과 활동에서 동일하지 않지만, 그들은 놀라울 정도로 상호 보완적이다.[10] 바울의 신학은 그리스도 자신이 권위를 부여한, 유대인과 이방인을 위한 구원의 복음의 확장이다(행 9:15).

이제 우리는 바울의 신학을 몇 가지 주제로 나누어 고찰한다. 그 목적은 그가 선포한 복음의 능력과 중요성을 더 잘 이해하기 위함이다. 복음은 그때로부터 수백만의 영혼을 변화시켰다.

5. 하나님에 관한 바울의 가르침

신약성경은 "하나님"이라는 용어를 1,300회 이상 사용한다. 바울서신에서는 500회 이상 사용한다. 바울신학의 중심은 하나님이다. 몇 개의 송영 진술(하나님을 찬양하는 진술)에는 바울의 웅대한 비전이 제시되어 있다. 하나님의 지혜와 지식은 인간의 범위를 초월한다. 그는 무한히 지혜로우시며 모든 것을 아신다. 만물은 "하나님으로부터 하나님을 통해서 하나님을 위해서" 존재한다(롬 11:33-36). "하나님께 영원토록 영광 돌려라"(롬 16:27; 갈 1:5; 엡 3:21; 빌 4:20; 딤전 1:17; 딤후 4:18)는 바울신학을 가장 잘 요약한다. 최근의 한 연구서 제목, 곧 「바울: 그리스도 안에서 하나님의 영광의 사도」는 이것을 잘 반영한다.[11]

---

9) Stephen Mitchell, *The Gospel according to Jesus: A New Translation and Guide to His Essential Teachings for Believers and Unbelievers* (New York: Harper Collins, 1991), 41.

10) I. Howard Marshall, "Jesus, Paul and John," in idem, *Jesus the Saviour* (Downers Grove: InterVarsity, 1990), 35-56; Wenham, *Paul and Jesus*.

"영원하신 하나님의 명을 따라" "모든 민족이 믿어 순종하게 하시려고" 예수 그리스도의 복음이 알려졌다(롬 16:26). 하나님께서는 고통당하는 사람들을 위로하시며 죽은 사람들을 살리신다(고후 1:3, 9). 하나님은 신실하시다(고후 1:18). 하나님의 "견고한 터는 확고하게 섰다"(딤후 2:19). 하나님께서는 그리스도인들에게 그 자신의 영을 오는 세대에 보다 위대한 영광의 보증으로 주셨을지라도 그들이 자신들의 믿음을 지키게 하신다(고후 1:21-22). "천지와 바다와 그 가운데 만물을 지으신 살아 계신 하나님"(행 14:15)은, "영원하신 왕 곧 썩지 아니하고 보이지 아니하고 홀로 하나이신 분"이시다(딤전 1:17). "하나님은 복되시고 유일하신 주권자이시며 만왕의 왕이시며 만주의 주시오. 오직 그에게만 죽지 아니함이 있고 가까이 가지 못할 빛에 거하시고 어떤 사람도 보지 못하였다"(딤전 6:15-16). 바울이 자신의 주님과 같이 주 하나님의 말씀을 듣고 순종하고 선포는 것을 강조하는 것은 당연하다.

바울은 다신론에 반대하여, 하나님은 한 분이시라고 주장한다. 스토아철학에 반대하여, 비인격적이지도 불가사의하지도 않고 오히려 인격적이며 가까이 다가갈 수 있는 하나님을 선포했다. 대부분의 이방종교에 반대하여, 사회적 도덕과 개인적 윤리에 관심을 두신 하나님을 선포했다. 하나님은 예배 의식, 금욕적 거부, 신비한 감성을 통해 경험되는 영에 대한 부호/암호가 아니시다. 바울의 예와 가르침에 따르면, 하나님은 높임을 받아야 하는 분, 사랑을 받으셔야 하는 분, 섬김을 받으셔야 하는 분, 예배를 받으셔야 하는 분이시다.

바울신학에서 하나님의 영광

- 롬 16:27 - "지혜로우신 하나님께 예수 그리스도로 말미암아 영광이 세세무궁하도록 있을지어다. 아멘!"
- 갈 1:5 - "영광이 그에게 세세토록 있을지어다. 아멘!"

---

11) Thomas Schreiner, *Paul: Apostle of God's Glory in Christ* (Downers Grove/Leicester: InterVarsity/Apollos, 2001).

- 엡 3:21 – "교회 안에서와 그리스도 예수 안에서 영광이 대대로 영원무궁하기를 원하노라. 아멘!"
- 빌 4:20 – "하나님 곧 우리 아버지께 세세 무궁하도록 영광을 돌릴지어다. 아멘!"
- 딤전 1:17 – "영원하신 왕 곧 썩지 아니하고 보이지 아니하고 홀로 하나이신 하나님께 존귀와 영광이 영원무궁하도록 있을지어다. 아멘!"
- 딤후 4:18 – "그에게 영광이 세세무궁토록 있을지어다. 아멘!"

6. 악과 인간의 딜레마

역사하시는 방식이 완전하며 공의로운 하나님(롬 3:5-6)이 만물의 주권자이시다. 사람의 눈이 하나님의 완전하며 공의로운 영광을 볼 수 없고 인간의 마음이 이것을 상상할 수 없을지라도, 언젠가 모든 실재는 그 영광을 나타낼 것이다. 사탄(바울서신에 9회 사용) 혹은 마귀(5회 사용)가 악을 지휘하지만 궁극적으로 하나님의 통치 아래에 있다. 바울은 악의 기원을 사색하지 않는다. 그러나 악이 인격적이며, 능력적이며, 악의 찬 존재(그리고 비굴한 추종자들인 인간과 천사, 고후 11:12-15; 엡 6:11-12)에 대한 생각은 그의 사상의 중요한 특징이다. 바울의 이런 생각은 자신을, 복음서의 주요 모티프인 사탄과의 극적 대결을 벌인 예수님과 연결짓는다.

악은 실재적이며 영향력을 발휘하지만(엡 2:2) 결국은 무상할 뿐이다. 결코 최종적 승리를 거두지 못한다. "평강의 하나님께서 속히 사탄을 너희 발 아래에서 상하게 하시리라"(롬 16:20). 그러나 죄인들(모든 개인들: 참고. 롬 3:23)은 그 날이 이르기까지 "마귀의 덫"에 걸려 고통당한다(딤후 2:26). 그들에게는 구원자가 필요하다. 하나님의 실재만큼이나 바울신학의 기초인 악의 실재는 바울이 선포하는 구원의 필요성을 설정한다. 이런 필요는 율법에 관한 바울의 가르침에 분명하게 진술되어 있다.

7. 바울과 율법

바울은 하나님에 관해 말하는 구약성경이 모두에게 구속력을 가진다고 생각한다. 구약성경의 핵심 교리는 인류의 급진적 타락이다. "의인은 없나니 하나도 없으며 깨닫는 자도 없고 하나님을 찾는 자도 없다"(롬 3:10-11; 시 14:1-3 인용). 다른 많은 구절에도 이런 내용이 계속된다. 예수님처럼 바울도 구약성경을 권위있는 것으로 간주하며, "모든 사람이 죄를 지었기 때문에 하나님의 영광에 이르지 못한다"라고 선언한다(롬 3:23). 율법은 자기 의를 말하는 입을 가로막고, 인류가 하나님을 반대하여 거절하는 것에 보편적으로 속박되어 있어서 결국에는 하나님과 단절된 상태임을 강조한다. 율법은 율법주의(구원은 인간의 선한 행위로 얻는다는 견해)를 하나님의 이름으로 정죄한다. 율법은 죄용서와 자유의 필요성을 지시한다. 이것이 없다면 사람들은 생명을 잃을 것이며 의도적인 잘못을 인해 영원한 형벌을 받을 것이다(살후 1:8-10). 결국 율법은 그리스도를 지시한다(롬 3:21; 갈 3:24).

로마서와 갈라디아서는 율법을 지킴으로 자신을 구원할 수 있다는 속임수를 경고한다. "사람이 의롭다 하심을 얻는 것은 율법의 행위에 있지 않고 믿음으로 된다"(롬 3:28). 갈라디아서는 일부 신자들이 할례와 유대적 전통 준수가 구원의 필요충분조건이라고 주장한 문제를 해결하려는 편지이다. 바울은 그 대답에서 율법을 비난조로 말한다. 바울은 여기서 율법이라는 단어를 반대자들이 자신들의 구전에 입각해서 구약성경을 오해한 것을 표현하는데 사용한다. "사람이 의롭게 되는 것은 율법의 행위로 말미암음이 아니요. 오직 예수 그리스도를 믿음으로 말미암는다"(갈 2:16). 율법주의에 대한 이런 비판은 바울의 혁신적 활동이 아니다. 이것은 구약성경의 주요 특징이었으며(삼상 15:22; 시 40:6-8; 51:16-17; 사 1:11-15; 미 6:6-8), 예수님의 가르침에서도 반복되었다(마 23장; 막 7:1-13; 눅 11:37-54).

그러나 다른 경우들에는 믿음의 덕목들이 칭송되는 로마서와 갈라디아서의 다른 구절에서,조차도 바울은 율법을 긍정적으로 말한다(롬 3:31; 7:12, 14; 갈 5:14; 6:2). 구약성경, 특히 모세오경의 많은 인용은 바울이 모세 율법을 즉시 거절했다는 이론에 도전한다. 율법에 대한 바울의 이중적 평가는 그가 말하는 이중적 상황에서 기인했다. 반대자들의 은혜의 복음을 행위에 의한 구원의 메시지로 대체하려 할 경우, 바울은 그런 식으로 이해된 율법이 사망과 파멸에 이른다고 대답한다. 성령 충만한 그리스도인들이 그들의 신앙 그리고 도덕적 및 신학적 가르침의 역사적 배경을 찾으려할 경우, 율법 부분을 포함해서 구약성경 문헌이 유익한 역할을 한다.

최근 수십 년간 율법에 대한 바울의 견해는 바울 신학의 가장 뜨거운 논의였다.12) W. 브레데(W. Wrede)와 A. 슈바이쳐(A. Schweitzer), E. P. 샌더스(E. P. Sanders)13)는 이신칭의를 바울신학의 중심으로 간주하지 않는다. 샌더스와 다른 학자들은 개신교인들과 아우구스티누스과 같은 초기 인물들이 이해한 율법, 인간의 딜레마, 그리스도 안에서 구원의 특징 등에 관한 바울의 다양한 진술을 급진적으로 재해석한다. P. 슈틀막허(P. Stuhlmacher)의 「바울의 칭의 교리 재고」14)와 같은 연구는 J. 던(J. Dunn)이 바울에 대한 "새 관점"(new perspective)의 도전에 대응한다. 이신칭의가 바울신학의 유일한 관심사는 아니지만 보다 중요한 관심은 없다. 가장 최근의 연구는 바울 자신의 기록이 적절하게 이해되면 "새 관점"의 핵심 주장을 손상시킨다고 말한다.15)

---

12) 이 논의 개관을 위해서는 V. Koperski, *What Are They Saying about Paul and the Law?* (New York/Mahwah, N.J.: Paulis, 2001)을 참고하시오.
13) *Paul and Palestinian Judaism* (Philadelphia: Fortress, 1977); *Paul, the Law, and the Jewish People* (Philadelphia: Fortress, 1983).
14) P. Stuhlmacher, *Revisiting Paul's Doctrine of Justification* (Downers Grove: InterVarsity, 2001).
15) 참고. Donald A. Hagner, "Paul and Judaism: Testing the New Perspective," in Peter Stuhlmacher, *Revisiting Paul's Doctrine of Justification: A Challenge to the New Perspective* (Downers Grove: InterVarsity, 2001); D. A. Carson, P. T. O'Brien, and Mark Seifrid, eds., *Justification and Variegated Nomism*, 2 vols. (Tübingen/Grand Rapids: J. C. B. Mohr [Paul Siebeck]/Baker, 2001, 2004).

8. 아브라함의 자녀, 하나님의 자녀: 하나님의 백성에 대한 바울의 견해

사도행전 13장 17절에 기술되어 있는 바울의 설교 그리고 아브라함을 언급하는 로마서와 갈라디아서의 많은 구절들(각각 9회; 참고. 고후 11:22)은, 바울이 자신을 새로운 종교의 창설자로 간주하지 않았음을 확실히 한다.16) 바울이 전한 복음의 기초는 하나님께서 아브라함과 맺은 언약이다(참고. 창 12:1-3; 15:1-21). 바울은 이렇게 기록한다. "또 하나님이 이방을 믿음으로 말미암아 의로 정하실 것을 성경이 미리 알고 먼저 아브라함에게 복음을 전하되 '모든 이방이 너로 말미암아 복을 받으리라' 하였느니라. 그러므로 믿음으로 말미암은 자는 믿음이 있는 아브라함과 함께 복을 받느니라"(갈 3:8-9).

이것은 구약성경의 다른 국면들의 중요성, 곧 교회의 뿌리인 이스라엘의 혜택을 거부하지 않는다(롬 11장). 이 특권은 하나님께서 구약성경 현인들과 예언자들에게 맡기신 "하나님의 말씀"을 포함한다(롬 3:2). 또한 "그들은 이스라엘 사람이라. 그들에게는 양자됨과 영광과 언약들과 율법을 세우신 것과 예배와 약속들이 있고 조상들도 그들의 것이요. 육신으로 하면 그리스도가 그들에게서 나셨으니 그는 만물 위에 계셔서 세세에 찬양을 받으실 하나님이시니라"를 포함한다(롬 9:4-5).

하나님의 약속의 성취자로서 예수 그리스도가 이전에 있던 모든 것을 능가함을 부인하지 않는다. 그러나 바울의 복음이 지난 1천년동안 진행된 하나님의 구속 활동과 연속적임을 강조한다. "하나님의 자녀"(롬 8:16, 21; 9:8; 빌 2:15; 참고. 엡 5:1, 8), "약속의 자녀" 혹은 구원의 "상속자"(롬 8:17; 9:8; 갈 3:28, 31) 등의 언급은 구약성경 시대의 하나님의 구속 활동을 상기시킨다. 이런 면에서 바울은 그리스도교의 창설자가 아니라 신실한 증인이며 하나님의 인도하심을 받은 해석자이다(고전 7:40). 그는 이미 이루어진 사실을 잘 활용했다. "때가 차매 하나님이 그 아들을 보내사 … 율법 아래에 있는 자들을 속량하시고 우리로 아들의 명분을 얻게 하려 하심이라"(갈 4:4-5).

---

16) 사도행전 17-18장에서 스데반(참고. 사도행전 3장 25절에서 베드로)은 복음 메시지를 아브라함에 대한 하나님의 약속으로 돌린다. 바울은 스데반이 그 일을 두고 한 말을 위한 누가의 자료인가? 스데반은 바울을 가르치는 일에 관여했는가?

그러나 이미 이루어진 일에 관한 언급은 바울의 통찰력에 대한 질문을 제기한다. 어떻게 바울은 그의 서신에 기술된 지식과 조언의 놀랍고 논쟁적인 부분에 이를 수 있었는가?

9. 계시와 성경

바울은 자신이 교회를 박해함으로 그리스도를 박해했을 지라도(행 9:4; 참고. 22:4; 26:11; 고전 15:9; 갈 1:13, 23; 빌 3:6), 영원 전에 감추어진 비밀을 계시하기 위해(엡 3:4-9) 그를 영원하신 하나님께서 택하신 것으로 이해했다. 하나님께서 계시하신 진리인 이 비밀의 핵심은 먼저 그리스도 안에 있는 구원의 말씀이다. 이것에 관해서는 다음에 자세히 살펴볼 것이다. 부차적으로 중요한 것은 그리스도의 복음의 중심에는 기쁜 소식, 곧 믿음을 가진 이방인들이 믿음을 가진 이스라엘과 함께 하나님의 언약적 축복의 상속자라는 점이다. 예수님께서 복음이 하나님의 구속적 은혜를 전례없는 방식으로 이방인들에게도 열린 것이라고 예언하셨듯이(마 8:11-12; 28:19-20; 요 12:20-24; 행 1:8), 베드로는 바울이 이것을 선언할 것을 예고했다(행 10-11장). 그러나 바울에게는 하나님께서 시작하신 사역에서 새로운 생각을 전하는 책임감이 주어졌다. 그는 하나님의 말씀을 보다 널리 증거해야 하는, 예배와 선교 공동체의 창설자이다. 하나님께서는 그에게 특별한 인지적 은혜, 곧 선포할 내용에 관한 권위있는 지식을 주셨다. 이것이 그의 사명이다(참고. "나에게 주어진 은혜"에 대한 언급은 롬 12:3; 15:15; 고전 3:10; 갈 2:9; 엡 3:7-8에 있다).

바울에게 계시된 내용의 독특성을 지나치게 강조하면 그르치기 쉽다. 그의 견해는 다른 사도들의 지지를 받았다(갈 2:6-9). 바울의 가르침은 예수님께서 착수하시고 성취하신 일을 널리 적용시킨 것이다. 무엇보다 바울이 말한 계시는 성경의 지지를 받는다. "나의 복음과 예수 그리스도를 전파함은 영세 전부터 감추어졌다가 이제는 나타내신바 되었으며 영원하신 하나님의 명을 따라 선지자들의 글로 말미암아 모든 민족이 믿어 순종하게 하시려고 알게 하신 바 그 신비의 계시를 따라 된 것이니 이 복음으로 너희를 능히 견고하게 하실 것이다"(롬 16:25-26; 참고. 1:2). 바울은 펠릭스 앞에서 증거했다. "나는 율법과 및 선지자들의 글에 기록된 것을 다 믿는다"(행 24:14). 구약성경 문헌과 바울이 받은 계시(그것 중 상당부분은 신약성경이 되었다)는, 권위 있는 증언, 말하자면 하나님께서 선언하신 증거를 구성한다. 바울이 받은 계시는 과거에 있었던 하나님의 구속 사역에 기초하며 또한 예수님 당시에 있었던 하나님의 구속 사역을 지지한다. 초기 신약성경 시대의 다른 문헌들과 더불어 바울의 기록은, 바울의 사역 이후에 수 세기 동안 그리스도교 신학 전반의 기본 자료이며 기준이 되었다.

예수와 바울: 근본적 일치

예수님께서는 "구원은 유대인에게서 시작한다"(요 4:22) 그리고 "성경은 폐하지 못한다"(요 10:35)라고 가르치셨다. 바울도 구원이 하나님께서 구약성경 시대에 하신 일에서 흘러나온다고 가르쳤다. 다음에 제시된 여덟 가지 선물은 하나님께서 이스라엘에게 주신 것으로 또한 복음을 믿는 그리스도인에게도 여러 가지 방식으로 주어진 것이다(참고. 롬 9:4-5).

1. 양자됨
2. 하나님의 영광스런 임재
3. 언약
4. 율법을 받음
5. 성전 예배
6. 약속
7. 족장(아브라함, 이삭, 야곱)
8. 메시아

10. 메시아

구약성경은 영원한 나라를 세워 하나님의 백성을 높이는 반면 반대자들을 징벌함으로 하나님께 영원한 영예를 돌릴, 하나님께서 보내신 구원자를 약속했다.17) "하나님의 메시아에 대한 기대는 구약성경의 두드러진 특징이다."18) 1세기에 메시아 기대는 다양한 형태를 보였다. 로마가 팔레스타인을 지배하는 상황에서 수십 명의 혁명적 지도자들이 등장했다.19) 바리새인 사울이 메시아에 관해 믿은 것이라고 생각하는 것은 위험하다. 1세기 문헌, 특히 신약성경은 유대 지도층이 메시아 예수를 거절했다고 확증한다. 사울 역시 이렇게 확신했다.

그러므로 후에 바울이 예수님에게 메시아 영광을 반복적으로 돌리는 문헌을 기록한 것이 더욱 두드러진다. 헬라어 본문을 보면 바울은 "그리스도"라는 용어를 사용한다. (그리스도는 그리스도인들이 일반적으로 사용한 단어이며, 히브리어 "메시아"로 번역된다.) 사용횟수는 400회 이상이다. 그는 종종 혼합형 "예수 그리스도" 혹은 "그리스도 예수"를 사용하지만, "그리스도"를 가장 많이 사용하며 "그리스도 안에서"라는 어구도 많이 사용한다.

용례의 이런 성향은 바울이 하나님을 자주 언급하는 구절과 비교함으로 더 잘 설명된다. 단지 개념이나 사상이 아니라, 세상을 창조하시고 구속하시는 살아계신 신적 존재이신 하나님은 모든 생명의 근원자이시다. 그는 바울이 하는 모든 일의 토대이자 목적이다. 그러나 바울은 이 하나님께서 인간의 몸을 입고 땅에 오셨으며 인간의 죄 용서를 위해 죽으셨고 그를 사랑하

---

17) 참고. Philip E. Satterthwaite, Richard S. Hess, and Gordon J. Wenham, eds., *Lord's Anointed: Interpretation of Old Testament Messianic Texts* (Carlisle, England/Grand Rapids: Paternoster/Baker, 1995).
18) J. Alec Motyer, *The Prophecy of Isaiah* (Downers Grove: InterVarsity, 1993), 85.
19) 그러나 이런 인물들이 자신을 "메시아"로 이해했는지는 분명하지 않다. Raymond Brown, *An Introduction to the New Testament* (New York: Doubleday, 1997), 820 n6은 "나사렛 예수 이전에 어떤 사람도 자신을 메시아로 주장하거나 메시아라는 칭호를 받은 사람은 없었다"라고 주장한다. 당시에 예수님의 주장은 독특했음에 분명하다.

는 모든 사람들이 따를 길을 환하게 드러내면서 하늘로 오르셨다고 확신했다. 바울 서신에서 200회 이상 사용되는 "예수"는 하나님의 성육신된 자기-계시의 인간적 위치이다. "그리스도 예수"와 "그리스도"는 하나님께서 그의 구속적 은혜의 뜻을 드러내는 신인적 인물과 동의어이다.

구원론

그리스도의 탁월성에 관한 바울의 가르침을 요약하는 세 구절이 있다. 첫째, 빌립보서 2장 6-11절은 그리스도가 본질적으로 하나님과 하나임을 강조한다. 그러나 그리스도는 인간의 몸을 입고 인간이 되셨으며 수치의 십자가를 참아내셨다. 하나님은 당신의 "이름"(성경에서는 "개인의 정체" 혹은 "자아"를 뜻한다)을 예수님과 공유하셨다. 그는 모든 무릎이 그 앞에 꿇고 경배할 대상인 왕이시다(빌 2:9-10). 둘째, 골로새서 1장 15-20절(참고. 엡 1:20-23)은 그리스도 예수 사역의 우주적 국면을 강조하기 위해 이런 **구원론적** 비전을 확장한다. 그는 창조 활동에서 중추적 역할을 하셨으며, 피조물을 붙들고 계신다(골 1:16-17). 그가 구속 사역을 감당하시는 동안 그에게는 보이지 않는 하나님의 충만이 거했다(골 1:19-20). 셋째, 디모데전서 3장 16절에서 바울은 고백 형태로 예수 그리스도에 관한 자신의 가르침을 요약하는데, 그의 천상의 영광을 강조한다.

그리스도를 높이 평가하는 바울

디모데전서 3장 16절에서 바울은 그리스도의 탁월성을 시적으로 기록한다. 헬라어의 문학적 대칭은 각 행의 첫 단어 어미인 -θη의 6중의 리듬에서 분명하다. 그리고 ἐν이 다섯 차례 사용된 것도 주목하라.

ἐφανερώθη ἐν σαρκί,	육신으로 나타난 바 되시고
ἐδικαιώθη ἐν πνεύματι,	영으로 의롭다 하심을 받으시고
ὤφθη ἀγγέλοις,	천사들에게 보이시고

> ἐκηρύχθη ἐν ἔθνεσιν,   만국에게 전파되시고
> ἐπιστεύθη ἐν κόσμῳ,   세상에서 믿음 바 되시고
> ἀνελήμφθη ἐν δόξῃ   영광 가운데 올려지셨느니라

이론적으로, 예수 그리스도를 높이는 바울의 입장(바울은 "신앙의 그리스도"와 "역사적 예수"라는 현대적 이분법을 생각하지 않았다. "그리스도"는 나사렛 예수와 불연속적인 영적 존재나 상징은 결코 아니다)은 그의 신적 정체에 의해 정당화될 수 있다. 누가 감히 하나님을 두고 속이는 말을 하겠는가(롬 9:20)? 찬양과 영예는 그가 하시려는 일에 부합한다. 그러나 바울이 예수 그리스도를 찬양하는 것은 순수한 필요성의 산물이 아니다. 그리스도 안에서 하나님께서 그들의 낮은 상태로 오셔서 죄인들을 돌보아 주신 사실에 대한 기쁨의 이해에서 기인했다. 하나님께서는 그리스도의 은혜로운 구속 사역을 통해 당신의 백성을 향한 강한 그리고 변화를 일으키는 사랑을 표현하셨다.

"고등" 기독론(High Christology)

바울서신의 핵심 구절은 예수님의 높임 받으심과 낮아지심을 표현한다. 그는 단지 인간은 아니시지만 전적으로 인간이셨다. 디오그네투스에게 보낸 서신(The Epistle to Diognetus)으로 불리는 2세기 문헌은 바울의 취지를 반향한다.

그는 [그리스도]를 그들에게 보내셨다. 많은 사람들이 생각하는 것처럼, 두려움과 공포를 불러일으키기 위해 그가 보냄을 받았다고 생각하는가? 그렇지 않다. 그는 왕이 왕인 아들을 보내실 때처럼 초라하고 볼품없이 그를 보내셨다. 그는 그를 보내시는 하나님으로 보내셨다. 그는 그를 사람을 위한 사람으로 보내셨다. 그는 그를 구원자로 보내셨다. 무력이 아니라 설득력을 사용하셨다. 무력은 하나님의 속성이 아니기 때문이다. 그는 심판이 아니라 사랑으로 그를 보내셨다 … 친절한 베푸심,

> 측량할 수 없는 창조, 예상치 못한 혜택이여! 많은 불의는 의로운 분에게 감춰져야 한다. 이 분의 의로움은 많은 불의를 의롭게 한다. 전에는 생명을 얻는데 있어 우리 본성의 무능을 입증하셨으며 이제는 무능력한 모든 피조물을 구원하실 수 있는 구원자를 계시하셨다. 그는 그의 선하심을 믿어야 할 이유 그리고 그를 간호사, 아버지, 선생님, 상담자, 의사, 마음, 빛, 영예, 영광, 힘, 생명으로 여겨야 할 이유를 드러내셨다.
>
> J. B. Lightfoot, *The Apostle Fathers* (London/New York: Macmillan, 1891), 507ff.

11. 구속

바울은 일상생활의 경험을 근거로 자신의 목숨을 다른 사람을 위해 내어 주는 경우가 흔치 않다고 말한다(롬 5:7). 그러나 하나님께서는 죄인들을 향한 자신의 깊은 사랑을 보이셨다(참고. 눅 19:10). 이것은 그들이 자신들의 끔찍한 상태에 있을 때 그리스도께서 그들을 위해 죽으신 사실에서 찾아 볼 수 있다(롬 5:8). 그리스도를 통해 죄에서 "구속"되었다. "구속"은 체포된 죄수의 석방을 위해 대가를 치루는 것을 뜻한다. 이것은 그리스도의 사역에 대한 바울의 이해에서 핵심의 자리를 차지한다. 이것은 하나님의 백성을 이집트 속박과 또 다른 곤경에서 구출한 것과 관련된다.

예수님께서는 인자의 다시 오심과 관련한 사건들과 연결해서 구속에 관해 말씀하셨다(눅 21:28). 바울은 죄인들이 예수님의 죽음을 통해 의롭게 되는 (하나님께서 의롭게 여겨주심) 과정을 기술할 때도 같은 단어를 사용한다(롬 3:24-25; 참고. 고전 1:30). 그러나 구속은 과거 사건만이 아니다. 그리스도인들의 자신의 몸의 구속, 곧 종말의 때에 그들의 부활을 고대하는 미래적 희망이다(롬 8:23). 바울은 다른 구절에서 특히 에베소서에서 구속을 자주 말한다. 물론 그는 구속을 그리스도의 죽음을 통한 죄 용서(엡 1:7; 참고. 골 1:14), 그리스도인들의 미래 천상적 유산(1:14), 그리고 그리스도를 따르는 사람들을 위한 도래할 재가의 날 등과 연결짓는다.

> 대리 속죄

구속의 논리는 대가 혹은 "대속물"이 죄인의 석방을 위해 치러져야 함을 요구한다. 그 대가가 그리스도의 생명이다. "그가 모든 사람을 위하여 자기를 대속물로 주셨다"(딤전 2:6). 그리스도께서는 죄인의 자리에서 죽으심으로, 그들이 받아야 할 징벌을 담당하셨다. 신학자들은 이것을 **대리 속죄**(substitutionary atonement)라 부른다. 바울의 신학에서 십자가는 그리스도의 구속적 죽음의 수단이며 핵심적 상징이다.

12. 십자가

바울은 자신이 전하는 메시지를 "십자가의 말씀"으로 요약한다(고전 1:18; 참고. 1:23; 2:2). 십자가는 로마가 비열한 범죄와 범죄자들을 처형하는 수단으로, 고통과 수치를 함축했다. 예수님 당시에 유대인들은 신명기서 21장 23절("나무에 달린 자는 하나님께 저주를 받았음이니라")을 십자가형을 당한 사람들에게 적용하는 해석을 했으며, 이런 해석은 유대 지도자들의 주장, 곧 로마가 예수님을 십자가 처형해야한다는 주장을 이해하는데 도움을 준다. 그들은 예수님이 십자가에서 죽은 것이 곧 그가 메시아적 구원자가 아니라는 증거로 이해했다.

그 전략이 성공을 거두었지만, 곧 불리한 결과를 초래했다. 그렇다, 예수님은 하나님에게 저주받았다. 복음서는 예수님의 절규, 지속된 정오의 어두움, 죽으실 때 지진 등을 묘사할 때 이것을 내포한다. 그러나 바울은 그가 "우리를 위해 저주받아" "아브라함에게 주어진 축복이 그리스도 예수를 통해 이방인에게 전달되었다" 그리고 "우리가 믿음으로 성령의 약속을 받았다"라고 기록한다(갈 3:13-14). 저주의 십자가가 역사상 최고의 종교에 대한 핵심적 상징이 된 것은 역사상 최고의 아이러니 중 하나이다.[20] 그리스도교가 십자가를 높이 평가하는 것은 바울 서신이 십자가를 중시하는 것과 관련된다.

---

20) 참고. Alister E. McGrath, *The Mystery of the Cross* (Grand Rapids: Zondervan, 1988).

바울은 명사 "십자가"를 10회 사용하며, 동사 "십자가에 못 박다"를 8회 사용한다. 예수님의 "죽음"과 "피"에 대한 바울의 많은 언급은 십자가를 집중 조명한다(골 1:20). 그러나 십자가는 하나님께서 그리스도를 통해 죄를 용서하신 수단에 대한 상징만은 아니다. 십자가는 그리스도인들이 그들을 부르신 분의 발자국을 따라가는 수단이다. 십자가가 그리스도의 사역에서 힘의 원천이듯이, 십자가는 바울에게도 힘의 원천이다(고후 13:4; 참고. 갈 6:14). 그리스도인들에게 십자가는 "죄 된 본성"을 "그것의 정욕과 탐심"과 함께 죽여 나가는 동기이자 효과적인 대리자 역할을 한다(갈 5:24). 예수와 바울의 연결고리는 죄 용서를 위한 죽음, 그리고 의와 하나님을 위해 요구된 생명에 대한 강조이다. 그들에게 십자가는 모세의 구리 뱀의 역할을 한다(요 3:14; 참고. 민 21:8-9). 십자가는, 믿음으로 그것을 바라보는 사람들에게 영원한 생명을 전가하는 것을 상징하는 것으로 보이지 않을 수 있다.

그러나 바울의 신학에는 십자가만 있는 것이 아니다. 그의 복음은 밑도 끝도 없는 고통을 향하게 하는 엄격한 소환은 아니다. 바울의 십자가는 부활의 풍성한 땅에 깊게 뿌리 두고 있다.

13. 부활

그리스도교 메시지의 성패 여부는 예수 그리스도께서 죄 용서를 위한 죽음 이후 죽은 사람들 가운데서 육체적으로 살아나셨다는 주장의 진위성에 있다(고전 15:14). 바울의 첫 번째 선교여행의 메시지는 부활 변호이다(행 13:34, 37). 수년 후 바울은 아테네에서 부활을 강조했다(행 17:31). "이는 정하신 사람으로 하여금 천하를 공의로 심판할 날을 작정하시고 이에 그를 죽은 자 가운데서 다시 살리신 것으로 모든 사람에게 믿을 만한 증거를 주셨음이니라 하니라"(참고. 롬 1:4). 사도행전에 따르면 바울의 증거가 그리스도 중심이라고 말하는 것이 타당하지만 부활 중심이라 말해도 무방하다. 주요 메시지나 증거는 그리스도의 부활, 그리고 그리스도의 부활이 그를 믿는 사람들에게 보장하는 미래적 부활에 대한 확신을 언급한다(행 17:18, 32; 23:6; 24:15, 21; 26:23).

바울은 자신의 편지에서 부활을 60회 이상 언급한다. 데살로니가후서, 디도서, 빌레몬서만이 부활을 언급하지 않는다. "십자가" 그리고 "십자가에 못 박다"라는 용어와 마찬가지로, "부활" 그리고 "일으킴을 받다"는 그리스도의 생애에 있었던 사건 그리고 그리스도인을 위한 실재를 언급한다. 십자가와 부활은 그리스도의 의의 은총을 유용케 한다. "예수는 우리가 범죄한 것 때문에 내줌이 되고 또한 우리를 의롭다 하시기 위하여 살아나셨느니라"(롬 4:25).

성화

부활은 그리스도인의 매일 삶에 핵심 진리이다. 죽은 사람들 가운데서 예수의 부활은 (사망의 궁극적 원인인, 롬 5:12) 죄에 대한 승리를 뜻한다. 그리스도인들은 이 승리를 자신들의 삶에 전유해야 한다. "오직 너희 자신을 죽은 자 가운데서 다시 살아난 자 같이 하나님께 드리며 너희 지체를 의의 무기로 하나님께 드리라"(롬 6:13). 그리스도를 닮아감 혹은 **성화**의 논리는 예수님의 부활에 기초한다. "예수를 죽은 자 가운데서 살리신 이의 영이 너희 안에 거하시면 그리스도 예수를 죽은 자 가운데서 살리신 이가 너희 안에 거하시는 그의 영으로 말미암아 너희 죽을 몸도 살리시리라"(롬 8:11).

바울의 마지막 편지는 디모데에게 "죽은 자 가운데서 다시 살아나신 예수 그리스도를 기억하라"라고 권면한다(딤후 2:9). 그리스도교 핵심 진리는 여전히 논의되지만 변호된다.[21] 이 진리는 모든 그리스도인들에게 근본적 희망을 제공한다. 왜냐하면 이 진리는 복음이 그리스도인들에게 준 구원의 약속과 능력을 정의하기 때문이다.

---

21) 참고. Gary R. Habermas and Anthony G. N. Flew, *Did Jesus Rise from the Dead?*, ed. Terry L. Miethe (San Francisco: Harper & Row, 1987); Thomas C. Oden, "Did Jesus Christ Really Rise from the Dead?" in *This We Believe*, ed. J. Akers, J. Armstrong, and J. Woodbrodge (Grand Rapids: Zondervan, 2000), 100-119.

14. 교회

바울의 신학에서 하나님께서 그의 구원의 결과를 허락하는 대상인 자율적이며 자기만족적 단위는 개인이 아니다. 물론 하나님께서는 사람을 개인으로 간주하신다. 그러나 하나님께서 아브라함과 맺은 언약을 인용하여 말하면, 그의 구속 활동의 지평은 "땅에 사는 모든 민족" 전체에로 확장된다(창 12:3; 참고. 엡 2:11-13). 그리스도께서 죽으시고 살아나신 것은 연합된 몸, 구속된 모임체, 택함 받은 사람들, 초기 구약성경 시대부터 현시대에 이르기까지 하나님의 백성을 구출하기 위함이다. 바울의 서신에서 이 실체를 "교회"로 부른다. 이 용어는 바울 서신에서 60회 정도 사용되며, 바울 서신 중 디모데후서와 디도서를 제외한 모든 서신에서 사용된다. 가장 독특한 용법은 그리스도의 목적이 "이 둘로 자기 안에서 한 새 사람을 지어 화평하게 하시고 또 십자가로 이 둘을 한 몸으로 하나님과 화목하게 하려 하심이라"라는 주장이다(엡 2:15-16). 이런 이유로 교회는 바울에게 부차적인 문제가 아니라 그리스도에 관한 그의 가르침의 우선적인 결과이다.

바울이 즐겨 사용하는 표현인 "그리스도(예수) 안에서"는 바울이 교회를 강조하는 것과 연결해서 언급해야 한다. 바울이 이 어구 (그리고 "주님 안에서")를 무려 150회 정도 사용한다. 용법이 다양하지만 2/3 이상은 그리스도를 통한 하나님의 구원 활동을 말한다(예. 롬 3:24). 그리고 1/3은 그리스도인들의 생활방식(빌 4:4)과 그들이 누리고 있는 구속된 상태(롬 16:3)을 말한다.[22] 가장 근본적으로, (실제로 바울서신 밖에서 전혀 사용되지 않는) "그리스도 안에서"는 그리스도인의 연합 그리고 상호의존성을 나타낸다. 이 어구는 하늘 아버지 그리고 그리스도께서 그들을 위해 성취하신 일로 인해 구속된 자녀로서 서로에 대한 그들의 유기적 관계를 나타낸다.

---

22) M. Seifrid, "In Christ," in *Dictionary of Paul and His Letters*. eds., Gerald F. Hawthorne, Ralph P. Martin, and Daniel G. Reid (Leicester/Downers Grove: Inter Varsity Press, 1993), 436.

"교회"가 함축하는 사회적 실체는 "몸"이라는 은유를 통해 표현된다. 그리스도인들은 겸손하게 살아야 하며, 또한 그리스도의 몸 안에 있는 또 다른 사람들을 위해 그들의 은사를 사용해야 한다(롬 12:3-5; 참고. 고전 12-14장). 그리스도와 유기적 관계, 곧 "그리스도의 일원이 됨"(고전 6:15)은, 바울이 명령하는 내용의 기초이다. (예를 들면 고린도 지역의 그리스도인들은 그들의 사회적 규범과 부부간의 정조를 무시하며, 제의적 성관계에 가담했다; 고전 6:12-20). 에베소서는 "교회"(9회) 그리고 "몸"(6회)이 그리스도 안에 있는 하나님의 백성이라는 의미로 사용된 것으로 유명하다. 만물을 통일시키려는 하나님의 목적 아래, 교회가 그리스도의 충만을 직접 받아들인다(엡 1:22-23). 에베소서 4장은 그리스도 안에서 삼위 하나님 사역의 연합과 그리스도를 머리로 삼고 있는 교회 안에서 이것의 효과를 강조한다(엡 4:5; 참고. 1:22; 골 1:18; 2:10, 19). 에베소서 5장 22-33절은 그리스도인 결혼에 대한 교훈적 논의 중에 교회를 위한 그리스도의 사랑의 영광과 교회가 주님을 주시할 것을 말한다.

서구의 개인주의적 풍토에서, 그리스도 안에 있는 하나님의 백성의 연대의 중요성을 강조해서 말하기란 쉽지 않다. 바울이 즐겨 사용하는 "교회," (다른 은유들과 함께) "몸," 그리고 "그리스도 안에서" 등의 표현은, 신중을 기하는 독자들이 현대 혹은 포스트모던 이론인 이기주의와 정치를 바울의 그리스도 중심의 주장에 부과해서는 안 된다는 확신을 준다.

15. 윤리

바울의 편지들은 신학적 가르침이나 신앙적 지침 그 이상도 말한다. 개인과 사회의 실제적 행위를 규정하는 원칙과 개념은 그의 기록을 확산시킨다. 바울의 윤리를 한 개인의 기초로 축소한다면 그것은 축소주의자들의 오류일 것이다. 그는 (하나님의 다양한 인도하심과는 관계없이) 복잡한 추론을 사용하는 것처럼 보인다. 그는 구약성경의 전례를 사용하여 그리스도인들에게 하나님의 성품이라는 신학적 직설법에 기초한 윤리적 명령법을 부과한다. 그가 하나님을 닮는 자가 되라고 말할 때를 이것의 예로 들 수 있다(엡 5:1; 참고. 레 11:44; "나는 여호와 너희의 하나님이라. 내가 거룩하니 너희도 몸을 구별하여 거룩하게 하고"). 그들의 행위는 그들 중에 있는 하나님의 임재(고전 3:17) 그리고 그들을 선택하고 부르심의 거룩한 목적(엡 1:4; 4:1; 참고. 딤후 1:9)에 의해 규정되어야 한다. 구약성경 명령이 바울의 윤리에 주요한 자리를 차지하지만, 그리스도의 겸손과 자기희생의 모범도 중요하다(빌 2:5-11). 달리 표현하면, 그리스도인의 삶은 하나님께서 그리스도를 통해 그를 위해 이루신 일에 의해 규정되어야 한다(고전 5:7; 엡 5:8). 예수님의 윤리에서 그리고 바울의 윤리에서 사랑은 최고의 미덕이다(막 12:29; 고전 13:13). 결국, "사랑으로써 역사하는 믿음뿐이니라"(갈 5:6; 참고. 딤전 1:5).

바울의 윤리 범위가 넓어서 그의 신학의 한 요점으로 다룰 수 없지만, 바울의 교리가 개인과 공동체 생활에 행위의 변화를 가져오지 않는다면 그 교리를 전적으로 이해한 것이라 할 수 없다. 바울의 신학이 중요하지만, 신학 자체로만 존재할 수 없다. 디도서는 하나님의 백성들에게 선한 활동을 할 것을 반복해서 명령한다(딛 2:7, 14; 3:1, 8, 14). 그리고 하나님을 믿는다고 고백은 하지만 윤리적으로 무관심한 삶을 살아가는 유사-그리스도인들을 정죄한다(1:16; 참고. 롬 12:1-2).[23]

바울의 신학과 윤리

바울은 진실한 그리스도인 인품의 일반적 특성과 선한 일의 중요성을 강조했다. 바울은 "선한 일"을 통해 구원을 얻는다고 생각하지 않는다. 선한 일은 성경의 가르침과 명령에 의해 정의된다.

미덕의 중요성 (고전 13장)
믿음
소망
사랑

---

23) 바울의 윤리를 제대로 다루는 자료를 위해서는 David C. Jone, *Biblical Christian Ethics* (Grand Rapids: Baker, 1994)를 참고하시오.

> **선한 일의 중요성 (디도서를 중심으로)**
> - 딛 2:7 – "범사에 네 자신이 선한 일의 본을 보이며"
> - 딛 2:14 – "그가 우리를 대신하여 자신을 주심은 모든 불법에서 우리를 속량하시고 우리를 깨끗하게 하사 선한 일을 열심히 하는 자기 백성이 되게 하려 하심이라."
> - 딛 3:1 – "모든 선한 일 행하기를 준비하게 하며"
> - 딛 3:8 – "너는 이 여러 것에 대하여 굳세게 말하라. 이는 하나님을 믿는 자들로 하여금 조심하여 선한 일을 힘쓰게 하려 함이라."
> - 딛 3:14 – "우리 사람들도 열매 없는 자가 되지 않게 하기 위하여 필요한 것을 준비하는 좋은 일에 힘쓰기를 배우게 하라."

16. 마지막 일

바울의 종말론은 그의 윤리보다 방대하며 복잡한 주제이다. 사실 두 주제는 서로 깊은 관련이 있다. 예수님께서 하나님 나라의 도래를 선포하심과 죽은 사람들 가운데서 살아나심으로 새가 받음은 시대의 종말이 이미 동텄다는 뜻이다(롬 13:12). 그리스도인들이 이 땅에서 매일 살고 있지만 그들의 시민권은 하늘에 있다. 그리고 구원자이신 주 예수 그리스도께서 하늘에서 오시길 학수고대한다.(빌 3:20; 참고. 골 3:3). 도래할 일에 대한 바울의 견해는 삶의 방식에 심오한 시사점을 제시하며 그런 삶을 살 것을 요구한다. 슈라이너는 말한다. "그리스도의 오심을 준비한다는 것은 그가 오실 날을 계산하는 것이 아니다. 도덕적 신중함과 경계심을 갖고 불신자들과는 다른 삶을 매일 사는 것을 뜻한다. 왜냐하면 주님께서 다시 오실 것을 알기 때문이다."[24]

---

24) Schreiner, *Paul, Apostle of God's Glory in Christ*, 463.

파루시아

바울은 모든 가르침과 마찬가지로 바울의 종말론은 일반적으로 하나님 그리고 특별하게 예수 그리스도에 관한 그의 확신에서 나온다. 예수님이 메시아이기 때문에, 그의 승리 사역은 절정 이전에 하나님의 구속적 사역의 마지막 단계의 도래를 나타냈다. 이것은 파루시아(재림) 때 최종 심판을 포함한다(참고. 롬 2:1-11; 14:10-12; 고전 3:12-15; 빌 2:16; 살전 3:13; 살후 1:5-10). 복음에 순종하지 않은 행악자들은 하나님의 진노를 받는다(롬 1:18; 엡 5:6; 골 3:6). 그리스도인들은 바울의 활동에 합류하여, 하나님의 종말적 목적의 전개에 대한 신실한 증인으로서 모든 민족 (그리고 회개하지 않은 이스라엘, 롬 9-11장)에게 복음을 선포해야 한다.

압바

종말적 혜택은 현재에도 이미 주어졌다. 그리스도인들은 시대 종말의 확실한 표시인 성령을 누리고 있다. 성령은 도래할 구속의 "첫 열매"(롬 8:23), 도래할 위대한 일의 "보증"(고후 1:22; 5:5; 엡 1:14), 하나님을 "**압바**"라 부를 수 있게 하는 유업과 양자됨의 인(롬 8:15-17)이다. 그리스도의 재림과 그의 지상 천년 통치 이전에 그리스도인의 휴거를 믿는 그리스도인들은 그런 위대한 사건들을 기다리면서 성령의 도우심으로 준비한 상태에서 생활한다.

17. 결론

현 상황에서, 즉각적이며 급진적인 개인적 재교육을 요구하는 임박한 미래 질서에 대한 바울의 극적 강조는 색다른 신화론 혹은 과도한 묵시 형태로 기록되고 있다. 할리우드 패러디의 소재가 되고 있다. 바울이 예수님처럼 그가 주장하는 권세를 가지고 있다면 이런 상황은 위험하다. 우주적 함축성을 가진 바울의 비전을 진심으로 지지하는 것은 이 세상에서 참된 삶, 곧 "그리스도 안에서" 삶 그리고 오는 세상에서 하나님의 말로 표현할 수 없는 기쁨을 의미한다(롬 8:18; 고전 2:9). 그의 복음을 거절하면 하나님의 영원한 심판을 초래한다는 바울의 주장은 절박하다. 이것은 부활한 주님을 예배하며 공유하는 기회를 상실하는 삶의 비극을 말하지 않는다.

포커스 17
한 사람도 없다

우리가 잘 아는 이야기이다. 한 공공인사가 신뢰와 영예를 받았다. 그는 공직에 선출되었으며 그의 책은 수백만 권이나 팔렸다.

진실이 드러났다. 도덕적으로 올바른 사람으로 간주된 그는 총체적인 비행의 범죄자로 드러났다. 이것은 최근 정치 지도자들에게도 적용된다. (여전히 무명의 상태인) 유명한 역사가에게도 적용된다. 그의 책은 베스트셀러였다. 그것은 현대의 주요 사상가들, 곧 루소, 셸리, 마르크스, 입센, 톨스토이, 헤밍웨이, 브레히트, 사르트르, 헬만 등의 도덕적 상태를 드러냈다. 그 책은 위선과 특정의 의심스런 일을 드러내는 역할을 했지만, 이제는 이런 사상가들이 서구인의 사상을 정식으로 기술하는데 도움을 주었다는 수용된 확신을 보여준다.

다른 사람들을 경고한 그 저자는 자신에 대해서는 매우 경솔했다. 또 다른 인물은 굴욕을 당했다. 공적 비난이 무성했다.

바울도 도덕적 타락의 문제를 다룬다. 우리는 바울의 메시지가 그리스도를 지시한다고 생각하지만 그의 메시지는 사람도 동등하게 강조한다. 곧 우리의 도덕적 연약함, 우리의 영적 무지, 우리의 사회적 분열 등에도 관심을 기울인다. 사람들은 타락하며 그것에는 예외가 없다. 바울은 잘 알고 있는 구약성경 주제를 인용하여 주장한다. "의인은 없나니 하나도 없다"(롬 3:10). 그는 이 준엄한 평가에 자신까지 포함시켰다.

그럼에도 바울의 설교가 희망으로 가득한 이유는 무엇인가? 왜 바울은 비난하지 않았는가? 그리스도 안에서 그는 모든 도덕적 검증을 통과한 한 사람을 만났다. 그의 죽음은 우리의 실패로 인해 심판을 수용했다. 그의 부활은 새로운 윤리적 삶을 위한 원천이다(롬 8:11).

요약

1. 우리는 바울 서신과 사도행전을 통해 바울에 익숙하다. 그는 사도적 교회에서 가장 중요한 인물 중 한 명이다.
2. 바울은 많은 교육을 받았으며, 유명한 랍비 가말리엘에게 교육을 받아 유대교를 철저하게 이해했다.
3. 바울은 초기 교회를 위해 적어도 세 차례 선교 여행을 했다.
4. 바울의 신학을 발견하는데 사용되는 주요 자료는 바울이 직접 쓴 서신과 사도행전이다.
5. 하나님은 바울 신학의 중심이다.
6. 바울은 악이 실재하며 영향력을 발휘하지만 결국에는 하나님에 의해서 제어되며 징벌 받는다고 생각했다.
7. 바울은 구약성경이 모든 사람들에게 적용된다고 생각했지만 율법주의는 정죄했다.
8. 바울이 전한 복음의 기초는 하나님께서 아브라함과 맺은 언약이었다.
9. 바울은 예수님의 신적 정체성과 예수님이 죄인들을 향한 하나님의 관심의 표현이라는 이유로 그리스도를 높이 평가했다.
10. 십자가는 그리스도께서 이루신 구속의 수단이며 상징이다.
11. 부활이 중요한 이유는 그리스도교의 메시지가 그것의 진실성에 달려있기 때문이다.
12. 바울은 교회를 그의 기독론의 중심 자리에 놓는다.
13. 바울은 복음이 그리스도인들의 개인적 행위와 연대적 정체를 변화시킨다고 생각했다.
14. 바울의 신학은 그의 독특한 윤리와 종말론으로 얽혀있다.

복습 문제

1. 바울은 헬라도시 _____에서 태어났다.
2. 바울의 회심 전 이름은 _____이었다.
3. 바울의 기록은 그의 _____ 활동 결과이다.
4. 3차 선교여행 때 예루살렘에 도착한 후, 바울은 _____되었다.
5. 계몽주의 비평가들의 견해에 따르면 바울은 신사적이며 혁명적인 예수를 이상화된 _____ 사람으로 변경시켰다.
6. 널리 퍼진 _____ 신앙과는 달리, 바울은 하나님은 한 분이시라고 주장했다.
7. 바울과 율법은 _____을 정죄한다.
8. 바울이 전한 복음의 기초는 _____ 언약이었다.
9. 바울은 _____와 선교 공동체들의 기초적 창설자였다.
10. 바울의 기록은 메시아적 영예를 _____에게 반복적으로 돌린다.
11. 구속의 논리는 죄수의 석방을 위한 _____을 요구한다.
12. 그리스도인의 매일 삶을 위한 핵심 진리는 _____이다. 그러나 바울에게 있어 이 진리는 _____ 말씀과 근접하다.

연구 질문

1. 주후 30년대, 40년대, 50년대, 60년대에 있었던 두 개의 주요 사건들을 기술하시오.
2. 안티오크에서 교회의 교사와 선교사로 섬긴 바울의 아이러니는 무엇인가?

3. 예수의 메시지와 바울의 메시지의 차이점은 무엇인가? 공통점은 무엇인가?
4. 바울이 율법을 부정적으로 그리고 긍정적으로 말한 이유는 무엇인가?
5. 바울의 가르침에서 아브라함이 한 역할의 특징을 말하시오.
6. 왜 바울은 그의 서신에서 "내게 주어진 은혜"를 강조 했는가?
7. 왜 유대 지도자들은 예수의 십자가 죽음을 강요했는가? 왜 바울은 예수님의 끔찍한 죽음에서 구속을 찾았는가?
8. 바울이 즐겨 사용한 "그리스도 안에서"와 "그리스도 예수 안에서"는 무슨 뜻인가?
9. 바울의 신학에서 윤리의 기초는 무엇인가?
10. 마지막 일에 관한 바울의 가르침의 세 가지 국면을 말하시오.

심화 연구 자료

Brown, Raymond. *An Introduction to the New Testament.* New York: Doubleday, 1997. 16장과 17장은 바울 연구를 평가한다.

Bruce, F. F. *Paul: Apostle of the Heart Set Free.* Grand Rapids: Eerdmans, 1977. 바울의 생애, 그리고 바울 서신과 사도행전의 관련성을 요약한 권위 있는 연구이다.

Doty, William G. "The Epistle." In *A Complete Literary Guide to the Bible.* Ed. Leland Ryken and Tremper Longman III. Grand Rapids: Zondervan, 1993, 445-57. 고대 편지를 문학적 형태로 간주하며, 이해 방법론을 설명한다.

Dunn, James. *Theology of Paul the Apostle.* Grand Rapids: Eerdmans, 1997. 영어권에서 최근에 연구된 바울신학을 통합한다.

Hawthorne, Gerald, Ralph P. Martin, D. G. Reid, eds. *Dictionary of Paul and His Letters.* Downer Grove: InterVarsity, 1993. 바울 생애와 사상의 제 국면을 설명하는 표준서이다.

Kim, Seyoon. *Paul and the New Perspective: Second Thought on the Origin's of Paul's Gospel.* Grand Rapids: Eerdmans, 2001. 바울의 회심의 중요성에 대한 연구(「바울 복음의 기원」)의 권위자인 저자는 새 관점의 견지에서 자신의 주장을 재기술한다.

Koperski, Veronica. *What Are They Saying about Paul and the Law?* New York/Mahwah, N.J.: Paulist, 2001. 바울서신 해석을 위한 비평적 문제들에 대한 최근 견해를 요약한다.

McGrath, Alister E. *The Mystery of the Cross.* Grand Rapids: Zondervan, 1988. 그리스도인 사상과 삶에 대한 십자가의 중요성을 도전적이면서도 앙양하게 고찰한다.

MaRay, John. *Paul: His Life and Teaching.* Grand Rapids: Baker, 2003. 바울이 활동했던 지역의 수차례 여행과 고고학적 경험에 근거한 철저한 연구서이다. 신학보다는 역사와 배경을 집중적으로 설명한다.

Schreiner, Thomas R. *Interpreting the Pauline Epistle.* Grand Rapids: Baker, 1990. 신중하면서도 책임감 있는 방식으로 바울 서신 연구를 어떻게 시작해야 하는지 조언한다.

_____. *Paul, Apostle of God's Glory in Christ.* Downers Grove/Leicester: InterVarsity/Apollos, 2001. 바울신학에 대한 새롭고 광범위한 요약서이다.

Wenham, David. *Paul and Jesus: The True Story.* Grand Rapids: Eerdmans, 2002. 예수와 바울간의 긍정적 관련성을 읽기 쉽게 제시한다.

제3장
로마서
― 하나님과 의로운 관계 ―

개요

- 복음서-사도행전-서신서
- 왜 로마서를 건너야 하는가?
- 로마와 그리스도교
- 로마서의 상황 및 목적
- 개요
- 로마서의 논증
  서론(1:1-18)
  진단(1:9-3:20)
  예후 1: 예수 그리스도를 믿는 믿음으로 의롭게 되었다(3:21-8:17)
  예후 2: 은혜로 구속되었다(8:18-11:36)
  처방(12:1-15:13)
  결론(15:14-16:27)
- 로마서의 중요성
- 비평적 문제

목표

본 장을 읽은 후, 다음에 제시된 일을 할 수 있어야 한다.

1. 로마서가 교회 역사에 끼친 영향력의 특성을 기술한다.
2. 로마서의 목적을 제시한다.

> 3. 로마서의 내용을 개관한다.
> 4. 로마서가 그리스도인들에게 어떻게 살라고 권면하는지 설명한다.

1. 복음서-사도행전-서신서

> 신앙

　네 권의 복음서는 예수 그리스도에 관한 복음의 이야기를 그리고 사도행전은 복음이 30년 이상 널리 전파된 방법을 내용으로 한다. 우리에게 복음서와 사도행전만 있다면, 우리는 초기 그리스도인의 신앙과 행습에 대해 제한적으로 밖에 알 수 없을 것이다. 21권의 서신이 우리 주위에 있기에 감사하다. 모든 서신들은 1세기에 기록되었다. 많은 학자들은 모든 서신들이 예수 그리스도께서 구원의 말씀을 받아 가르치라고 직접 임명한 저자들의 손으로 기록된 것이라고 주장한다. 우리는 서신을 하나씩 살펴볼 것이다. 그러나 서신들이 기록된 연대순을 고찰하지 않는다. 신약성경 순서대로 살펴볼 것이다. 그러나 예외적으로 빌레몬서만은 옥중서신과 함께 설명할 것이다. 초기 교회가 서신들의 현재의 순서로 배열한 이유를 확실하게 말할 수 있는 사람은 없지만, 긴 서신(로마서)부터 짧은 서신 순서(빌레몬)로 배열한 것으로 판단된다. 그 밖의 서신들도 마찬가지이다. 히브리서로 시작해서 유다서로 끝난다.[1]

> ## 신약성경 서신들
>
> 　신약성경에는 13개의 바울서신과 8개의 또 다른 서신이 있다. 고대로부터 서신들은 두 그룹, 곧 바울서신과 그 밖의 서신으로 나뉘어 긴 서신부터 시작해서 짧은 서신 순서로 배열되었다.

---

1) 고대 사본에 있는 바울의 편지 순서에 관한 자세한 내용은 John MaRay, *Paul: His Life and Teaching* (Grand Rapids: Baker, 2003), 273-81을 보시오.

바울서신(13개)	그 밖의 서신(8개)
로마서	히브리서
고린도전후서	야고보서
갈라디아서	베드로전후서
에베소서	요한 1, 2, 3서
빌립보서	유다서
골로새서	
데살로니가전후서	
디모데전후서	
디도서	
빌레몬서	

2. 왜 로마서를 건너야 하는가?

로마서는 이해하기 어렵고 또 지루하기로 유명하다. 설교자가 로마서를 시리즈로 설교하면 많은 회중은 속으로 괴로워한다. 그리고 매일 성경읽기 계획은 로마서에서 실패한다!

그러나 이 서신은 성경의 다른 어떤 책보다 세계 역사에 극적인 방식으로 영향력을 발휘했다. 예를 들면 북아프리카의 지성인이자 교회 지도자인 아우구스티누스(Augustine, 주후 354-430년)는 이방 철학에 심취하고 또 방탕한 삶을 사는 중에 로마서에서 새로운 생명을 찾았다. 그는 영혼의 갈증을 해결할 목적으로, "사도 바울의 작품에 심취했다"라고 기록했다.[2] 양심의 고통 그리고 삶에 대한 회의와 투쟁 중에, 그는 로마서 13장 13-14절을 읽는 순간 그의 "성적 욕망의 노예"는 해결되었다.[3]

---

2) *The Confessions of St. Augustine*, bk. 7, ch. 21.
3) Ibid., bk. 7, ch. 6.

낮에와 같이 단정히 행하고 방탕하거나 술 취하지 말며 음란하거나
호색하지 말며 다투거나 시기하지 말고 오직 주 예수 그리스도로 옷
입고 정욕을 위하여 육신의 일을 도모하지 말라.

수년 후 자신의 회심에 관해 기록할 때 그는 회상한다. "더 이상 읽고 싶지 않았다. 읽을 필요가 없었다. 내 심령은 확신의 빛으로 가득 찼으며 모든 의심의 그림자는 사라졌기 때문이다."4) 아우구스티누스의 기록은 천년 동안 유럽 문화에 상당한 영향력을 끼쳤다. 그리고 그의 사상은 오늘날에도 여전히 존중받는다.

바울의 로마서는 마틴 루터(Martin Luther, 1483-1546)의 삶에 결정적 충격을 주었다. 죄인인 그가 전적으로 의로우시며 언젠가 모든 사람들을 심판하실 하나님 앞에서 죄 용서함을 받을 수 있는 방법을 두고 "밤낮으로" 깊은 생각에 잠겨 있을 때였다. 그는 양심의 고통을 겪고 있었으며 성경을 보면서 죄책감을 느끼고 있던 중 로마서 1장 17절과 씨름했다. "의인은 오직 믿음으로 산다." 구약성경 하박국을 인용하는 이 구절은 루터에게 확신을 주었다. "은혜와 전적인 자비를 통해 하나님께서는 믿음을 통해 우리를 의롭게 하신다."5) 구원은 우리의 선한 행위나 우리 자신, 우리 교회, 우리 종교의 장점으로 이뤄지지 않는다. 오직 예수 그리스도만을 통해 이뤄진다. 유럽의 상황은 루터가 시작한 종교개혁으로 변화되었다. 로마서는 그가 행동을 취하게 한 디딤판이었다.

로마서가 초기 교회(아우구스티누스)와 종교개혁자(루터)에게만 영향을 끼치지 않았다. 1700년대에 영국을 휩쓴 영적 부흥 역시 로마서의 영향이다. 로마서는 존 웨슬리(John Wesley)에게도 영향을 끼쳤다. 그는 1738년 5월 24일 한 교회에 출석하여 예배 인도자가 루터의 로마서 주석 서문을 읽는 것을 들었다. 후에 그는 그날 밤의 경험을 상기했다. "그가 하나님께서 그리스도를 믿는 믿음을 통해 마음속에서 역사한 변화를 기술할 때 나는 내 마

---

4) Ibid., bk. 7, ch. 12.
5) Roland H. Bainton, *Here I Stand: A Life of Martin Luther* (Nashville: Abingdon, 1950), 49.

음이 뜨거워지는 것을 느꼈다. 나는 내가 그리스도를 믿고 있다는 사실을 알았다. 그리스도만이 나의 구원이시다. 그리스도께서 나의 죄를 담당하였으며, 나를 죄와 사망의 법에서 구원해 주셨다고 확신했다."6)

로마서 연구를 통해 마음의 빛을 얻은 이야기를 기록한다면 장서가 될 것이다. 루터는 로마서를 읽음으로 "거듭 태어났으며, 열린 문을 통과하여 낙원에 들어갔다. 성경이 새롭게 다가왔다 … 바울의 이 구절은 나를 천국 문으로 인도했다"라고 간증했다.7) 그래도 로마서가 지루하다고 생각되는가? 로마서의 메시지를 이해하려는 노력이 가치 있으며, 우리의 삶을 변화시킬 것이다.

초기 교회사에서 로마서

로마서는 초기 교회 지도자들에게 알려졌으며 또한 사용되었다.

로마의 클레멘스	주후 95년
폴리카르포스	주후 110년
순교자 저스틴	주후 140년
이레나이우스	주후 175년
알렉산드리아의 클레멘스	주후 200년
테르툴리아누스	주후 200년
오리게네스	주후 250년
유세비우스	주후 315년

---

6) *The Works of John Wesley*, 14 vols., 3rd ed. (Grand Rapids: Baker, 1991 [1872]), 1:103.
7) Bainton, *Here I Stand*, 49-50.

3. 로마와 그리스도교

서양의 고대 도시 중 가장 큰 로마는 거대한 제국의 수도였다. 예수님 당시 로마 제국의 인구는 1억에 달했을 것으로 추정된다.[8] 로마 영토는 서쪽으로는 영국, 북쪽으로는 독일, 동쪽으로는 이란, 그리고 남쪽으로 이집트 나일 강 수백 마일까지였다. 세계 역사에서 로마의 영토, 힘, 그리고 영예에 견줄 만한 제국은 없었다.

그리스도교는 오순절에 베드로의 설교를 들은 사람들의 소개로 로마에 들어갔을 것이다(행 2:10). 그리고 복음 메시지는 제국 수도의 회당들에도 전달되었다. 베드로가 주후 30년대에 로마에서 사역했다는 고대 전승을 가볍게 들어서는 안 된다. 어쨌든 주후 49년경에 로마에 있는 유대인들 중에 있던 그리스도인들은 그 공동체 안에서 소요를 일으킬 정도로 많았다.[9]

신약성경은 로마를 8회 언급한다. 바울은 그곳에 가서 복음을 전하고 싶다고 두 차례 진술했다(행 19:21; 23:11). 위대한 도시의 이름을 붙인 편지를 쓸 때(16:22), 그는 로마를 두 차례 언급한다(롬 1:7, 15).

4. 로마서의 상황 및 목적

바울이 그리스에 3개월 체류하는 동안에 로마서를 기록했다(행 20:2-3)는데 일반적 일치를 보인다. 대략 67년경으로 3차 선교여행을 마치고 예루살렘을 향해 출발하기 직전이었다. 로마서 16장 23절과 다른 구절들(행 19:29; 20:4; 고전 1:14)을 비교하면 편지를 쓸 때 고린도 근처에 있었음을

---

[8] Michael Grant, *History of Rome* (New York: Scribner, 1978), 247.
[9] 참고. 사도행전 18장 2절은 클라우디우스 황제(주후 41-54년)가 유대인을 로마에서 추방시킨 사건을 말하는 것으로 간주된다. "크리스투스의 부추김을 받는 방해물"(그리스도를 전파하는 유대인들 혹은 다른 사람들)이었기 때문이다. 참고. Suetonius, *The Twelve Caesars*, trans. Robert Graves (New York: Penguin, 1989), 202.

암시한다. 이것은 바울이 편지를 고린도에서 로마로 전달할 인물로 뵈뵈를 추천한 사실에 의해 확실해 진다. 그녀의 가정교회는 고린도에서 8마일 떨어진 조그만 마을인 켄그레아에 있었다(롬 16:1).

로마서의 목적은 현재 신약학계의 가장 활발한 논의 주제 중 하나이다.[10] 모든 사람들은 바울이 계획하고 있는 스페인 선교 후원을 부탁하기 위해 로마서를 썼다고 동의한다(롬 15:24). 그러나 수세기 동안에 교회의 지지를 받은 입장, 곧 로마서의 목적이 신학적이라는 견해-구원에 관해 가르치며 세상에 그리스도의 나라를 확장하는 것-는 많은 학자들에게 "그렇게 신중한 선택"은 아니다.[11] 두 가지 이론 중 하나를 추구하는 새로운 이해가 대두되었다. 로마서는 바울 자신의 관심사를 쓴 편지이다. 혹은 "주로 로마 교회의 관심사로 가득한" 편지이다.[12]

상황화

그러나 세 가지 선택을 염두에 두어야 한다. 첫째, 바울이 로마에 있는 교회의 건강에 관심을 두었다는 점에 의심의 여지가 없다. 그가 16장에 쓴 많은 인사들은 그가 그곳에 있는 그리스도인 중 핵심 인물들을 알았다는 것을 나타낸다. 그가 독자들의 상황을 말하는 것은 자연스럽다. 이것에 대한 전문 용어는 **상황화**(contextualization)이다. 둘째, 바울의 개인적 기대와 목적이 그의 생각, 곧 유대 동족이 메시아를 영접하길 바라는 열망(롬 9:3; 10:1)을 반영한다는 점에도 의심의 여지가 없다.

셋째, 학문적 연구가 성경의 신학적 메시지를 감소시킨다고 생각하지만, 그렇다고 이 특별한, 곧 일반적이지 않은 학문적 신념을 따라야 할 이유는 없다. 그러므로 로마서를 논의할 때 우리는 세 가지 점에 신중을 기할 것이다. 그러나 수세기 동안 그리스도교들이 하나님, 인류, 구속에 관한 생명을 변화시키는 진리에 주목하면서 로마서를 읽었다는 사실을 먼저 말해 둔다.

---

10) 참고. Karl P. Donfried, ed., *The Romans Debate*, rev. ed. (Peabody, Mass.: Hendrickson, 1991).
11) Ibid., xliv.
12) Ibid.

5. 개요

I. 서론: 섬김의 풍부(1:1-18)
   A. 바울의 섬김(1:1)
   B. 신성의 섬김(1:2-4)
   C. 성도들의 섬김(1:5-7)
   D. 현재적 섬김과 미래적 섬김(1:8-15)
   E. 하나님의 의와 진노의 종인 복음(1:16-18)

II. 진단: 하나님의 앎 그리고 인간의 타락(1:9-3:20)
   A. 인간의 죄(1:19-32)
   B. 이방인과 유대인의 죄(2:1-16)
   C. 유대인의 죄(2:17-3:8)
   D. 인간의 죄(3:9-20)

III. 예후 1: 예수 그리스도를 믿는 믿음으로 의롭게 되었다(3:21-8:17)
   A. 예수 그리스도를 믿는 믿음을 통한 하나님의 의는 자랑하지 않는다(3:21-31)
   B. 겸손과 믿음 안에서 아브라함의 하강과 상승(4:1-25)
   C. 아담으로 인한 하강과 그리스도로 인한 상승(5:1-21)
   D. 그리스도 안으로 세례 받음으로 사망에서 생명으로(6:1-14)
   E. 더 이상 죄의 종이 아니라 하나님의 종(6:15-23)
   F. 더 이상 율법과 결혼하지 않고 그리스도와 결혼(7:1-6)
   G. 영적인 자아와 육적인 자아 간의 대결/전투(7:7-25)
   H. 성령의 증거를 통한 하나님의 자녀(8:1-17)

IV. 예후 2: 허무한데 굴복함, 희망 가운데 굴복함(8:18-11:36)
   A. 하나님의 자녀가 누리는 영광스런 자유(8:18-27)
   B. 하나님께서는 의롭게 하신 사람을 또 영화롭게 하신다(8:28-39)
   C. 이스라엘과 이방인을 향한 하나님의 자비와 그의 영광의 풍요(9:1-33)
   D. 그리스도께서는 유대인과 이방인을 위해 율법을 성취하신다(10:1-21)
   E. 유대인과 이방인의 최종적 접목 안에서 하나님의 자비와 영광(11:1-36).

V. 처방: 실천하는 신실한 종(12:1-15:13)
   A. 희생적 예배를 드림으로(12:1-2)
   B. 몸 안에서 은사를 겸손하게 사용함으로(12:3-8)
   C. 사랑의 섬김과 접대로(12:9-13)
   D. 예수님의 가르침을 모방함으로(12:14-21)
   E. 카이사르의 것은 카이사르에게 줌으로(13:1-7)
   F. 이웃을 자신처럼 사랑함으로(13:8-10)
   G. 어두움이 아니라 빛 가운데 삶으로(13:11-14)
   H. 약자와 강자 간의 평화를 모색함으로(14:1-15:13)

VI. 결론(15:14-16:27)
   A. 바울의 선교 목적과 담대하게 기록한 이유(15:14-22)
   B. 예루살렘, 로마, 스페인 선교 전략(15:23-33)
   C. 마지막 인사, 경고, 송영(16:1-27)

6. 로마서의 논증

  바울이 로마서를 기록한 하나의 분명한 그리고 직접적인 의도는 로마에 있는 그리스도인들이 자신의 방문을 준비하게 하는 것이라고 이미 진술했으며 위에 제시한 개요는 그것을 분명하게 한다. 바울은 로마를 방문한 후 서쪽으로 여행하여 스페인에 복음 증거하길 원한다(롬 15:23-33). 로마서의 많은 부분이 다른 문제를 말할지라도 이 점을 명심해야 한다.

1) 서론(1:1-18)

로마서는 인사말로 불리는 바울의 긴 서론적 진술로 시작한다(1:1-7) 바울은 당시 헬라편지의 관행에 따라 이 진술에서 자신의 정체를 밝힌다.[13] 또한 그는 그의 삶을 변화시킨 메시지의 특징을 기술한다. 그것은 구약성경에 뿌리를 두고 있으며, 부활하신 예수 그리스도에 기초를 두고 있고, 사도의 사역을 통해 제시된다. 인사를 마무리하기 위해 그는 편지 수신인을 말하고, 고대 헬라 편지에서 자주 발견되는 "안녕!"이라는 말을 사용하지 않고 다른 말로 인사한다. 바울은 "하나님 우리 아버지와 주 예수 그리스도로부터 은혜와 평강이 있기를 원하노라"라고 선언한다(1:7).

바울은 다시 당대 편지 관행에 따라 독자들에게 감사를 표현한다. 그는 빠른 시일 안에 그들을 방문하고 싶다는 뜻을 밝힌다(1:8-13). 바로 이 부분에서 바울은 편지의 본론을 예고한다. 그는 먼저 "로마에 있는 여러분에게도 복음을 전하고 싶다"는 열망을 말하고, 다음에 복음에 관해 말한다. 협주곡의 주제를 기록하는 작곡가처럼 바울은 복음을 높이 찬양한다. "이 복음은 모든 믿는 자에게 구원을 주시는 하나님의 능력이 됨이라 먼저는 유대인에게요 그리고 헬라인에게로다"(롬 1:16).

이렇게 단순한 메시지를 그렇게 높일 이유가 있는가? 왜냐하면 복음에는 "하나님의 의"가 나타나기 때문이다. "하나님의 의"가 뜻하는 바가 무엇인지를 두고 수세기 동안 논의되었다. 한 가지는 분명하다. 복음을 받아들이는 사람들에게 기쁜 소식임을 의미한다. 복음 메시지는 믿음(지적 동의가 아니라 전전으로 인격적 신뢰)에 의해, 참되시며 살아계신 하나님을 아는 즐거움을 공유하길 원하는 사람들에게 구원이 가능케 한다.

그러나 왜 바울에게는 하나님의 의가 문제가 되는가? 이제 바울이 말하려는 하나님의 진노 때문이다.

---

13) 편지 작성자로서 바울에 관해서는 M. Luther Stirewalt Jr., *Paul, the Letter Writer* (Grand Rapids: Eerdmans, 2003)를 보시오.

2) 진단(1:9-3:20)

복음은 기쁜 소식이다. 바울의 모든 서신들은 확신과 감격으로 그리스도를 통해 하나님을 믿고 그분을 섬기는 것이 위대한 일이라고 말한다. 사실 사람이 경험할 수 있는 가장 위대한 일이다. 왜 바울은 그가 전하는 복음에 그렇게 흥분하는가?

기쁜 소식은 좋지만 나쁜 소식은 나쁘다. 나쁜 소식은 무엇인가? 모든 사람이 하나님과 단절되어 영원한 심판을 받을 처지이다. 왜냐하면 실제로 존재하는 분을 무시하고 등을 돌리는 성향 때문이다. 로마서 1장 18-23절에서, 바울은 당시의 전형적인 인물을 묘사한다. 그들은 주위 만물의 아름다움과 위대함을 보고 신이 존재한다고 생각했다. 그러나 자연을 창조하신 참되신 하나님을 찾는 대신, 그들은 자연 그 자체를 예배했다.

그런 종교는 슬픔을 낳을 뿐이다(1:24-32). 바울은 이방인들이 악과 악행에서 풀어주시는 하나님께는 무관심하고 도리어 동성애를 행한다고 기술한다. 그들의 마음은 잘못되었다. 그들의 도덕적 나침반은 헛돈다. 살인, 악행, 속임수, 무자비가 판친다.

동성애

바울은 일부일처제의 결혼관계를 벗어난 성관계와 마찬가지로 동성애도 하나님을 진노하게 한다고 강조한다(롬 1:26-27). 바울이 열거한 다른 죄들(롬 1:28-31)과 마찬가지로 동성애는 하나님의 율법을 위반한 행위이다(레 18:22; 20:13). 동성애는 하나님께서 이성과 결혼생활하면서 누리는 출산과 즐거움을 위해 만드신 부부간의 정교(창 2:24; 잠 5:15-19; 마 19:4-6; 딤전 4:3-5)를 왜곡시킨다.

바울이 로마서를 기록할 때, 그는 그리스도교 신앙에 순종하는 동성애자들을 봤다(참고. 고전 6:9-11). 혼전 혹은 혼외 성교와 마찬가지로 동성애도 용서받지 못할 죄는 아니다. 그리스도를 죽은 사람들 가운데서 살린 생명력은 동성애자들과 성범죄자들에게 능력을 주어 죄의 사슬을 끊고 하나님을 영화롭게 하는 삶을 살게 할 수 있다(롬 8:11).

동성애를 너그럽게 봐주는 현대 동향은 하나님의 창조, 그의 법, 그리고 그리스도의 십자가를 통해 죄의 지배력을 파괴하는 하나님의 능력을 거부하는 것이다. 부정한 성적 욕망에 빠질 수 있듯이 동성애 생활에 매력을 느낄 수 있다. 그러나 인간의 의지에 영향력을 행사하는 죄의 힘이 하나님의 구원하는 은혜를 능가하겠는가? 성경은 분명하게 "아니다"라고 대답한다. 성범죄의 유혹이 강력할지라도 하나님의 은혜는 우리가 즉각적으로 그리고 완전하게 죄의 행위를 중단하게 만든다. 어렵게 보여도 하나님의 말씀이 최고이다.

물론 동성애자들을 다른 죄인들보다도 더 악하다 간주하는 것은 잘못이다. 하지만 성경이 동성애자들과 성범죄자들에게 내리는 준엄한 선고를 완화하지 않는다면, 하나님의 용서와 선하시며 돌보시는 하나님에 대한 도덕적 충성의 높은 길은 참된 말과 은혜로운 행위로 선포되어야 한다.

그러나 나쁜 소식이 우상숭배자들, 살인자들, 그리고 성범죄자들에게만 있는 것이 아니다. 로마서 2장 1절로 3장 20절에서, 바울은 죄의 판결 범위를 넓힌다. "모든 입을 막고 온 세상으로 하나님의 심판 아래에 있게 하려 함이라"(롬 3:19). 전적으로 의로우신 하나님과 비유하면, 도덕적이며 종교적인 사람이 비도덕적인 범죄자보다 좋지 않다. 유대인과 이방인 모두에게는 희망이 없다. 왜냐하면 그들 모두는 죄를 지었기 때문이다.

로마서는 예수 그리스도의 복음에 관해 말한다. 그러나 우리가 인간 상태의 어두움을 경시한다면 그의 선하심의 영광을 놓친다. 진단을 엄격하며 하나님의 진노는 불가피한 결과이다. 희망이 없단 말인가?

3) 예후 1: 예수 그리스도를 믿는 믿음으로 의롭게 되었다 (3:21-8:17)

로마서는 죄인들에게도 그리스도로 인해 희망이 있다고 말한다. 그는 하나님의 진노가 아니라 하나님의 의를 받을 수 있는 길을 여신다. 모든 시대에 모든 사람들은 하나님의 법을 어겼다(3:23). 그러나 그리스도의 십자가 죽음을 통해 죄에 대한 하나님의 징벌을 피할 수 있다. 죄인들은 새로운 생명을 얻을 수 있다.

바울은 중요한 몇 개의 용어를 사용한다. "의롭게 되다"(3:24)는 하나님께서 죄인들에게 새로운 지위를 부여한다는 뜻을 함축한다. 한때 "죄" 선고를 받았지만 이제는 그리스도의 희생에 기초하여 그들을 의롭게 보신다. 그들은 "구속"받았다(3:24). 이 용어는 죄의 영역에서 구출되어 주님을 섬기는 영역으로 옮겼다는 의미이다. 이것은 "대속의 죽음"을 통해 가능케 되었다. 예수님의 십자가 죽음은 우리가 받아야 마땅한 하나님의 진노를 예수님이 받은 것이다(3:25).14)

또 다른 중요한 용어는 "신앙"이다. 그리스도가 구속의 기초이며 활동적인 대리자라면, 그것은 무엇을 뜻하는가? 어떻게 죄인은 그리스도께서 그들을 위해 이루어 놓으신 구원을 취할 수 있을까?

우리 시대와 마찬가지로 바울 당시에도 그 질문에 대한 몇 가지 대답이 가능했다. 하나의 가능성은 "선한 행위에 의해서"이다. 이것은 바울이 그리스도를 만나기 전에 한 대답이었다. 당시의 많은 사람들처럼 그는 선한 일을 함으로 나쁜 일을 없앨 수 있다고 생각했다. 바울이 하나님의 율법을 충분히 영화롭게 했다면 하나님께서 바울을 용서했을 것이다.

---

14) 참고. Leon Morris, *The Apostolic Preaching of the Cross* (Grand Rapids: Eerdmans, 1955), 125-85.

로마서에 있는 질문과 대답

바울은 몇 가지 질문을 던지고 강조하여 "아니오!"라고 대답한다. 그는 "대화체문법"(*diatribe*)이라는 수사학의 기법을 사용한다. 이런 설득력 있는 기법에 대한 지식은 바울의 메시지를 이해하는데 도움이 된다. 몇 가지 예를 들어보자.

구절	질문	대답
3:3	어떤 자들이 믿지 아니하였으면 어찌하리요! 그 믿지 아니함이 하나님의 미쁘심을 폐하겠느냐?	그럴 수 없다!
3:5	진노를 내리시는 하나님이 불의하시냐?	그럴 수 없다!
3:9	그러면 어떠하냐? 우리는 나으냐?	그럴 수 없다!
6:1	그런즉 우리가 무슨 말을 하리요. 은혜를 더 하게 하려고 죄에 거하겠느냐?	그럴 수 없다!
6:15	그런즉 어찌하리요? 우리가 법 아래에 있지 아니하고 은혜 아래에 있으니 죄를 지으리요?	그럴 수 없다!

그러나 로마서에서 바울은 그 대답을 거절한다(3:27-31). 대신에 새로운 대답을 제시한다. 사실 그 대답은 옛 방식이다. 아브라함은 그 방식을 알았다(4장). 다윗도 알았다(4:6-8). 믿음의 방식이다. 믿음은, 자신의 죄를 인정하면서 그리고 주님을 그들의 유일한 구원자로 의지하면서, 그에게 나아오는 사람을 받아주신다는 하나님의 약속을 신뢰하는 것이다. 아담의 죄가 인류에게 대재앙을 주었지만, 그리스도 안에 있는, 하나님의 새로운 생명의 선물은 믿음으로 그를 받아들이는 사람 모두를 새로운 미래로 인도하신다(5:12-21).

바울의 메시지는 대담하다. 구원은 믿음을 통해 은혜로 된다고 주장한다. 하나님의 받아들임을 얻는데 인간이 할 수 있는 일은 없다. 깨어진 심령으로 그것을 선물로 받으면 된다. 마틴 루터는 임종때 이런 말을 했다. "우리 모두는 거지이다. 사실이다." 그러나 바울의 대담한 메시지는 오해되거나 왜곡될 수 있다. 그래서 바울은 이것을 미연에 방지하는 조치를 취한다.

그들의 죄용서를 위한 하나님의 은혜를 받은 사람들이 더 많은 은혜를 받기 위해 계속하여 죄를 지으려 해서는 안 된다(6:1-14). 은혜는 그리스도께서 우리의 삶에 들어오셨다는 뜻이다. 이것은 죄를 없애고 더 이상 죄짓지 않게 한다. 우리가 그를 사랑한다면 우리는 계명을 지켜야 한다(요 14:21). 이제 바울은 성화를 말한다(6:19-22). 성화란 신앙이 자라면서 주님을 더 신뢰한다는 뜻이다. 은혜는, 하나님의 명령에 불순종한 징벌이 제거되었기에 이제 죄가 허락되었다는 말이 아니다(6:15-7:6).

그와는 반대이다. 우리가 그리스도를 영접하기 전에도 하나님의 명령은 그릇 행하려는 욕망을 북돋는 효과를 가졌다. 한 아이가 밖에서 놀고 있는데 엄마가 "과자를 그릇에 담아 놓았으니 손대지 말아라!"라고 한 소리를 들었다고 생각해 보라. 그 아이는 무슨 유혹과 싸워야 하는가? 이와 같은 방식으로, 우리의 내적인 죄는 하나님의 선한 명령을 오용하며, 무시하며, 때로는 이기적으로 이용한다(7:11). 바울은 그리스도인들이 죄와 전쟁을 치루는 문제를 자세히 설명한다(7:7-25). (일부 사람들은 이 구절이 비-그리스도인을 묘사한다고 생각하지만, 다른 사람들은 죄를 대하며 또 그리스도에게도 나아오는 사람들에 관한 묘사라고 생각한다.)

그러나 한 가지는 분명하다. 믿음으로 그리스도를 영접하면 새로운 삶의 형태가 가능하다(8:1-17). 그리스도인은 하나님과 그의 명령을 거부하는 자연인의 영혼에 속박되지 않고 하나님의 영을 받는다(8:4). 하나님의 영은 죄성을 가진 인간의 성향과 행위를 정복하며 변화를 가져온다. 또한 성령은 그리스도인들에게 주님에 속했다는 확신을 준다. 이 확신은 양자가 자신을 받아들여준 부모에게 속한 것만큼 확실하다(8:16).

그러나 확신을 주는 성령은 하나님의 자녀들이 하나님을 섬기도록 인도한다. 이것은 바울이 "고난"이라 말한 것을 포함하며(8:17), 바울은 이런 고난이 중요한 것을 알기에 자세하게 다룬다.

4) 예후 2: 은혜로 구속되었다(8:18-11:36)

앞부분에서 우리는 죄인이 그리스도 안에 있는 죄 용서와 새로운 생명을 이해하는 견지에서 바울의 "예후"를 개관했다. 믿음으로 받아들인 그리스도의 죽음과 부활은 죄의 세력과 영원한 징벌을 파괴한다. 모든 정죄를 제거되었다(8:1). 그러나 복음은 개인적 구원 그 이상을 의미한다. 바울의 "예후"는 바울이 전하는 은혜의 복음에 의한 광범위한 구속적 효과를 설명한다.

복음의 좋은 소식은 그리스도인들이 우주적 전투에 참여하는 것을 포함한다. 이 전투에 보이는 것과 보이지 않는 모든 피조물도 참여하며, 종국적으로 하나님이 승리하는 전투이다. 세상에 죄가 있기 때문에 세상은 속박 상태이며 부패한다. 세상은 파괴하는 힘을 가진 악에 짓눌린 채 고통하고 있다. 그래서 세상은 하나님께서 약속하신 구원을 고대한다(8:19-22). 그리스도인들도 지금 희미하게만 보고 있는 미래적 희망(확신) 속에 살면서 고통하고 있다(8:23-25). 성령께서는 그리스도인들이 하나님께 그들의 필요와 화를 간청하는 기도를 들으면서 우리의 고통에 함께 하신다(8:26-27).

그러나 승리는 하나님 그리고 그분을 찾는 자들의 것이다. 왜냐하면 어떤 것도 그의 목적을 가로막을 수 없기 때문이다(8:28-39). 하나님은 그의 백성을 구출하실 것이며, 지금 죄와 고통으로 손상된 모든 피조물을 구속하실 것이다. 로마서의 메시지는 개인의 구원을 넘어, 하나님께서 의도하신 선한 목적을 이루는 하나님의 능력까지 포함한다. 사람의 마음만이 아니라 모든 피조물과 공간 그리고 시간의 범위를 넘어선다.

또한 복음의 기쁜 소식은 구원에 관한 하나님의 말씀이 또 다른 의미에서 널리 퍼진다는 뜻이다. 다시 말해 그의 백성, 곧 아브라함의 후손에 대한 약속이 실패하지 않는다(9:1-6). 바울 당시 이런 질문이 있을 수 있었다. 유대인들 대다수가 예수님을 유대 메시아로 생각하지 않았는데 그가 어떻게 유대 메시아일 수 있는가? 바울이 옳다면 이것은 그의 백성을 구원하시겠다는 하나님의 약속이 실패한 것이 아닌가?

바울은 대답한다. 아브라함 후손은 인종의 문제가 아니다. 하나님 앞에서 아브라함의 축복을 공유하는 것은 하나님을 믿는 아브라함의 신앙을 공유한다는 뜻이다(9:8). 바울은 자세하게 대답한다. 하나님께서는 당신의 약속을 신실하게 지키신다. 인간의 행동은 하나님의 선한 목적을 틀어지게 할 수 없다. 하나님께서는 믿는 사람들을 결코 거절하지 않으신다. 로마서 9-11장 역시 여기서 설명하기는 너무 복잡하다. 그러나 그것의 취지는 분명하다. 하나님은 그의 백성을 결코 버리지 않으셨고 버리지도 않으신다.

인간의 변덕에도 하나님은 신실하시기에 바울은 하나님을 높이 찬양한다(11:33-36). 하나님 예배와 사랑의 깊이를 이해할 때 복음의 기쁜 소식을 더 깊이 있게 이해한다.

5) 처방(12:1-15:13)

바울은 실제적인 문제보다는 신학적 문제를 설명하는데 서신의 상당부분을 할애했다(1-11장). 왜일까? 로마 교회 안에 벌어지고 있는 유대인-이방인 논쟁을 다루고 있는가? 바울 자신이 고민하는 신학적 문제를 다루고 있는가? 복음 자체의 분명한 가치를 평가하려 하는가? 앞에서 언급했듯이 바울이 로마서를 기록한 것과 관련한 "로마서의 문제"는 아직 해결되지 않았다.

그러나 그리스도인들이 복음의 결과로서 어떻게 살아야 하는지에 대한 바울의 생각에는 고민하지 않아도 된다. 그리스도인들의 매일 삶은 그들이 영접한 그리스도를 믿는 신앙을 반영해야 한다. 그리스도인들은 자신의 모든 것을 마치 희생제사의 제물처럼 하나님 예배에 바쳐야 한다(12:1-2). 모든 그리스도인들은 하나님께서 주신 능력을 하나님을 위해 사용해야 한다(12:3-8). 바울은 성공적인 영적 예배의 지표를 다양하게 제시한다. 그것들 중 많은 것들은 예수님의 가르침을 반향 한다(12:9-21). 또한 바울은 지도층 존중, 이웃 사랑, 그리고 방종이 아니라 그리스도에 헌신 등을 요청한다(13장).

> 아디아포라

바울은 로마 교회에 있는 유대인과 이방인간의 긴장을 반영하면서 신학자들이 말하는 **아디아포라**(adiaphora), 곧 그리스도인 실천의 비본질적 국면을 설명한다(14장). 그는 그리스도인의 행실 중 일부 문제는 하나님 앞에서 개개인이 결정해야 한다고 주장한다. 그리스도인들은 그런 문제를 두고 서로 판단해서는 안 된다. 성령께서 원하시는 대로 인도하시도록 자유를 허락해야 한다. 다른 사람이 보기에 그리스도의 대의에 손상을 주는데도 자유를 행사하려 해서는 안 된다. 자유는 하나님의 영광과 복음의 확장을 위해 절제해야 한다(14:15-21).

바울이 성경이 분명히 가르치는 내용이 아니라 음식과 종교적 관습을 염두에 두고 있다는 사실을 기억해야 한다. 바울은 도둑질이나 성적인 죄를 두고 그리스도인 각자가 결정해야 할 문제라 말하지 않는다.

바울은 서신을 시작한 방식, 곧 예수 그리스도를 언급하며 본론을 끝맺는다. 예수님은 다른 사람들을 수용하는 본보기이다(15:1-7). 유대인과 이방인을 위한 그의 사역은 구약성경이 예언한 지고의 목적을 지향한다(15:9-12). 바울은 하나님의 백성들에게 희망, 기쁨, 평화 등의 은총이 있길 원한다(15:13).

6) 결론(15:14-16:27)

로마서의 결론은 서론과 마찬가지로 긴 편이다. 바울은 자신의 독특한 통찰력, 그리고 이방인에게 기쁜 소식을 전하는 사명을 요약하고(15:14-22), 그가 생각하고 있는 스페인 선교 후원을 부탁한다. 그는 로마에 있는 그리스도인들이 그와 함께 기도에 힘써 달라고 부탁한다(15:30-33). 마지막으로, 로마에 있는 많은 그리스도인들에게 안부를 전하고(16:1-16), 문제를 일으키는 사람들을 경고하고(16:17-20), 그가 로마서를 쓸 때 함께 한 동역자 몇 사람의 인사도 전한다(16:21-24).

마지막 송영(16:25-27)은 구약성경에 "계시되고 알려진" 이제는 바울이 전하는 복음을 통해 선포된, 그리스도 안에서 하나님의 구속 목적의 영광을 회고하면서 하나님을 찬양한다. 이 모든 것은 "영원하신 하나님의 명령에 의해" 이뤄졌으며, "그래서 모든 민족이 그를 믿고 순종하게 되었다." 이 긴 서신의 마지막에서, 하나님의 자비에 대한 바울의 감탄은 시작부분보다 훨씬 더 진심어려 있다.

포커스 18
평화는 어디에 있는가?

평화를 기대한다는 것은 무슨 뜻인가?

수년 전 남부 시카고에 위치한 두 사블 고등학교 운동장에 건설공사가 시작되었다. 고층건물에 휩싸여 마치 감옥과 같은 대단위 지역사회에 휴식 공간을 제공하기 위한 공사였다. 85만 달러 공원은 도심 생태 공원으로 불렸다. 분수대가 있었으며 이웃의 살해된 자녀를 애도하는 기념 공간도 있었다. 학교는 깡패들, 총기류, 폭력에 희생된 가족과 친구들의 유령에 휩싸였다. 9학년이 되기 전에 손실을 경험한 학생들은 평화를 갈망했다. 그들의 대답은 은신처였다.

이스라엘 사람들은 갈등, 폭발, 테러에 지쳐있다. 1990년대 중반의 지도자들과 총리들은 아랍과 협상을 통해 평화를 모색했다. 그리고 1995년 11월 4일 이츠하크 라빈(Yitzhak Rabin)이 암살되었다. 성경의 땅에 사는 사람들은 평화를 갈망했지만 평화는 주어지지 않았다.

바울은 로마서 5장 1절에서 분명히 말한다. "그러므로 우리가 믿음으로 의롭다 하심을 받았으니 우리 주 예수 그리스도로 말미암아 하나님과 화평을 누리자"(롬 5:1).

> 평화회담이나 인위적인 안식처는 세계 어느 곳에도 영원한 평화를 주지 못한다. 시카고이든 이스라엘이든 간에, 진정한 평화는 평화의 왕을 통해서만 이뤄진다.

7. 로마서의 중요성

본장을 시작하면서 그리스도교 역사에서 중요한 세 사람, 곧 아우구스티누스, 마틴 루터, 존 웨슬리의 회심에 로마서가 한 역할을 말했다. 그들만이 바울의 주요 서신인 로마서가 그들에게 부여한 것을 통해 문화의 과정을 변화시킨 중요한 인물이 아니다.

로마서의 영향력에 대한 20세기 예는 스위스 신학자 칼 바르트(Karl Barth, 1886-1968)이다. 바르트의 서신서 연구는 한때 현대 서구 신학계를 주도한 자유주의 신학을 반박하는데 기여했으며 지금은 유명한 주석으로 남아있다. 신학적 혁신 배후에는 여전히 로마서가 있다. 한 세기 전에 두 명의 영국학자는 로마서의 중요성을 적절하게 요약했다.

> 로마서는 연구하기 힘들지만 다른 상황에서 다른 마음으로 연구하면 새로운 해석을 얻을 수 있는 최고의 서신이다. 그리스도교의 영적 부흥이 성경연구와 밀접한 관련성이 있었다는 것이 역사적 사실이라면, 이것은 로마서에 가장 부합한다.[15]

그러나 수세기 전에 존 칼뱅(1509-64)은 로마서를 극찬했다. "이 서신을 이해하는 사람에게는 성경 전체를 이해하는 문이 열렸다."[16]

---

15) William Sanday and Arthur C. Headlam, *A Critical and Exegetical Commentary on the Epistle to the Romans,* 5th ed. (Edinburg: T & T Clark, 1902), i.
16) John Calvin, *Commentary on the Epistle of Paul the Apostle to the Romans*, trans. and ed. John Owen (Grand Rapids: Baker, 1981 [1849]), xxiv.

칼뱅이 확실히 옳았다. 모든 가치 있는 통찰력이 로마서에 있기에, 로마서는 성경 전체를 이해할 수 있는 관문이라는 중요한 역할을 한다. 그래서 그리스도 안에서 하나님과 개인적 교제를 가능하게 한다.

8. 비평적 문제

로마서의 목적 외에,[17] 최근에 학자들이 관심 갖고 연구하는 몇 가지 주제가 있다. 그 중에 가장 뜨거운 논의 주제는 율법에 바울의 입장이다. 이것은 중요한 또 하나의 주제로서 많은 논의를 불러일으킨 바울의 구약성경 사용[18]이라는 주제의 일부이다. 율법에 대한 바울의 입장의 문제는 부분적으로 복음과 그것을 필요로 하는 인간에 대한 전통적인 그리스도교 이해에 대한 심오한 질문의 결과이다. 바울과 예수님의 관계, 바울의 유대주의 이해, 그가 전한 메시지의 특징, 바울의 신학에서 율법의 역할, 바울의 서신에서 "율법"의 뜻 등에 관한 질문이 제기되었다.[19]

바울이 로마서를 직접 기록했는지, 혹은 수신지가 어디인지에 대해서는 특별한 논의가 없다. 바울의 연대기를 새롭게 연구하는 일부 학자들은 로마서 기록연대와 바울서신의 순서에 위치, 그리고 초기 교회 역사 등에 관해 질문한다.[20] 그러나 대부분의 학자들은 로마서의 기록연대를 주후 57-58년이라는데 입장을 같이한다. 사회과학이론과 방법론[21]이 로마서 이해에 시사점을 주면서 바울 해석의 문제에 적용된다. 그러나 이상한 일이지만 초기

---

17) 참고. Donfried, *The Romans Debate*.
18) 많은 자료가 있지만 오리엔테이션을 위해서는 V. Koperski, *What Are They Saying about Paul and the Law?* (New York/Mahwah, N.J.: Paulis, 2001); Andrew Das, *Paul, the Law, and the Covenant* (Peabody, Mass.: Hendrickson, 2001)을 참고하시오.
19) 이 주제들과 바울연구 주제들을 위한 참고문헌을 위해서는 Mark Seifrid and Randall Tan, *The Pauline Writings*, IBR Bibliographies 9 (Grand Rapids: Baker, 2002)를 참고하시오.
20) 논의를 위해서는 John B. Polhill, *Paul and His Letters* (Nashville: Broadman & Holman, 1999), 76-80을 참고하시오.
21) 자료를 위해서는 Luke T. Johnson, *The Writings of the New Testament*, rev. ed. (Minneapolis: Fortress, 1999), 275-76을 참고하시오.

그리스도교 역사에 대한 최근 사회문화적 분석은 로마서에 관심을 두지 않는다.22) 로마서가 처음부터 끝까지 관심을 두고 있는 신학적 주제에 대한 사회과학적 방법의 무관심의 결과일 것이다.

핵심 인물/장소

고린도	그리스	나일 강
독일	대영제국	로마
스페인	영국	예루살렘
유럽	이란	이집트
켄그레아		

핵심어

믿음	상황화	아디아포라

요약

1. 모든 서신서들은 개인적으로 그리스도를 알았던 그리고 친밀한 교제를 나눴던 사람들에 의해서 1세기에 기록되었다.

2. 로마서는 아우구스티누스를 통해 초기 교회를, 루터를 통해 중세 교회를, 그리고 웨슬리를 통해 영국의 18세기 교회를 변화시킨 서신이다.

---

22) Howard Clark Kee, "The Context, Birth, and Early Growth of Christianity," in idem. et al., *Christianity: A Social and Cultural History* (New York: Macmilan, 1991), 13-74. 로마서에 관해서는 빈약한 한 단락뿐이다(58-59쪽). 로마서와 바울의 다른 서신들에게 대한 또 다른 학문적 관심을 살펴보려면 Thomas R. Schreiner, "Interpreting the Pauline Epistles," in *Interpreting the New Testament*, ed. D. A. Black and D. S. Dockery (Nashville: Broadman & Holman, 2001), 412-32를 참고하시오.

3. 바울은 그리스에 3개월 체류하는 동안이 주후 57-58년에 로마서를 기록했다.
4. 바울이 로마서를 기록한 목적 중 하나는, 바울이 스페인 선교여행 전에 그들을 방문할 것을 준비하게 하는 것이다.
5. 로마서는 예수 그리스도의 복음에 관해 설명한다.
6. 죄인은 그리스도에 의한 은혜로 믿음을 통해서만 구원을 얻는다.
7. 하나님을 믿는 아브라함의 믿음에 참여하는데 그의 인종에 참여하는 것은 필요하지 않다.
8. 바울은 로마서에서 그리스도인 삶에 대한 분명한 처방을 내린다. 즉, 예배, 은사 활용, 섬김과 접대 활동, 정부의 역할, 이웃 사랑, 빛 가운데 거함, 평화 추구 등을 설명한다.

복습 문제

1. 초기 그리스도인들이 바울 서신을 _____의 순서로 배열한 것으로 판단된다.
2. 개신교 _____을 위한 추진력은 _____에 의한 로마서 해석이었다.
3. 로마서의 영향을 받은 초기 교회 지도자는 _____이었다.
4. 로마서는 마틴 루터를 감동시켰는데, _____을 가르쳤기 때문이다.
5. 바울은 _____를 방문하는 3개월 동안에 로마서를 기록했다.
6. 로마서의 서론은 _____이라 불린다.
7. 인간 상황의 곤경이 중요한 이유는 로마서가 예수님의 _____에 관한 것임을 알게 해 주기 때문이다.
8. 믿음으로 그리스도를 영접할 때 이것은 새로운 _____을 가능하게 한다.

9. 바울이, 그리스도인들이 자신이 옳다고 생각하는 일에 자유롭게 행동할 수 있다고 가르칠 때 성경이 분명하게 제시하는 문제를 지시한 것이 아니라 _____과 _____의 사항을 지시했다.

10. _____에 따르면, 로마서 이해는 성경 전체 이해의 관문이다.

연구 질문

1. 사람들이 로마서가 지루하다고 생각하는 이유는? 왜 다른 사람들은 그렇게 생각하지 않는다고 생각하는가?
2. 그리스도교가 로마에 전파된 두 가지 방식을 말하시오.
3. 바울은 로마를 방문한 후 어디로 갈 계획이었는가? 바울이 로마에서 의도한 일은 무엇이었는가?
4. 로마서의 인사가 당시 편지의 인사와 다른 점은 무엇인가?
5. 바울은 복음이 무엇이며, 복음이 무엇을 드러낸다고 말하는가?

심화 연구 자료

Bockmuel, Markus. *Jewish Law in the Gentile Churches*. Edinburg: T & T Clark, 2000. Grand Rapids: Baker, 2003 재판. 바울과 같은 신약 성경 인물이 초기 그리스도인 윤리를 제시할 때 유대주의 가르침을 사용한 방법에 새로운 빛을 비춘다.

Davies, William D. *Paul and Rabbinic Judaism*. Philadelphia: Fortress, 1980. 랍비 사상가로서 바울을 연구한 책이다.

Donfried, Karl P., ed. *The Romans Debate*. Rev. ed. Peabody, Mass.: Hendrickson, 1991. 바울이 로마서를 기록한 목적의 "문제"를 설명하는 학문적 논문집이다.

Godsey, J. D. "The Interpretation of Romans in the History of the Christian Faith," *Interpretation* 34 (1980): 3-16. 로마서가 해석사에 끼친 심오한 영향력을 개관한다.

Longenecker, Richard N. *Paul, Apostle of Liberty*. Grand Rapids: Baker, 1980. 바울의 배경, 가르침, 그리고 실천에 관한 학문적 연구이지만 읽기 쉽다.

Moo, Douglas J. *Encountering the Book of Romans*. Grand Rapids: Baker, 2002. 로마서 전체를 사용하기 쉽게 개관한다. 참고자료를 제시하며 현대적 적합성도 논의한다.

Ortlund, Raymond C. *A Passion for God: Prayer and Meditations on the Book of Romans*. Wheaton Ill.: Crossway, 1994. 바울의 로마서와 그가 전한 그리스도의 예배를 강화하는 책이다.

Ridderbos, Herman. *Paul: An Outline of His Theology*. Grand Rapids: Eerdmans, 1975. 바울신학을 철저한 강해한 책 중 하나이다.

Schreiner, Thomas R. *Romans*. Grand Rapids: Baker, 1998. 로마서의 메시지에 초점을 둔 박식한 주석이다.

Seifreid, Mark. *Christ, Our Righteousness: Paul's Theology of Justification*. Downers Grove: InterVarsity, 2001. 바울의 이신칭의 교리에 대한 철저한 연구이다. 바울에 대한 "새 관점"을 바로잡아 주며, 종교개혁 이해를 변호한다.

Sewart, James S. *A Man in Christ*. Grand Rapids: Baker, 1975. 바울의 신앙사상에 관한 경건하지만 학문적이 연구이다.

Stuhlmacher, Peter. *Paul's Letter to the Romans*. Louisville: Westminster John Knox, 1994. 유대적 배경, 예수님, 그리고 교회를 강조하는 로마서 종합주석이다.

제4장
고린도전후서·갈라디아서
- 혼란을 겪는 교회를 향한 바울의 권면 -

개요

- 고린도전서, 고린도후서
  고린도 도시
  고린도에 그리스도교 전파
  고린도로 보낸 편지와 고린도에서 보낸 편지
  고린도전서
    저자, 연대, 기록장소
    기록 이유
    개요
    메시지
    특별한 이슈
    비평적 문제
  고린도후서
    배경 및 목적
    개요
    메시지
    사도의 권위
    예루살렘 모금
    비평적 문제
- 갈라디아서
  남갈라디아, 혹은 북갈라디아?
  개요

목적
참 복음과 거짓 복음
그릇된 지도력
은혜와 율법
긍정적 윤리
비평적 문제

목표

본 장을 읽은 후, 다음에 제시된 일을 할 수 있어야 한다.

1. 고린도의 특징을 기술한다.
2. 바울이 고린도에 있는 그리스도인들에게 편지를 쓴 이유를 설명한다.
3. 고린도전서를 개관한다.
4. 바울이 고린도전서에서 다루는 이슈를 파악한다.
5. 고린도후서를 개관한다.
6. 고린도후서의 기록 목적을 설명한다.
7. 예루살렘 모금의 의의를 논의한다.
8. 갈라디아서의 기록 목적을 파악한다.
9. 갈라디아서를 개관한다.
10. 갈라디아서에 제시된 바울의 가르침 중 핵심 요소를 열거한다.

1. 고린도전서, 고린도후서

신약성경에는 바울이 여러 도시, 곧 에베소, 필리피, 골로새, 데살로니가, 그리고 다른 곳에 보낸 편지들이 있다. 그러나 바울의 서신들 중 한 지역의 교회를 대상으로 보낸 가장 긴 편지는 고린도전서와 고린도후서이다.

고린도 교회는 가장 심각한 혼란을 겪고 있는 공동체이며, 바울은 이 공동체를 향해 편지를 쓴다. 바울이 그곳에 교회를 세우기 위해 무려 18개월 동안 노력했지만(행 18:11) 고린도 지역에 있는 그리스도인들은 그리스도교 신앙과 생활방식의 일관된 양식을 갖는데 어려움을 겪고 있다. 고린도전서에서 바울은 그들 중에 있는 근친상간을 허용한 일을 책망해야 했다(5:1). 이런 그릇된 일을 참은 것에 자랑까지 한다(5:2)! 고린도후서의 핵심은 바울이 "거짓 사도요 속이는 일꾼이니 자기를 그리스도의 사도로 가장하는 자들이니라"라 부르는 사람들에 의해서 복음 메시지가 변질되는 것을 방어하는 것이다(11:13).

이것은 고린도전후서가 오늘날 신앙적으로 심각한 문제에 직면해 있는 사람들을 교훈하기에 적절하다는 뜻이다. 신앙의 심각성은 어느 정도인가? 1993년 2차 세계종교회의는 하나님을 전혀 언급하지도 않은 9개 항목의 요약 문서를 발표했다. 참석자들 중에는 주술가들도 있었다. 또 다른 예가 있다. 일리노이즈 한 감옥에 수감되어 있던 한 재소자가 미연방 지방법원에 항소했다. 왜냐하면 나체 상태로 종교 의식을 수해할 수 있는 권리가 거부당했다는 것이다. 재소자는 나체 예배가 1983년에 세워진 "종교 전문가"(Technicians of the Sacred) 회원에게 요구된다고 주장했다.

고린도 지역 교회의 문제들이 항상 극단적이지는 않았으며 때로는 해결되었다. 그곳에 있는 그리스도인들에 대한 바울의 권면은 그의 모든 편지 중에서 가장 매혹적이며 도전적이다.

1) 고린도 도시

고린도는 1세기 그리스에서 가장 큰 도시였으며, 로마제국 아가야주의 수도였다. 고린도가 서쪽과 동쪽 바다 사이 3.5마일 지협에 위치했기에 그렇게 번영할 수 있었다. 로마를 오고가는 대부분의 선박은 고린도를 경유했다. 화물이 지협의 한 쪽에 내려져 운반된 후 다른 편에 있는 배에 실었다. 화물을 실은 작은 선박들은 그 목적으로 건설된 통로로 접근했을 것이다. 고린도는 상업적 및 사회적 교류의 중요 중심지였다.

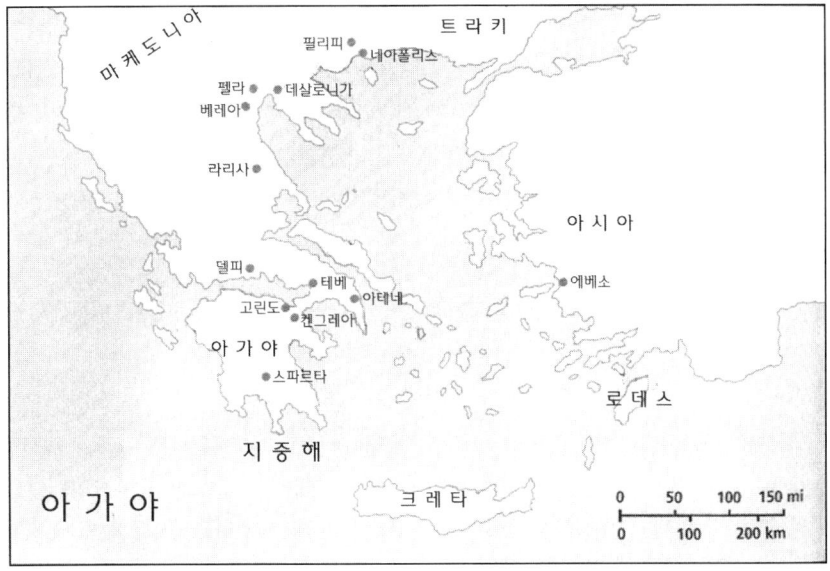

고린도는 활발한 무역으로 유명하며 또한 부도덕성으로 악명 높다.[1] 성경의 기준과는 동떨어진, 그레코-로마 세계의 성적 문란은 일반적인 성매매 형태를 보이면서 극도로 타락한 상태였다. 이런 행위는 이방 종교 행습의 일부였으며, 일부 고린도 그리스도인들이 그릇행하는 성적 문란을 설명하는 데 도움을 준다. 바울은 그들이 그리스도에게로 회심하기 전에 그들 중 일부가 "음행하는 자," "우상 숭배하는 자," "간음하는 자," "탐색하는 자," "남색하는 자"였다고 말한다.(고전 6:9, 11). 그러나 그리스도를 통해 그런 비인간적인 관행에서 벗어났다.

고린도에는 상당수의 유대인들이 있었으며, 로마 황제 클라우디우스가 주후 49년 유대인들을 로마에서 추방한 후 그 수가 늘어났다(행 18:2). 바울은 유대인으로서 로마식 이름을 가진 아굴라와 브리스길라와 팀을 이루어 유대인 회당에서 그리스도를 전파하기 시작했다. 그들 역시 바울처럼 텐트를 만드는 사람들이었다. 바울은 젊은 시절에 바리새들이 그렇듯이 랍비 신학뿐만 아니라 실제적인 일을 배웠다.

---

[1] John McRay, *Pau: His Life and Teaching* (Grand Rapids: Baker, 2003), 166.

2) 고린도에 그리스도교 전파

사도행전 18장 1-18절은 그렇게 무질서하고 소란한 도시에 그리스도인 모임이 시작된 방법을 자세히 말한다. 바울은 필리피, 베레아, 아테네에서 복음을 전한 후 2차 선교여행 중에 고린도에 도착했다. 바울은 회당에서 환영받지 못하자 그리스도인들과 함께 가정집으로 갔다. 그러나 바울이 전한 그리스도를 영접한 많은 사람들 중에는 회당 지도자들도 있었다(행 18:7-8).

로마 총독 갈리오(Gallio)가 주후 51년경에 지도력을 발휘하고 있을 때,[2] 적대적인 유대인들은 바울을 고소했다. 갈리오는 바울을 심문하길 거부했으며, 바울에게 분개한 유대인들이 소스데네스라는 이름을 가진 그리스도인을 대상으로 그들의 좌절을 표시해도 개의치 않았다. 그들은 갈리오가 서있는 법정에서 소스데네스를 때렸다.

고고학자들은 법정석 베마를 발견했다. 이것은 "고린도의 고고학과 성경 간의 가장 분명한 연결" 중 하나이다.[3] 바울 당시 고린도와 고고학적 자료 간의 또 다른 연결은 에라스투스(Erastus) 비문이다. 큰 석회석으로 된 이 비문은 바울 당시 것이다. 이 비문에는 다음의 메시지가 기록되어 있다. "결국 에라스투스는 도시 재무관으로서 그의 약속대로 자신의 비용으로 [도로 포장]을 했다."[4] 이 사람은 바울이 고린도에서 기록한 로마서 16장 23절에서 언급하고 있는 바로 그 인물일 것이다. 바울은 에라스투스를 "도시의 공공업무 책임자"라고 말한다.

---

[2] 참고. J. Murphy-O'Connor, "Paul and Gallio," *Journal of Biblical Literature* 112, no. 2 (1993): 315-17.

[3] John McRay, *Archaeology and the New Testament* (Grand Rapids: Baker, 1991), 335.

[4] Ibid., 331f.

3) 고린도로 보낸 편지와 고린도에서 보낸 편지

바울의 편지를 해석하는 일은 일종의 도전일 수 있다. 왜냐하면 쌍방간의 의사소통 과정의 한 쪽만을 제시하기 때문이다. 우리는 바울이 기술한 것을 토대로 고린도 그리스도인들이 말하고 행동하는 것을 추론해야 한다. (이것은 "거울 읽기"(mirror reading)으로 불린다.) 고린도전서와 고린도후서가 특별한 도전인 것은 고린도전서가 고린도 그리스도인들에게 보내는 두 번째 편지이기 때문이다. 고린도전서 5장 9절은 이렇게 번역된다. "내가 너희에게 쓴 편지에." 바울이 고린도 그리스도인들에게 이미 편지를 써 보냈으며, 그들도 바울에 편지로 대답한 것을 나타낸다(고전 7:1). 그렇다면 고린도전서는 그들 간의 의사소통의 세 번째 부분이 된다. 일부학자들이 생각하듯이, 고린도후서 2장 3절과 7장 8절이 고린도전서가 아닌 "근심의 편지"를 지시하지 않는다면 고린도후서는 바울과 고린도 교회간에 교신한 다섯 번째 편지가 된다.

요점은 고린도전서와 고린도후서가 한 부분이며, 또한 상황이 복잡하다는 것이다. 이 편지들이 말하는 것의 상당부분은 분명하지만, 우리가 바울과 청중간이 주고받은 내용을 모르기 때문에 애매하다. 따라서 우리가 이 편지의 진술이나 사상을 완전히 이해하지 못한다 해도 놀랄 것이 없다.

바울과 고린도 그리스도인들이 주고받은 편지들

신약성경에는 바울이 고린도 그리스도인들에게 보낸 두 통의 편지가 있다. 그러나 이것은 바울이 고린도 교회에 보낸 많은 편지 중 일부이다.

1. 첫 번째 편지는 바울이 고린도 그리스도인들에게 보낸 것으로, 분실 상태이다(고전 5:9).
2. 고린도 그리스도인들이 바울에게 보낸 편지(고전 7:1)

> 3. 그들의 편지에 대한 바울의 두 번째 대답인 고린도전서
> 4. 바울이 고린도 그리스도인들에게 보낸 "근심의 편지"(고후 2:3; 7:8)
> 5. 바울이 고린도 그리스도인들에게 보낸 네 번째 편지, 곧 고린도후서

4) 고린도전서

(1) 저자, 연대, 기록장소

고린도전서의 저자가 바울이라는 입장은 고대는 물론이고 현대에도 이의가 없다(고전 1:1). 고린도전서는 베드로가 베드로후서 3장 16절에서 말한 성경에 포함된다. 그리고 로마의 클레멘스는 주후 95년에 고린도전서를 인용했다. 이그나티우스, 마르키온, 이레나이우스와 같은 2세기 인물들도 고린도전서에 친숙했다. 바울은 에베소에서 2-3년 사역하는 동안인 주후 54년경에 이 편지를 썼다(행 19:10; 고전 16:8). 이때 바울은 3차 선교여행 중이었다.

> **초기 교회사에서 고린도전서, 고린도후서**
>
> 고린도전서와 고린도후서는 초기 교회 지도자들에게 알려졌으며 또한 사용되었다.
>
> | | |
> |---|---|
> | 로마의 클레멘스 | 주후 95년 |
> | 폴리카르포스 | 주후 110년 |
> | 순교자 저스틴 | 주후 140년 |
> | 이레나이우스 | 주후 175년 |
> | 알렉산드리아의 클레멘스 | 주후 200년 |
> | 테르툴리아누스 | 주후 200년 |

오리게네스	주후 250년
유세비우스	주후 315년

(2) 기록 이유

바울은 에베소에서 사역하는 동안에 고린도 교회 지도자 세 사람으로부터 소식을 들었다. 그들은 스데바나, 브드나도, 아가이고 등이다(고전 16:17). 그들은 긴급한 메시지를 전했다. 곧, 고린도 그리스도인들이 분쟁으로 분열된 상태이다(고전 1:11). 그들은 바울의 권위를 두고 분쟁을 벌였다(고전 4:3). 바울은 그들을 방문해서 불평하는 사람들을 상대로 문제를 해결하고 싶었다(고전 4:19). 그러나 에베소에서 고린도까지는 뱃길로 무려 250마일이나 되었다. 바울은 즉시 그들을 만나 문제를 해결할 수 없었다. 그래서 그가 없는 상황에서 분쟁을 잠재우며 긍정적 지침을 전달할 목적으로 편지를 썼다. (16장 21절에서 바울이 친필로 썼다는 말은, 나머지 부분은 그가 말한 내용을 다른 사람이 기록했다는 의미이다.) 그는 디모데 편에 편지를 주어 그들에게 전달했다(고전 4:17). 바울이 제시한 자세한 내용은 다음의 개요를 보면 알 수 있다.

(3) 개요

I. 편지 인사말(1:1-9)

II. 고린도 교회의 상황 보고에 대한 바울의 반응(1:10-6:20)
    A. 교회 안에 일고 있는 분열 소식(1:10-4:20)
    B. 부도덕, 거만, 부적절한 판단 소식(5:1-6:20)

III. 고린도 그리스도인들의 질문에 대한 바울의 대답(7:1-16:4)
    A. 결혼, 이혼, 독신에 관한 질문(7:1-40)
    B. 음식, 우상숭배, 자유에 관한 질문(8:1-11:1)
    C. 예배, 은사, 질서에 관한 질문(11:2-14:40)

D. 오는 세대에 있을 부활과 생명에 관한 질문(15:1-58)
   E. 모금과 바울의 계획에 관한 질문(16:1-9)

IV. 다른 사람들 추천(16:10-18)

V. 마지막 인사 및 형식적 종결(16:19-24)

(4) 메시지

바울은 많은 문제들에게 대한 특별한 권면을 제시한다. 그 권면들은 차후에 살펴볼 것이다. 그러나 그의 특별한 지침에는 전반적인 전제가 있다. 곧, 그가 전하는 복음 중심의 진리이다. 그는 이 기본적인 메시지를 처음 네 장에서 말한다. 그 후에 특별한 문제에 관해 말한다.

바울은 고린도 그리스도인들이 복음을 받아들인 때를 말하고, 그들 중에서 복음 사역을 인해 하나님께 감사한다(1:4-9). 그러나 그들은 심각한 분열 상태이다(1:10-12). 바울은 이것이 하나님의 지혜가 아니라 인간적 생각의 결과라고 말한다(1:18-31). 그들은 그리스도 안에 있는 하나님의 방식이 아니라, "지혜자," "학자," "철학자"의 방식을 선호했다(1:20). 바울은 그들에게 그들이 처음에 받아들인 복음으로 돌이킬 것을 말한다. 그는 그들 자신의 명석함이나 힘 혹은 사회적 지위가 아니라(1:26), 그들의 구원의 진정한 근거인 예수 그리스도에게로 돌아설 것을 말한다(1:30). 그리고 바울은 예수 그리스도의 복음의 수치를 강조한다. 유대인들이 복음을 거절한 것은 그들이 십자가에 죽은 메시아 교리를 받아들일 수 없기 때문이며, 헬라인들은 대속의 죽음과 육체적 부활 사상이 터무니없어 보이기 때문이다(1:23; 참고. 행 17:32). 이 수치와 관련하여 별도의 다른 방법이 있을 수 없다. 귀에 거슬릴 수밖에 없고 더 기쁜 방식으로 제시할 수도 없다. 왜곡된다면 더 이상 복음이 아니다. 하나님께서 당신의 지혜와 친절로 처음부터 확고하게 세운, 예수 그리스도에 관한 진정한 메시지일 수 없다.

고린도 그리스도인들은 바울의 가르침을 떠났다. 그들의 사회적 상황에 널리 유행하는 사상들이 더 의미 있어 보였기 때문이다. 그들은 복음을 새롭게 정의하면서 다른 기초로 향하고 있었다. 바울은 "이 닦아 둔 것 외에 능히 다른 터를 닦아 둘 자가 없으니 이 터는 곧 예수 그리스도라"라고 대답한다(3:11). 그들은 세속적 지혜를 선택하는 대신 하나님의 진리를 존중함으로 다시 "어리석게" 되어야 했다(3:18). 그들은 십자가에 죽으시고 살아나신 예수 그리스도가 그들의 희망임을 재천명하며 사도의 메시지를 거부하는 행동을 중단해야 한다.

(5) 특별한 이슈

바울의 신랄한 시작의 말은 결국 심각한 비난으로 치닫는다. 고린도 그리스도인들은 교회 안에 벌어지는 비도덕적인 성적 행위까지 허용했다(5:1). 바울은 그가 회개하길 바라면서 그들의 위반자를 축출할 것을 말한다(5:13). 그들은 교회 밖에 있는 죄인들에게 관대하며 "가정 교회" 안의 서로에게는 엄격하다. 그 반대가 되어야 한다.

바울은 고린도 교회 지도자들(16:17)이 전한 일련의 질문에 대답한다. 결혼, 이혼, 독신에 관한 질문이다(7장). 음식, 우상숭배, 그리스도인의 개인적 자유(8-10장)에 관한 질문이다. 예배, 영적 은사, 교회 질서에 관한 질문이다(11-14장). 부활과 도래할 세대에 관한 질문이다(15장). 바울의 대답은 자세하며, 현재 우리가 이해하기는 어렵다. 그러나 일반적 취지는 분명하다. 그리스도의 예, 그리고 성경과 사도 및 성령을 통한 가르침은 고린도 그리스도인들의 회복을 요구한다. 그들은 반항하며 위험한 방향으로 배회하기보다는 하나님께서 그들에게 지시한 내용을 믿고 따라야 한다.

바울은 편지를 마무리하기 전에 그들이 참여해야 할 모금을 상기시킨다(16:1-4). 이른바 예루살렘 모금으로 불리는 이 기금은 (일반적으로 가난한) 이방인 교회가 팔레스타인에 있는 유대인 교회를 돕기 위한 것이다. 그들 중 많은 사람들은 예수님을 메시아로 고백한다는 이유로 고난당하고 있었다(참고. 살전 2:14; 히 10:33-34). 이 모금은 고린도후서 8-9장의 핵심 문제이다.

(6) 비평적 문제

학자들은 고린도전서와 관련한 많은 문제들을 논의한다. 예를 들면 바울의 반대자들의 정체와 그들의 견해, 서신의 문학단위, 그리고 앞부분에서 언급한 다양한 가르침에 반영되어 있는 바울의 신학 등이다.

율법에 관한 바울의 견해가 최근의 뜨거운 논의이었기 때문에, 고린도전서와 (고린도후서)에서 율법에 대한 언급이 새로운 연구 대상이 되었다. 이른바 은사 운동, 곧 1960년대 이래 세계 그리스도교에 강한 영향력을 끼친 이 운동은 영적 은사와 공식적 예배에 관한 바울의 가르침에 관심을 기울이게 했다(고전 12-14장). 고린도전서 11장 2-16절과 14장 33b-36절의 구절은 여성해석자들의 관심 대상이 되었다. 그들은 바울이 고린도전서 11장에서 "모호하며, 이해할 수 없으며, 일관성이 없는" 주장을 한다고 비난한다.5) 또한 그들은 바울이 고린도전서 14장 33b-36절을 기록하지 않았다고 주장한다.6) 이런 구절이 후에 알려지지 않은 편집자에 의해 고린도전서에 첨가되었다고 주장한다. 이런 주장은 많은 비판을 받으며,7) 심지어 여성신학을 표방하는 학자에 의해서 비판받는다.8)

---

5) J. E. Bassler, "1 Corinthans," in *The Women's Bible Commentary*, ed. Carol A. Newsom and Sharon H. Ringe (London/Louisville: SPCK/Westminster John Knox, 1992), 327.
6) Ibid., 328.
7) 고린도전서 11장을 다르게 분석하는 자료를 위해서는 Peter Cotterell and Max Turner, *Linguistics and Biblical Interpretation* (Downers Grove: InterVarsity, 1989), 316-28을 참고하시오. 참고. D. A. Carson, "'Silent in the Churches': On the Role of Women in I Cor. 13:33b-36," in *Recovering Biblical Manhood and Womanhood: A Response to Evangelical Feminism*, ed. Wayne A. Grudem and John Piper (Westchester, Ill.: Crossway, 1990), 140, 487-90.
8) Craig S. Keener, *Paul, Women, and Wives: Marriage and Womens's Ministry in the Letters of Paul* (Peabody, Mass.: Hendrickson, 1992)는 고린도후서 14장 33b-36절이 후대의 삽입이라는 이론을 반박한다.

오늘날 영적 은사?

바울은 "영적은사를 진지하게 사모하라"라고 말한다(고전 14:1). 그는 여러 구절에서 많은 은사들을 열거한다(롬 12:1; 고전 12장; 엡 4장). 그들은 이런 은사들을 어떻게 가질 수 있었는가? 그 은사들은 오늘날에도 여전히 유효한가?

헬라어 "은사"(χάρισμα)라는 단어는 "은혜"와 관련 있다. 그리스도 안에 있는, 하나님의 "은혜"의 복음을 듣고 반응할 때 영적 :은사"를 받는다. 은사는 다양하지만 모든 은사는 자기 자신이 아니라 다른 사람들의 유익을 위해 사용되어야 한다(고전 12:7).

방언, 예언, 치유, 기적적 능력 등의 몇 가지 은사 활용에 대한 논의가 있다. 해석자들은 이런 은사들이 무엇이며 또 초기 교회에서 이런 은사들이 어떻게 사용되었는지에 입장을 달리한다. 일부는 사도 시대의 모든 은사들이 믿음으로 오늘날에도 여전히 유효하다고 주장한다. 다른 사람들은 하나님께서 그 은사들을 교회 역사 초기 수십 년 동안에는 허락하셨지만 그 후에는 사라지게 했다고 주장한다. 마치 예수님의 기적(예. 물 위를 걸으심)이 예수님 자신의 사역에만 한정되었듯이 말이다. 예수님의 기적은 그의 제자들이 그대로 행할 것을 말하지 않고 메시지를 입증하기 위해 주어진 것이다.

은사에 대한 어떤 견해를 받아들인다하더라도 믿음과 소망 그리고 사랑의 미덕이 보다 위대하다는 사실을 기억해야 한다(고전 13:13). 그리스도교 사역의 중심은 우리의 은사가 아니라 하나님의 복음이다. 우리는 주권자이신 하나님께서 필요하다면 기적적인 활동을 하신다는 사실을 부인해서는 안 된다. 그러나 우리는 바울이 주장하는 건전한 교리적 기초를 벗어나 자기 과시하는 고린도 신드롬의 먹이가 되어서는 안 된다. 복음의 관심은 다른 사람을 섬기는 것 그리고 복음의 진리를 분명하게 전달하는데 있다(고전 14:19).

5) 고린도후서

(1) 배경 및 목적

바울이 고린도전서를 주후 54년경, 곧 자신의 3차 선교여행(주후 52-57년) 중간 시점이 약간 지난 후에 기록했다면 고린도후서는 그때로부터 1년 후 즈음에 기록되었을 것이다. 바울과 고린도 그리스도인간의 서신 교환, 그리고 바울과 바울의 측근의 고린도 방문은 흥미로운 이야기이지만 장황하며 복잡한 이야기이다. 이 문제를 자세하게 다룬 연구가 있다.[9] 그러나 우리는 고린도전서, 그리고 이 편지를 전달하기 위해 디모데가 고린도를 방문한 것이 바울이 기대한 좋은 효과를 얻지 못한 것만 언급하기로 한다. 상황이 더 악화되었다.

디모데를 보낸 일이 좋은 결과를 얻지 못하자, 바울은 "근심"했다(고후 2:1). 또한 바울도 거절당했다. 극한 상황이 초래되었으며, 심한 말로 작성한 편지를 디도 편에 보냈다. 그의 3차 선교여행 마지막 몇 달이 에베소로부터 북쪽으로 멀리 떨어져 있는 마케도니아에서 이뤄지고 있을 때 그는 그곳에서 디도가 전할 소식, 곧 고린도 그리스도인들이 그의 엄한 편지에 어떤 반응을 보였는지를 고대하고 있었다(고후 7:5-7). 소식은 긍정적이었으며 고린도후서 1-9장은 고린도 그리스도인들의 변화에 바울이 기뻐하고 있음을 반영한다.

그러나 바울의 어조는 10장에서 바뀐다. 어조의 변화를 두고, 바울이 여행 중이어서 고린도후서가 수 주간에 기록되었다는 주장이 있는가 하면, 그가 편지를 쓰고 있는 중에 새로운 위험한 교사가 고린도 교회에 문제를 일으키고 있다는 소식을 들었다는 주장도 있다. 여러 설명들이 있을 수 있겠지만 후자의 견해가 바울의 어조 변경과 긴급한 경고를 설명하는데 도움이 된다. 모든 설명들이 제기될 수 있는 모든 질문에 대답하는 데는 어려움이 있다.[10]

---

9) 참고. F. F. Bruce, *Paul: Apostle of the Heart Set Free* (Grand Rapids: Eerdmans, 1977), 318; D. A. Carson, Douglas J. Moo, and Leon Morris, *An Introduction to the New Testament* (Grands Rapids: Zondervan, 1992), 264-83.
10) 참고. Carson, Moo, and Morris, *An Introduction ot the New Testament*, 267-72.

요약하면 바울은 고린도 그리스도인들이 진보를 보이는 것에 칭찬하며, 새로운 위협을 경고하며, 자신의 세 번째 방문을 준비시키기 위해 고린도후서를 기록했다(13:1). 동시에 비난의 목소리를 피하려는 기대도 있으나 거짓 교사들이 야기한 문제를 해결하고자 한다(13:10). 바울과 그의 동료들은 유대에 있는 그리스도인들을 위한 모금, 이른바 예루살렘 모금의 책임자가 된다(8-9장).

(2) 개요

I. 편지 인사말(1:1-11)

II. 최근 문제와 관련하여 바울 자신의 입장 설명(1:12-2:13)
    A. 바울의 활동 근거 및 이해 호소(1:12-14)
    B. 바울의 계획 변경의 요인(1:5-2:2)
    C. 바울의 마지막 편지의 목적(2:3-11)
    D. 바울이 트로아스에서 마케도니아로 이동한 동기(2:12-13)

III. 바울 자신의 사역에 대한 고찰(2:14-5:21)
    A. 바울의 사역의 원천과 특징(2:14-3:6a)
    B. 바울 사역의 메시지(3:6b-4:6)
    C. 바울 사역의 대가(4:7-5:10)
    D. 바울 사역의 전망(5:11-21)

IV. 고린도 그리스도인을 향한 바울의 호소(6:1-13:10)
    A. 완전한 화해 호소(6:1-7:4)
    B. 호소의 새로운 기초(7:5-16)
    C. 모금에 최선을 다해 동참할 것을 호소(8:1-9:15)
    D. 사도의 권위에 전적으로 충성할 것을 호소(10:1-18)
    E. 호소지지(11:1-12:13)
    F. 호소의 결론(12:14-13:10)

V. 편지의 결론(13:11-14)

(3) 메시지

고린도후서의 전개를 따라가기가 쉽지 않다. 한 학자는 말했다. "고린도전서는 처음부터 끝까지 논증의 전개가 분명하다. 그러나 고린도후서는 다른 주제들에 관한 바울의 충고집 같다."11) "충고"는 바울이 선택한 어조에 미약한 감이 있다. 그러나 고린도후서는 줄곧 여러 가지 사항들을 언급하면서 많은 주제들을 설명한다.

영광의 신학 | 십자가의 신학

그러나 일관되게 강조하는 주제가 있다. 곧, 영광의 길은 곧 십자가의 길이다. 신학자들은 종종 복음에 대한 서로 다른 두 가지 이해를 말한다. 하나는 "**영광의 신학**"(theologia gloriae)이며 다른 하나는 "**십자가의 신학**"(theologia crucis)이다. 바울의 편지를 보면 고린도 그리스도인들은 영광의 신학을 채택했다. 이것은 그들이 그리스도를 자신의 출세 수단, 성공의 길, 권세의 길, 동료의 지지를 얻는 수단으로 간주했다는 뜻이다. 이것은 고린도 지역에 분열이 생긴 이유이다. 그들이 강조하는 신학은 그리스도가 아니라 자신들을 중심에 위치시켰다. 그러나 모든 사람이 구심점이 될 수 없다. 경쟁자가 있을 수밖에 없었다.

고난의 길

그러나 바울은 그들이 생각하는 것과는 다른 복음을 실천하는 삶을 살았으며 가르쳤다. 분명히 복음은 자신의 출세와 성공의 수단이었지만, 그 중심에는 고난과 죽음, 곧 십자가라는 표지가 자리했다.12) 그리스도를 섬길 때 영광에 이르는 길, 곧 사람이 아니라 주님을 높이는 길은 종종 "**고난의 길**"(via dolorosa)이다. 고린도후서를 보면 이것은 아주 분명하다. 바울은 시작부분부

---

11) John W. Drane, *Introducing the New Testament* (San Francisco: Harper & Row, 1986), 322.
12) 이 심오한 핵심점에 관한 자세한 설명을 위해서는 D. A. Carson, *The Cross and Christian Ministry: An Exposition of Passages from 1 Corinthians* (Grand Rapids/Leicester: Baker/InterVarsity, 1993).

터(1:3-7) 그리스도를 아는 결과가 고난과 고통이라고 말한다. 그는 그가 에베소에서 겪은 위험의 건설적 결과에 관해 말한다(1:8-10). 그는 사도적 사역의 고통에 관해 말한다. 그 사역을 할 때 그리스도 안에 있는 생명을 아는 "우리 살아 있는 자가 항상 예수를 위하여 죽음에 넘겨짐은 예수의 생명이 또한 우리 죽을 육체에 나타나게 하려 함이니라"(4:11). 바울은 자신의 고난을 그의 사역의 적법성의 증거로 제시한다(6:4-10). 그는 고린도 그리스도인들에게 "경건한 슬픔"을 그리스도를 닮아가는 성장의 과정에서 고통스럽지만 필수적인 단계라고 말한다(7:9-10). 바울은 자신의 연약함을 자랑한다(11:30). 그리고 "모욕, 고난, 박해, 환란"을 기뻐한다(12:10). 왜? "내가 약한 그 때에 강함이라"(12:10).

바울은 고난이 좋다거나 그가 고난을 즐긴다고 말하지 않는다. 그리스도를 주님으로 선언함으로 인해 직면한 고난과 책임을 말하고 있다. 바울은 그리스도를 따르는 일이 자신을 부인하는 것이라는 사실을 알았다(참고. 눅 9:23). 자신의 생명을 구하려는 사람은 생명을 잃게 된다는 것을 알았다(요 12:25). 고린도 그리스도인 중 상당수와 그들의 지도자들은 달리 생각했다. 고린도후서 전체 메시지는 자신의 잇속을 챙기는 사람들에게 도전하며, 그들이 진정 믿음에 있는 지 점검해 볼 것을 권면한다(고후 13:5).

(4) 사도의 권위

바울의 "십자가 신학"은 그의 메시지의 내용이다. 그러나 고린도후서 그리고 어느 정도 고린도전서는 그의 메시지의 "권위"라는 근본적인 문제를 다룬다. 다시 말하면 누가 하나님을 위해 말하는가? 갈라디아서를 살펴볼 때 보겠지만 바울은 그가 전하는 복음이 참된 복음이라는 주장으로 인해 도전을 받았다.(예수님도 비슷한 도전을 받은 사실을 기억할 수 있다[참고. 눅 20:2]). 반대는 고린도에서 절정에 이르렀다. 고린도 교회는 바울의 통찰력을 자신들의 것보다 열등한 것으로 간주했다. 이 일로 바울은 그가 전하는 메시지(고전 2:1-16; 고후 5:11-21)와 사도적 사역(참고. 고전 4:9-13; 고후 2:14-3:12; 4:1-18; 10:1-11)을 직접 말한다. 그러나 그 자신을 드러내지 않는다. 오히려 바울은 예수 그리스도께서 그의 택한 특사들에게 전달한 메시지에 반대하는 사람들을 거절함으로 청중의 구원을 보증한다.

오늘날 공공 인사들과 발행물들이 그리스도교 신앙의 주장을 무시하거나 조롱할 때,13) 그리스도인들은 신앙의 주요 가르침이 항상 비난받았다는 사실을 기억해야 한다.14) 고린도후서에서 바울은 "교회"마저 참된 가르침과 행습을 버릴 것이라고 진지하게 상기시킨다. 이런 일이 사도시대에 있었다면 복음에 대한 기발한 해석이나 이단의 성행이 수 세기 동안 교회 역사에 존재했으며 오늘날에도 계속되어도 그리 놀라운 일은 아니다.

(5) 예루살렘 모금

이방인 교회가 유대에 있는 유대인 교회를 재정적으로 돕는 것은 바울의 사역에서 매우 소중한 사역 중 하나였다(고후 8-9장). 유대인-이방인 적대의 문제는 오늘날 세계 모든 곳에서 인종적 긴장만큼이나 빈번하며 치명적이다. (어떤 도시 혹은 지역의 유대인을 전멸시키려는 폭력적인) 프로그램은 잘 알려져 있다. 특히 유대인들이 바울과 이방인 교회의 사역을 계속하여 냉대하며 반대할 때, 이방인 지역에 있는 바울이 유대인에 대한 이방인의 부정적인 가정을 다루기는 약간 쉬웠을 것이다.

바울은 기도하면서 마케도니아로부터 아가야에 그리고 아시아에 이르는 교회를 대상으로 로비 운동을 하여 팔레스타인에 있는 유대인 그리스도인들을 위해 정규적으로 저축하게 했다. 그러나 바울 교회에게는 반대의 온상이었다. 이 일은 몇 가지 심오한 신학적 진리들, 곧 너희를 박해하는 사람들에게 선을 행하는 미덕(눅 6:27-28), 그리스도 안에서 유대인과 이방인의 하나

---

13) 참고. Stephen L. Carter, *The Culture of Disbelief: How American Law and Politics Trivialize Religion Devotion* (New York: Basic, 1993); Robert W. Funk, *Hones to Jesus: Jesus for a New Millenium* (San Francisco: Harper San Francisco, 1996). 그리스도교 기원에 관한 "학문적" 연구가 진행되는 방식을 반영하며 선동적인 방식을 보이는 자료는 Philip Jenkins, *Hidden Gospel: How the Search for Jesus Lost Its Way* (Oxford/New York: Oxford University Press, 2001)이다.
14) 복음을 거부하는 현대의 모습은 이미 성경에 언급되어 있다. 2세기에 수사학과 철학을 동원하여 그리스도교를 공격한 내용을 위해서는 Celsus, *On the True Doctrine: A Discourse Against the Christians*, trans. R. Joseph Hoffmann (New York/Oxford: Oxford University Press, 1987)을 참고하시오.

됨(엡 2:11-22), 예수님께서 선포하신 하나님 나라의 확장을 위해 유대인과 이방인의 상호협력(롬 11:13-24)을 예시하는 산 교훈이다. 바울은 하나님께서 그런 친절을 사용하여 완고한 유대인들의 마음을 녹여 예수님을 메시아로 영접하게 하신다고 확신했다(롬 11:14). 그가 채택한 전략은 현대 시대에도 시사하는 바가 크다.

(6) 비평적 문제

고린도후서의 문학적 단위에 대한 학문적 논의는 열띠게 진행된다. 바울의 어조와 초점이 다양하기 때문에 일부학자들은 바울이 쓴 여러 개의 편지들을 모아 놓은 것이라고 주장했다. 이런 주장에서 한 걸음 더 나가 고린도후서가 바울이 쓴 것이 아니라 이후의 저자에 의해 추가된 것이라는 주장도 있었다. 이런 이론이 흥미롭지만 고대 사본에는 현재 형태 그대로 포함하고 있다. 따라서 고린도후서는 바울이 쓴 것으로 현재 형태 그대로 성경에 수세기 동안 보존된 하나의 단위임을 거절할 이유가 없다.[15]

고린도후서에 기술되어 있는 바울의 반대자, 사회적 및 수사학적 운동이 고린도 회중과 지도자들에게 끼친 효과, 그리고 고린도후서가 바울의 생애와 신학에 대한 우리의 이해에 준 효과 등에 관한 연구도 진행 중이다. 고린도후서가 이런 논의의 중심 자리에 있지는 않아도 그 중요성을 간과해서는 안 된다. 고린도후서 10-13장은 바울의 기록 중 "가장 격렬하며, 뜻이 깊으며, 감정적"인 것으로 평가받는다.[16]

---

15) 고린도후서와 바울의 다른 서신들과 관련하여 이른바 합성이론에 관해서는 다음의 자료에서 가치 있는 입장을 발견할 수 있다. Frederick W. Wisse, "Textual Limits to Redactional Theory in the Pauline Corpus," in *Gospel Orogins and Christian Beginnings: In Honor of James M. Robinson*, ed. James E. Goehring et al. (Sonoma, Calif.: Polebridge, 1990), 167-78.

16) Carson, Moo, and Morris, *An Introduction to the New Testament*, 282.

2. 갈라디아서

최근 한 신문의 표제는 "운전자들이 정지신호를 무시한다"라고 외쳤다. 보스턴, 워싱턴, 필라델피아 등에서 기본적인 교통신호는 무색한 상태이다. 메사추세츠의 한 교통 안전관리 기술자는 이런 상황을 "전적인 무질서"라 했다. 법을 지키지 않는다면 안전은 보장되지 않는다.

율법은 삶의 많은 영역에서 중요하다. 그리스도인의 신앙에서도 율법은 중요하다. 왜냐하면 성경은 계명을 사용해서 당신의 성품과 뜻을 제시한 하나님을 계시하기 때문이다. 사실 하나님께서는 이야기, 잠언, 시 등을 사용해서 당신의 성품과 뜻을 계시하신다. 그러나 그의 법, 곧 십계명을 비롯하여 예수님과 사도들이 제시한 계명들은 하나님을 알고 영화롭게 하는데 아주 중요하다.

초기 교회사에서 갈라디아서

갈라디아서는 초기 교회 지도자들에게 알려졌으며 또한 사용되었다.

로마의 클레멘스	주후 95년
폴리카르포스	주후 110년
순교자 저스틴	주후 140년
이레나이우스	주후 175년
알렉산드리아의 클레멘스	주후 200년
테르툴리아누스	주후 200년
오리게네스	주후 250년
유세비우스	주후 315년

그러나 하나님의 법에 대한 존중이 해로운 고착증이 되는가? 계명에 순종하는 일이 계명을 주신 하나님과 개인적 관계를 대체하도록 위협하는가? 바울이 쓴 갈라디아서는 이런 질문과 다른 질문에 대답한다.

1) 남갈라디아, 혹은 북갈라디아?

바울과 바나바는 1차 선교여행 때 시리아 안티오크에서 키프로스로 복음을 전했으며(행 13:1-13), 현재 터키 내륙 남쪽을 향했다. 그들은 그곳의 여러 도시들, 곧 페르가몬, 피시디아 안티오크, 이코니움, 리스트라, 더베에서 복음을 전했다(행 13:13-14:25).

많은 학자들은 갈라디아서의 수신자가 이 회중들이라고 결론지었다. 그들은 바울과 바나바가 방문해서 교회를 세운 후 발생한 문제에 대한 지침을 전할 목적에서 바울이 이 편지를 썼다고 주장한다. 이런 주장을 하는 학자들은 1세기에 갈라디아가 남쪽으로는 지중해에 이르는 소아시아 중앙에 위치한 로마제국의 주 이름이었다고 생각한다. 현대 성경 뒷면에 실린 지도를 보면 갈라디아는 피시디아 안티오크, 이코니움, 리스트라, 더베를 포함한다. 갈라디아서를 남부 갈라디아 도시들로 간주하는 학자들은 **남갈라디아설**을 주장한다.

그러나 많은 학자들은 다른 입장, 곧 바울이 소아시아 북부 중앙에 위치한 도시를 대상으로 갈라디아서를 썼다고 주장한다. 이것이 **북갈라디아설**이다. 두 이론은 갈라디아서의 기록 연대와 장소에 대한 서로 다른 결론을 내린다. 또한 갈라디아서가 사도행전과 어떤 관계에 있는 지에 대한 서로 다른 이해를 하게 한다.[17]

이 문제에 관한 전문적인 논의는 다른 자료를 참고하기 바란다.[18] 우리는 "남갈라디아설"을 따르는데 모든 문학적, 역사적, 지리적, 고고학적 증거에 가장 부합하다고 생각하기 때문이다.[19]

---

17) E. Earle Ellis, *Paul and His Recent Interpreters* (Grand Rapids: Eerdmans, 1961), 16-17은 이 관계를 잘 요약한다.
18) F. F. Bruce, *The Epistle to the Galatians* (Grand Rapids: Eerdmans, 1982), 3-18은 남갈라디아설을 지지한다. Werner G. Kümmel, *Introduction to the New Testament*, trans. Howard Clark Kee, rev. ed. (Nashville: Abingdon, 1975), 296-304는 갈라디아서를 거절하고 북갈라디아설을 주장한다. Luke Timothy Johnson, *The Writings of the New Testament*, rev. ed. (Minneapolis: Fortress, 1999), 327은 이런 논의가 갈라디아서를 이해하는데 특별한 차이를 주지 않는다고 주장한다. 그러나 이것은 남갈라디아설이 옳을 경우 사도행전 13-14장이 갈라디아서에 비취는 빛을 상대화시킨다.

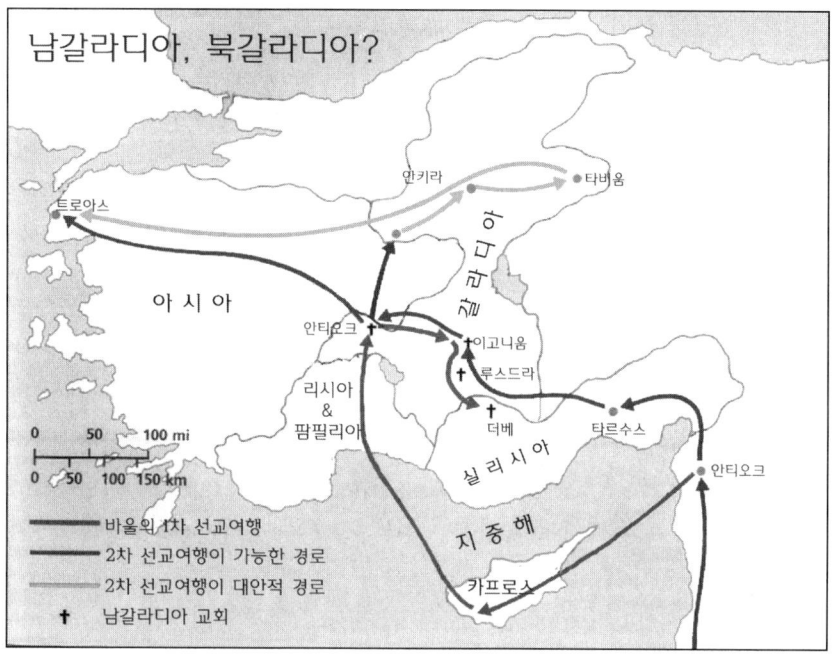

2) 개요

I. 서론(1:1-10)
   A. 인사(1:1-5)
   B. 기록 동기(1:6-9)
   C. 고소(1:10)

II. 바울과 그의 사도권의 특성(1:11-2:21)
   A. 회심 이전 시절(1:11-14)
   B. 회심(1:15-17)
   C. 예루살렘 지도자들과 첫 만남(1:18-24)
   D. 예루살렘 지도자들과 재회(2:1-10)
   E. 게바를 바로잡음(2:11-21)

---

19) 고고학적 자료는 McRay, *Archeology and the New Testament*, 235-41에 제시되어 있다.

III. 논증: 율법을 대한 은혜의 효과(3:1-4:7)
  A. 경험에 기초한 논증(3:1-5)
  B. 성경에 기초한 논증(3:6-18)
  C. 율법의 목적(3:19-25)
  D. 신앙의 결과(3:26-29)
  E. 아들됨으로 성숙(4:1-7)

IV. 갈라디아 그리스도인들에게 호소(4:8-31)
  A. 성숙을 호소(4:8-11)
  B. 그들의 개인적 관계를 호소(4:12-20)
  C. 알레고리적 호소(4:21-31)

V. 그리스도 안에서 자유(5:1-6:10)
  A. 논제(5:1)
  B. 경고와 책망(5:2-12)
  C. 한 기초의 증거(5:13-26)
  D. 실제 윤리(6:1-10)

VI. 개인적 호소를 수반한 결론(6:11-18)

3) 목적

 갈라디아서의 정확한 연대와 수신지에 관한 논쟁은 있으나 편지의 목적에 관한 논쟁은 없다. 바울은 갈라디아 지역에 있는 교회들의 한 그룹(1:2)에게 그들이 갑자기 버린 복음으로 돌아오도록 요청할 목적으로 편지를 쓴다(1:6). 그들이 받아들인 새로운 "복음"은 사실 복음이 아니다(1:7). 바울이 전하고 그들이 받아들인 참 복음은 바울에게 직접 주어진 계시에 의해서 예수 그리스도를 통해 왔다(1:12). 이 복음은 다른 사도들에 의해 전파되는 복음이다(2:7-9). 이것은 이른바 새로운 복음이 받아들여서는 안 되는 왜곡임을 뜻한다. 천사의 환상이나 바울에게서 왔다는 또 다른 메시지라도 갈라디아 그리스도인들을 유혹해서 그들의 초기 신앙을 변경된 복음과 바꾸게 할 수 없다(1:8).

그러나 바울은 목적은 책망과 훈계만을 위한 것이 아니다. 앞에서 제시한 개요가 나타내듯이 바울은 경고의 이유를 제시하려고 노력한다. 바울은 그에게 사도직의 은사가 주어진 과정을 신중하게 진술함으로 자신의 메시지가 참되다고 주장한다(1:11-21). 그는 은혜와 율법의 관계를 설명한다(3:1-4:7). 바울은 그리스도인이 살아야 하는 방법을 충고한다(5-6장).

그렇다면 바울이 갈라디아서를 기록한 목적은 특정적이며 동시에 일반적이다. 예수 그리스도에 관한 사도의 가르침을 왜곡시킨 견해를 받아들이는 것이 그리스도교 신앙 전체를 무가치하게 만든다는 점에서 특정적이다. 바울이 강력하게 주장하는 논증의 범위, 그리고 그가 추구하는 신앙과 삶에 적용이라는 점에서 일반적이다.

4) 참 복음과 거짓 복음

바울이 갈라디아서를 기록한 목적이 거짓 복음에 반대하기 위한 것이라면, 참 복음은 무엇인가? 여기서 바울이 갈라디아에서 전파한 것에 관한 사도행전의 기록이 유용하다(행 13-14장). 사도행전은 바울과 바나바가 1차 선교여행에서 말한 모든 것을 기록하지 않아도, 갈라디아 남서쪽에 위치한 피시디아 안티오크에서 바울이 한 설교의 요점을 자세히 기록한다(행 13:16-41). 우리는 이 설교가 갈라디아서의 복음 메시지를 예시한다고 말할 수 있다.

바울의 기본 주장은 이렇다. 첫째, 이스라엘의 하나님, 참되시며 살아계신 하나님은 고대로부터 백성을 죄에서 구원하는 활동을 해 오셨다. 이것은 그들이 하나님을 경배하며 세상에서 구속적 임재가 되게 하기 위함이다. 이 구속활동은 아브라함에게로 소급되며 모세, 사무엘, 다윗을 거친다(행 13:16-22). 둘째, 세례자 요한이 증거한, 다윗의 후손이신 예수님은 하나님께서 보내신 구원자이시다(행 13:23-25). 셋째, 구원이 예수님에게 있다는 메시지는 바울과 같은 유대인 그리고 복음 받아들일 비유대인에게 위탁되었다. 많은 유대인들이 예수님을 거부하고 그의 죽음을 주장했지만 하나님께서는 그를 죽은 사람들 가운데서 살리셨으며 그가 살아나셨다는 사실을 많은 증인들에게 보이셨다(행 13:26-31). 넷째, 살아있는 증인들과 구약성경 예언자들의 기록은 구원은 하나님께서 죽은 사람들 가운데서 살리신 예수 그리스도 안에 있다는 복음을 입증한다(행 13:32-37). 다섯째, 그러므로 예수님에 관한 메시지를 들은 모든 사람은 복음을 받아들이고 하나님의 백성이 되어야 한다. 비방자들(회심전의 바울) 그리고 처음 듣는 사람들에게는 복음이 이상하게 들릴지라도 복음 메시지를 무시해서는 안 된다(행 13:38-42).

실제로 사도행전 13장에 기술된 바울 설교의 요점은 갈라디아서에도 있다. 예를 들면 바울은 갈라디아 그리스도인들이 처음에 받아들인 복음을 이렇게 요약한다. "어리석도다 갈라디아 사람들아, 예수 그리스도께서 십자가에 못 박히신 것이 너희 눈 앞에 밝히 보이거늘"(갈 3:1). 바울은 죄 용서를 위한 그의 죽음을 분명히 말한다. 사도행전 13장에서처럼 갈라디아서에서도 바울은 아브라함을 반복적으로 언급한다. 3장에서만 무려 8회나 언급한다.

바울이 전하는 참 복음은, 구약성경 예언자들이 예언한 예수 그리스도의 대속적 죽음을 구심점으로 삼고 있다고 결론지을 수 있다. 십자가에 비추어 보면, 모든 사람들은 옛 시대에 아브라함이 하나님의 약속에 의지하였듯이 (예를 들어, 엡 3:6-14), 구원과 새로운 생명을 얻기 위해서는 그리스도의 자기 희생을 전적으로 의존해야 한다.

그렇다면 그릇된 복음은 무엇인가? 이 질문에 답하기 위해 우리는 바울이 내린 많은 지침을 반대하는 선동자들을 살펴야 한다.

5) 그릇된 지도력

바울과 바나바가 갈라디아 지역의 여러 도시에서 복음을 전하고 그들을 파송한 시리아 안티오크 교회로 돌아온 후(행 14:26), 갈라디아 교회들은 구원을 바울이 전한 것과는 다르게 이해한 "선동자"에게 휩쓸렸다(갈 5:12). 이 그림자 같은 인물들은 바울이 갈라디아서에서 반박하는 거짓 복음을 이해할 수 있는 단서이다. 바울이 그들의 이름을 구체적으로 밝히지 않는 것은 청중들에게는 잘 알려진 인물들이기 때문이다.

또 다시 사도행전 13-14장의 정보가 중요한 역할을 한다. 바울이 피시디아 안티오크에서 전달한 설교(행 13:15-41)는 유대인과 "경건한 사람들"들의 긍정적 반응을 이끌었다(행 13:43). "경건한 사람들"은 유대주의 신앙과 행습을 받아들인 상태이지만 남성의 경우 할례까지 포함하여 완전히 개종하지 않은 비유대인들이다. 따라서 "경건한 사람들"은 이방인이지만 유대적 예배에 참여하는 사람들이다. 사도행전은 경건한 사람들(문자적으로는 "하나님을 경외하는 사람들" 혹은 "하나님 예배자들"을 뜻한다)을 반복적으로 언급한다(행 10:2, 22; 13:16, 26, 43, 50; 16:14; 17:4, 17; 18:7).

바울의 메시지에 부정적인 반응도 있었다. 복음을 믿지 않은 유대인들은 피시디아 안티오크에서 바울과 바나바를 반대했다(행 13:45, 50). 이코니움에서도 반대가 있었다(14:2). 그곳에서 바울과 바나바는 그들을 돌로 쳐 죽이려는 음모를 간신히 피했다(14:5). 그들은 리스트라와 더베로 갔고, 그곳에서 많은 회심자들을 얻었다. 그러나 안티오크와 더베에서 온 유대인들은 그들을 추격했고 무리를 선동하여 그들을 반대하게 했다(행 14:19). 수년이 흐르고 생의 마지막 때에도 바울은 격동의 시절을 생생하게 기억하고 있다(딤후 3:11).

바울이 이방인 교회들에게 편지를 쓸 때, 바울과 바나바를 반대한 사람들의 격분이 이제는 바울과 바나바가 개척하고 떠난 새로운 신앙 공동체를 대상으로 삼았다(행 14:23). 바울은 "어떤 사람들이 너희를 교란하여 그리스도의 복음을 변하게 하려 함이라"라고 기록한다(갈 1:7). 바울은 변질된 복음을 따르는 사람들의 어리석음 책망하며 그들을 "유혹에 빠진 자"라고 부른다(3:1). 예수 그리스도의 복음은 그들을 구원할 수 없는 유대적 전통과 이방 신에서 자유하게 했다(4:8-11). 그러나 이제 그들은 거짓 메시지를 가진 믿을 수 없는 지도자들에게 먹히고 있다. 바울은, "그들이 너희에게 대하여 열심 내는 것은 좋은 뜻이 아니요. 오직 너희를 이간시켜 너희로 그들에게 대하여 열심을 내게 하려 함이라"라고 기록한다(갈 4:17).

> **유대화주의자**

특별히, 선동자들은 구원을 얻으려면 할례와 같은 유대적 관행을 엄격하게 지켜야 한다고 주장한 것으로 보인다(6:12). (학자들은 이 선동자들을 **유대화주의자들**(Judaizer)이라고 부른다. 그들은 그리스도교 메시지와 유대적 행습, 곧 이방인들도 반드시 복종해야 하는 행습을 결부시키기 때문이다.) 바울은 이런 현상이 염려되어 "너희를 어지럽게 하는 자들을 스스로 베어 버리기를 원하노라"라고 기록한다(5:12). 왜 바울은 그렇게 분노하는가?

6) 은혜와 율법

갈라디아서의 중간 부분에는 구원이 하나님의 은혜로운 선물이라는 진리가 있다. 구원은 인간의 공로로 얻는 것이 아니다. 그리스도께서는 사람들을 도덕적 혹은 종교적 자기-의의 폭정에서 구출하셨다(5:1). 그리스도의 죽음은 사람들을 하나님 앞에서 의롭게 한다. 그들이 하나님의 기준에 부합하는 삶을 살려는 노력이 의롭게 하지 못한다(3:11-13). 갈라디아서는 "그리스도인 자유의 대헌장"으로 불린다. 왜냐하면 행위를 근거로 하나님께 나아가는 것으로부터 자유를 강조하기 때문이다.

갈라디아서는 속박된 인간 의지를 자유롭게 하는 하나님의 은혜를 새롭게 발견하게 하면서 종교개혁에 중추적 역할을 했다.[20] 규율들, 심지어 바울이 다른 구절에서 높이 평가하는 구약성경 율법(롬 7:12)을 의지하면 은혜의 복음 메시지를 버릴 수 있다(갈 5:4).

바울이 염려한 것은 갈라디아 교회가 그들에게 전해진 신앙에서 떨어지는 가장자리에 있기 때문이다(5:4). 바울 자신의 생각이나 권위가 위태한 것이 아니라, 갈라디아 그리스도인 신앙의 성실성과 그들의 영혼의 영원한 운명이 위험에 처해 있다.

---

[20] 예를 들면 Martin Luther, *The Bondage of the Will*, trans. Henry Cole (Grand Rapids: Baker, 1979)이다. 이 책은 Erasmus, *Discourse on the Free Will*, trans. and ed. Ernst F. Winter (New York: Frederick Ungar, 1966)를 참고한 후 읽어야 한다. 중요한 논문으로는 *Still Sovereign*, ed. Thomas R. Schreiner and Bruce A. Ware (Grand Rapids: Baker, 2000)가 있다.

그들을 향한 바울의 사랑은 열정적이다(4:19-20). 그들이 고백하는 신앙의 건전함에 대한 그의 관심은 이해가 간다. 바울은 그의 주인 예수님처럼 사람들의 신앙 경험은 물론이고 그 신앙의 본질에도 관심을 쏟았다. 이것은 예수님께서 매일의 사역에서 보여주었듯이 바울이 자신의 편지에서 가르침에 많이 지면을 할애한 이유이다. "신앙"에 대한 일부 현대 이해와 달리, 믿음의 내용이 중요하다. 잘못된 신앙은 예수 그리스도가 어떤 분이시며 죄인들이 그리스도의 구원활동을 믿는 방법을 이해하지도 받아들이지도 못한다. 바울은 갈라디아 지역에 있는 교회들이 그가 전하는 예수 그리스도의 진리와 구원의 특성을 어지럽히는 신앙 체제에 빠져드는 것을 알았다. 그리스도께서는 이 진리를 위해 죽으셨으며 바울 역시 이 진리를 전파하다 순교했다. 바울이 솔직히 그리고 열정적으로 갈라디아서를 기록한 것은 당연하다.

7) 긍정적 윤리

바울은 구원이 행위에 의해서가 아니라 은혜에 의해 이뤄진다고 주장한다. 아브라함이 그 자신의 공로와는 상관없이 하나님의 약속을 받아들였듯이, 복음을 믿음으로 받아들일 때 아브라함의 자녀가 된 그리스도인들도 그렇다(3:6-9).

그러나 구원이 선한 행위가 아니라 믿음을 통해 가능하다는 이류로 하나님께 순종하는 것이 더 이상 중요하지 않다고 결론내리는 것은 잘못이다. 바울은 갈라디아 거짓 교사들이 생각하는 방식으로 고려된 행위, 곧 구원을 얻게 하는 행위를 반대할 뿐이다. 바울은 행위를 "사랑으로써 역사하는 믿음"이라고 주장한다(5:6). 한 개인이 복음을 믿을 때 그리스도는 그 사람의 삶에 들어가셔서 변화를 일으키기 시작하신다(2:20). 그리스도의 성령은 태도와 행동의 열매, 곧 사랑, 희망, 화평, 오래 참음, 자비, 양선, 충선, 온유, 절제 등의 열매를 맺게 하신다(5:22-23). 바울은 아이러니를 사용하여 "이 같은 것을 금지할 법이 없느니라"라고 말한다(5:23).

그렇다면 은혜의 복음은 규칙을 배제한 윤리(행동 규범)를 뜻하지 않는다. 사실 복음은 자기-의의 수단으로 간주된 규칙에 반대한다. 하나님을 기쁘시게 하는 중심 단계에서 "너는 … 하지 말라"는 부정적 명령을 제거한다. "죄의 특성의 드러내는 행위"를 피하는 것(5:19-21)이 그리스도교는 아니다. 그것은 도덕주의(moralism)에 불과하다. 대조적으로 복음은 그리스도인들이 그리스도의 성령으로 충만하길 요구하며 또한 가능케 한다. 이 방법에서 "육체의 욕심을 이루지 않는" 원천을 발견할 수 있다(5:16). 또한 성령의 능력으로 주님을 영화롭게 하는 삶을 살 수 있다.

바울의 윤리는 반-규칙 혹은 반-율법(도덕률 폐기론, antinomian)이 아니다. 그리스도인의 행실이 그리스도인 안에서 이뤄지는 하나님의 활동적 역사에 근거한다는 점에서 바울의 윤리는 긍정적이다. 복음을 통한 그리스도의 살아계신 임재에 긍정적으로 반응할 때 하나님께서 기뻐하시고 또 하나님의 나라가 확장된다. 갈라디아 거짓 교사들의 부정적이며 자기-의의 접근에 약간의 호감이 있다할지라도 아주 심각한 문제가 있다.

사회복음?

바울은 "모든 사람들에게 선을 행하라"라고 기록한다(갈 6:10). 그리스도인들이 복음을 전하는데 깊은 관심을 보이라는 뜻인가? 사회 개선을 위해 일하라는 뜻인가?

개신교 가르침은 전통적으로 복음 전파를 강조하는 성향을 보였다. 이런 관점에서 세상은 보다 많은 사람들이 그리스도를 영접함으로 개선될 수 있다. 때로 이런 견해는 가난한 사람에 무관심, 사람들의 실질적 필요에 무관심, 원조물자 배분 정책에 침묵 현상을 보이기도 했다. 카터의 「불신의 문화」(Stephen Carter, *The Culture of Disbelief* [New York: Basic, 1993」)은 현대의 침묵 중 일부를 납득시킨다. 곧, 일반적인 사회복지 정책은 사회 문제를 다룰 목적에서 의도적으로 성경의 명령을 배제한다. 그리스도인들은 침묵하는 것은 성경의 명령들이 침묵되었기 때문이다.

> 19세기에 인류는 사회 변화를 통해 완전해질 수 있다는 견해가 보편적이었다. 인류와 그들의 격상된 사회적 상태에 관한 낙관적 견해가 일반적이었다. 때로 그리스도의 십자가 복음을 전하는 일은 사회 활동 그리고 교육적, 경제적, 정치적 전략으로 대체되었다. "사회 복음" 운동이 시작되었으며 오늘날도 활발하게 활동 중이다.
>
> 바울과 같은 사도시대 저자들의 지시에 따르면 개인의 회심과 그리스도를 믿는 믿음을 경시하지 않을 것이다. 그러나 바울은 그리스도인들이 "기회 있는 대로 모든 이에게 착한 일을 하되 더욱 믿음의 가정들에게 할지니라"라고 말한다(갈 6:10). 이것은 복음을 증거하는 것은 물론이고 실제적으로 모든 사람을 돕는 것을 뜻한다.
>
> 구세군과 같은 그룹은 복음 사역과 사회 구제 사역을 병행한다. 많은 교회들은 선례를 따르고 있으며, 세계 도처 선교 담당자들은 그리스도의 복음을 전하기 위해서는 실제적 필요들에도 관심을 기울여야 한다는 사실을 인식하고 있다.

8) 비평적 문제

일부학자들은 여전히 남갈라디아설 혹은 북갈라디아설이 타당한지를 논의한다. 또한 바울이 반대한 거짓 교사들의 정체를 확인하고자 한다. 바울의 다른 편지들처럼 갈라디아서도 그레코-로마 수사학 교본의 도움을 받아 이해되어야 한다는 주장도 있다. 이것이 바울의 설득 전략을 이해하는데 흥미로운 가능성을 보이지만, "수사비평"(rhetorical criticism)은 갈라디아서나 바울의 편지들에 적용할 때 설명 능력의 한계에 직면했다.[21]

---

21) 참고. Thomas R. Schreiner, "Interpreting the Pauline Epistles," in *Interpreting the New Testament*, ed. D. A. Black and D. S. Dockery (Nashville: Broadman & Holman, 2001), 422-23.

앞 장에서 언급했듯이 E. P. 샌더스의 연구가 1970년대 이후 바울학계를 주도했다.22) 샌더스의 연구가 고대 유대 자료를 새롭게 해석하여 1세기에 융성한 유대주의가 하나가 아니라 다양하며 복잡한 형태였다는 상기시켰다는 점은 중요하지만, 바울 당시 유대주의가 바울이 생각했던 것보다(규율에 근거한) 율법주의적이지 않았다는 주장은 강한 반론을 받았다.23) 샌더스는 예수님과 바울의 인도를 따르려한 1세기 유대인들의 신앙을 밝히는 질문을 제기했다. 그 과정에서 샌더스의 연구는 바울의 기록을 이해하는데 기여했다.

포커스 19
오늘날 박해

그리스도인에 대한 박해는 로마 황제 네로 그리고 로마 콜로세움과 함께 끝나지 않았다. 수세기 동안 계속되었으며, 오늘날도 여전하다. 중국으로부터 사우디아라비아에서 그리스도인들은 문초와 학대 심지어 죽음까지 당하고 있다.

수단에서는 천오백만 명이 남부 그리스도인들과 "성전"을 치루면서 죽었다. 수천 명의 그리스도인 자녀들은 리비아, 차드, 그 밖의 곳으로 팔렸다. 6살짜리 아이도 팔렸다.

중국에서 그리스도인 박해는 공식 정치의 지지를 받았다. 많은 그리스도인들이 감옥에 갇혔으며 고문당하고 노동 수용소로 보내졌다.

중동 전역에서 그리스도인들은 신앙 고백한다는 이유로 압제 당한다. 선교사들은 피살되었다.

---

22) *Paul and Palestine Judaism: A Comparison of Patter on Religion* (Philadelphia: Fortress, 1977)이 가장 중요하다. 샌더스의 바울 이해에 대한 간결한 묘사는 *Paul* (Oxford: Oxford University Press, 1991)에서 확인할 수 있다.

23) D. A. Carson, P. T. O'Brien, and Mark Seifreid, eds., *Justification and Variegated Nomism*, 2 vols. (Tübingen/Grand Rapids: J. C. B. Mohr [Paul Siebeck]/Baker, 2001-4)가 가장 유명하다.

회중들은 경찰들도 진압할 수 없는 침입자들에 의해 폭탄 투하 당하고 또 총격을 당했다. 인도에서는 그리스도인들이 힌두교 단체에게 비난당하며 인도네시아의 여러 곳에서는 모슬렘에게 비난당한다.

현대를 살아가는 그리스도인들은 박해에 대비해야 하며 바울이 말한 내용을 기억해야 한다. "우리가 사방으로 우겨쌈을 당하여도 싸이지 아니하며 답답한 일을 당하여도 낙심하지 아니하며 박해를 받아도 버린 바 되지 아니하며 거꾸러뜨림을 당하여도 망하지 아니하고"(고후 4:8-9).

현재 상황에 관해서는 Paul Marshall with Lela Gilbert, *The Growing Worldwide Persecution of Christians* (Dallas: Word, 1997); James and Marti Hefley, *By Their Blood* (Grand Rapids: Baker, 2004); Peter Hammond, *Faith unde Fire in Sudan*, rev. ed. (Newlands, South Africa: Frontline Fellowship, 1998)을 참고하시오.

핵심 인물/장소

	갈라디아	갈리오	고린도
골로새	그리스	더베	데살로니가
로마	로마의 클레멘스	리스트라	마르시온
마케도니아	베레아	필리피	소스데네스
아가야	아시아	아테네	
안티오크(시리아)		안티오크(피시디아)	
에라스투스	유대	이그나티우스	이레나이우스
이코니움	중앙 소아시아	지중해	키프로스
클라우디우스	팔레스타인	페르가몬	피시디아
터키			

핵심어

고난의 길	남갈라디아설	도덕률 폐기론자	베마
북갈라디아설	십자가 신학	영광의 신학	유대화주의자

요약

1. 고린도 지역에 있는 교회들은 분열과 혼란을 겪었다. 따라서 그들에게 보낸 고린도전서와 고린도후서는 오늘날 비슷한 상황에 있는 사람들에게 도움을 준다.
2. 그리스에서 가장 큰 도시였던 고린도는 부도덕성으로 악명높다.
3. 바울은 2차 선교 여행 중에 고린도에 교회를 세웠다.
4. 고린도 교회는 분쟁으로 나뉘었다. 바울은 특정한 문제를 말하기 전에 십자가 중심의 진리에 관해 기록했다.
5. 고린도전서에서 바울은 성적인 문제, 결혼, 독신, 우상숭배, 그리스도인 개인의 자유, 예배, 영적 은사, 교회 질서, 부활 도래할 세대 등과 관련한 문제에 관해 말했다.
6. 바울은 고린도 교회의 성숙을 칭찬하며, 새로운 위협을 알려주고, 또 자신의 방문을 준비시키기 위해 고린도후서를 기록했다.
7. 고린도후서는 영광에 이르는 길이 곧 십자가의 길이라는 내용을 핵심 주제로 삼고 있다.
8. 갈라디아서는 페르가몬, 피시디아 안티오크, 이코니움, 리스트라, 더베에 있는 교회들에게 쓴 편지이다.
9. 갈라디아서의 목적은 갈라디아 지역에 있는 교회 구성원들 중 일부가 바울이 전한 참 복음을 떠난 것을 돌이켜 다시 돌아오도록 요청하는 것이다.

10. 바울은 참 복음의 특징, 곧 구약성경 예언자들이 예언한 그리스도의 대속적 죽음을 중심한다는 특징을 분명히 한다.
11. 갈라디아서 중간 부분에는 구원이 하나님의 은혜로운 선물이라는 진리가 기술되어 있다.
12. 바울은 은혜의 복음이 규칙이나 행동 규범집을 자기-의의 수단으로 사용하는 것을 배제시킨다.

복습 문제

1. 그리스도인의 일관된 생활태도를 유지하는 것이 상당히 어렵다는 것은 _____의 도시에 사는 그리스도인들이 경험한 바이다.
2. 고린도 도시는 무역과 _____로 유명하다.
3. 바울은 _____ 선교여행 중에 고린도 교회를 세웠다.
4. 고린도와 성경을 이어주는 두 가지 고고학적 발굴은 베마와 _____이다.
5. 바울은 그리스도인들이 분쟁하고 있어서 _____을 기록했다.
6. 고린도전서가 오늘날에도 매우 흥미로운 것은 _____ 운동 때문이다.
7. 바울은 고린도 그리스도인을 _____하면서 고린도후서를 시작한다.
8. 바울은 고린도후서에서 자기 발전뿐만 아니라 _____에도 관심을 쏟는다.
9. 이방인 교회는 _____ 통해 유대인 교회를 재정적으로 도왔다.
10. 갈라디아서는 바울과 _____가 _____ 선교여행 중에 방문한 교회들에게 쓴 편지이다.
11. 바울이 갈라디아서에서 말한 많은 점들은 _____에 기록된 그의 설교의 요점과 비슷하다.

12. 학자들은 그리스도교 메시지와 유대적 행습을 결부시키려는 사람들을 _____라 부른다.

 ## 연구 질문

1. 어떤 점에서 고린도전서와 고린도후서는 현대 상황에 대해 말하는 것으로 들리는가?
2. 어떻게 고고학은 바울의 고린도 사역에 대한 우리의 이해에 기여하는가?
3. 고린도전서가 집중적으로 다루는 중요한 이슈는 무엇인가?
4. 고린도후서를 묶는 중요한 주제는 무엇인가? 이런 주제가 현대 교회에도 적합하다고 생각하는가?
5. 갈라디아서와 관련해서 참 복음과 거짓 복음을 구분하시오.
6. 유대화주의자들은 어떤 사람들이었는가? 은혜와 율법 논쟁에서 그들의 역할은 무엇이었는가?

심화 연구 자료

본서 17장 끝에 제시한 자료를 참고하시오.

Carson, D. A., Douglas J. Moo, and Leon Morris. *An Introduction to the New Testament*. Grands Rapids: Zondervan, 1992, 301-3. 갈라디아서에 대한 전문적인 연구서와 논문을 제시한다.

Garland, David. "1 Corinthians." In *Zondervan Illustrated Bible Backgrounds Commentary*, vol. 3, ed. Clinton E. Arnold. Grand Rapids: Zondervan, 2002, 100-193. 고대 고린도를 이해하는데 도움이 되는 언급, 사진, 도표를 제시하며, 고린도전서를 이해하는데 도움이 되는 배경을 제시한다.

Horton, Michael S. *The Law of Perfect Freedom*. Chicago: Moody, 1993. 율법 준수와 그리스도 안에 있는 자유의 관계에 관한 흥미로운 논의이다. 갈라디아서와 고린도전서 및 고린도후서에 매우 적절하다.

Machen, J. Gresham. *Christianity and Liberalism*. Grand Rapids: Eerdmans, 1946 [1923]. 참 복음과 거짓 복음에 관한 20세기 초의 고전적 연구로, 바울과 반대자들 간의 갈등을 이해하는데 도움을 준다.

Morris, Leon. *Galatians*. Downers Grove: InterVarsity, 1996. 많은 가치 있는 통찰력을 가진 주석이다. 일반 독자에게 적합하다.

Scott, James M. *2 Corinthians*. Peabody, Mass./Carlisle: Hendrickson/Paternoster, 1998. 길고 복잡한 서신을 간결하며 통찰력있게 살핀다. 269-71쪽은 최신 자료를 제시한다.

Seifreid, Mark. "The 'New Perspective on Paul' and Its Problem." *Themelions* 25 (2000): 8-12. 새 관점 비평가들이 지속적으로 제기하는 문제를 통합한다. 특히 갈라디아서에 적합하다.

Winter, Bruce. *After Paul Left Corinth: The Influence of Secular Ethics and Social Change*. Grand Rapids: Eerdmans, 2001. 바울이 고린도에서 직면한 문제 그리고 그가 제시한 권면을 이해하는데 도움을 주는 증거를 그레코-로마 세계에서 도출한다.

Witherington, Ben, III. *Conflict and Community in Corinth*. Grand Rapids: Eerdmans, 1995. 사회-수사학적 통찰력을 십분 활용하여 고린도전서와 고린도후서를 설명한 주석이다.

제5장
에베소서 · 빌립보서 · 골로새서 · 빌레몬서
- 감옥에서 보낸 편지 -

개요

- 에베소서
  서론
  에베소 도시
  개요
  목적
  선포와 권면
  비평적 문제

- 빌립보서
  서론
  필리피 도시
  개요
  목적
  복음을 반대한 사람들
  기독론
  비평적 문제

- 골로새서
  서론
  골로새 도시

개요
배경 및 목적
메시지
그리스도 우월성의 함의
비평적 문제

- 빌레몬서
서론
개요
목적
문학적 및 역사적 질문
실제적 교훈

목표

본 장을 읽은 후, 다음에 제시된 일을 할 수 있어야 한다.

1. 에베소, 필리피, 골로새 등 도시의 특징을 기술한다.
2. 에베소서, 빌립보서, 골로새서, 빌레몬서의 내용을 개관한다.
3. 에베소서, 빌립보서, 골로새서, 빌레몬서의 목적을 진술한다.
4. 에베소서, 빌립보서, 골로새서, 빌레몬서와 관련하여 제기된 비평적 문제를 평가한다.

역경이 최상의 결과를 낳기도 한다. 지난 세기에 체포와 구류의 모진 경험을 한 개인들은 심오하며 예언자적 사상을 제시했다. 예를 들면 독일에서 디트리히 본회퍼(Dietrich Bonhoeffer), 소비에트 연방에서 알렉산드르 솔제니친(Aleksandr I. Solzhenitsyn), 미국에서 마틴 루터 킹 2세(Martin Luther Kin Jr.) 등이다. 세 인물은 감옥에서 감동적인 글을 썼다.

제5장 에베소서·빌립보서·골로새서·빌레몬서

사도 바울은 감금 생활을 했다. 주후 60년대 초에 로마에 있는 한 집에 감금되어 있는 동안, 그에게는 방문객을 만나며 또 복음을 전할 수 있는 자유가 주어졌다(행 28:28-31). 이 일을 할 수 있는 한 방법은 편지 쓰기였다. 이 기간에 현존하는 네 통의 편지, 곧 에베소서, 빌립보서, 골로새서, 그리고 빌레몬서가 기록되었을 것이다.[1] 각 편지는 첫 줄에서 저자를 바울로 말하며, 저자가 감옥에 있거나 착고에 매어있다고 말한다(엡 3:1; 4:1; 6:20; 빌 1:7, 14; 골 4:18; 몬 1:1, 9, 10, 13).

본회퍼, 솔제니친, 킹 등의 사상이 주목의 대상이 되는 것은 그들의 희생이 기록에 긴박성과 신뢰성을 주기 때문이다. 이것은 바울에게 더욱 그렇다. 바울은 로마에서 사역할 수 있는 방안을 수년 동안 모색했다(행 19:21; 롬 1:13; 15:23). 그러나 그는 사슬에 매인 채 로마에 도착했다. 옥중서신에는 용기 있는 사상이 많다. 어조(참고, 빌 4:11-13)는 그리스도의 삶을 특징짓는 하나님에 대한 이타적 신뢰를 예로 가르친다. 이것은 바울을 주님의 참 제자로 표시한다.

초기 교회사에서 옥중서신

바울이 쓴 네 개의 옥중서신 중 세 개(에베소서, 빌립보서, 골로새서)는 초기 교회 지도자들에게 자주 사용되었다. 다음의 목록은 이 점을 반영한다. 유세비우스만이 빌레몬서를 인용하거나 암시한다.

폴리카르포스	주후 110년
순교자 저스틴	주후 140년
	(빌립보서를 인용하지 않음)
이레나이우스	주후 175년
알렉산드리아의 클레멘스	주후 200년

---

1) 일부는 바울의 옥중서신 중 하나 혹은 그 이상이 카이사레아 마리티마에 2년 동안 감금되어 있을 때(행 24:27), 혹은 에베소에 투옥되었을 때(고후 1:8-10) 기록되었다고 주장했다. 이런 주장이 가능성 있지만 보편적으로 지지받지는 못하고 있다.

테르툴리아누스	주후 200년
오리게네스	주후 250년
유세비우스	주후 315년

1. 에베소서

1) 서론

"귀신, 영, 조상, 신 모두는 인간의 마음 안에 실재로서 존재하며, 삶을 힘들게 하는 능력을 가지고 있다." 인류학 교과서[2]를 인용한 이 말은 오늘날의 세계만 묘사하지 않는다. 고대 세계에도 적용된다. 고대와 현대 세계에서 사탄은 정신적 실재만은 아니다! 고대 도시 에베소의 문화적 배경 연구는, 구약성경과 신약성경이 말하는 하나님이 아니라 보이지 않는 존재와 세력을 믿고 섬기는 신비종교가 바울이 편지들을 쓴 그리고 특정의 주제들을 택한 이유를 이해하는데 중요한 정보를 제공한다.[3] 현재 세계가 신비종교에 관심을 둔다면,[4] 에베소서는 고대는 물론이고 현대의 신앙과 행습에 대한 시의 적절한 도전이다.

---

[2] Arthur C. Lehmann and James E. Myers, *Magic, Witchcraft, and Religion: An Anthropological Study of the Supernatural*, 2nd ed. (Mountain View, Calif.: Mayfield, 1989), 254.

[3] Clinton E. Arnold, *Power and Magic: The Concept of Power in Ephesians* (Grand Rapids: Baker, 1997); idem, "Ephesians," in *Zondervan Illustrated Bible Backgrounds Commentary*, ed. Clinton A. Arnold (Grand Rapids: Zondervan, 2002), 3:300-41.

[4] Lehmann and Myers, *Magic, Witchcraft, and Religion*은 서양과 동양의 많은 예를 제시한다.

2) 에베소 도시

> **아시아 의회원**

바울이 에베소에 머물면서 오랫동안 사역한 자세한 내용은 사도행전 19장에 기술되어 있다(참고. 행 20:16-38). 에게 해 카이스테르 강어귀에 위치한 항구 도시 에베소는 로마 제국 아시아주의 수도였다(터키의 서쪽 끝부분). 1세기 당시 인구는 50만 정도였다. 그들 중에는 **"아시아 의회원"**(asiarch)이라 불린 부유한 지도층 남성과 여성이 있었다. 바울은 그들 중 일부를 친구로 간주했다(행 19:31). 에베소는 정치적으로 그리고 상업적으로 명성이 높았다. 또한 이방인 여신 아르테미스(다이애나) 숭배의 중심지였다. 그리고 신비종교 행습으로도 유명했다. 아르테미스에게 봉헌된 신전은 고대 세계의 7개 신비 중 하나로 간주되었다. 페르가몬과 스미르나와 함께 에베소는 로마 황제와 그의 가족 숭배 본거지였다.

종교적 생활이 황제숭배, 우상숭배, 신비주의와 강신술에 의해 지배되었다면, 도덕적 생활은 그레코-로마 도시의 전형이었다. 바울 시대 직후 거대한 성매매단지가 중심지 교차로에 자리했다. 2만 4천 명을 수용하는 대형 원형 연기장이 발굴되었다(참고. 행 19:29). 주후 2세기 교회 지도자인 이레나이우스는 사도 요한이 1세기 후반에 에베소에 머물면서 사역했다고 말했다.

3) 개요

I. 서론(1:1-2)

II. 새로운 가족 재창조: 하나님께서 하신 일(1:3-3:21)
   A. 그리스도 안에서 있는 세 가지 영적 축복(1:3-14)
   B. 모든 축복을 아는 것의 중요성(1:15-23)
   C. 구속: 기초 정리(2:1-10)
   D. 재창조: 장애물 제거(2:11-22)
   E. 여담: 바울, 외부인, 하나님의 영광(3:1-13)

F. 능력부여: 미래 알기(3:14-19)
G. 송영(3:20-21)

III. 새로운 가족 창조: 하나님께서 하시는 일(4:1-6:20)
A. 통일체 만들기: 계획 몸(4:1-16)
B. 마음 다스리기: 내면의 변화(4:17-24)
C. 그리스도인 됨: "사소한" 일(4:25-5:5)
D. 빛과 지혜: 깨달은 삶(5:6-21)
E. 책임감을 가진 공동체: 상호복종(5:22-6:9)
F. 바른 힘으로 바르게 서기(6:10-20)

IV. 맺는 말(6:21-24)

4) 목적

위의 개요는 가족, 곧 일반적으로 인간 가족 그리고 중립적 가족에 대한 에베소서의 함의를 강조한다. 에베소서의 내용은 이런 이해로 이끈다. 물론 교회로 알려진 "하나님의 가족"을 위한 그리고 관한 신학적 설명으로 이해될 수도 있다. 그러나 "교회" 혹은 "가족"이 에베소서의 통일적 주제의 예라면, 이런 제목은 에베소서가 기록된 이유를 제시하지 못한다.

수세기 동안 학자들은 에베소서의 핵심 목적을 논의했다. 그러나 합의된 결론을 내리지 못했다. 질문들은 여전히 남아 있으며, 어느 특정한 목적도 바울이 기록한 내용을 이해하는데 기본적 배경이라고 말할 수도 없다. 그러나 많은 "능력 언어"(power language)는 중요한 단서를 제공한다.[5]

바울은 하나님의 "위력으로 역사하심"을 말한다(1:19). 그는 하나님의 우편 능력의 자리에 있는 그리스도를 묘사한다. "모든 통치와 권세와 능력과 주권 … 위에 뛰어나게 하시고"(1:21). 만물은 이 시대는 물론이고 도래할 시대에서도 아들의 지배 아래 있다(1:21-22). 동일한 능력은 바울에게 사도

---
5) 참고. Arnold, *Power and Magic*, 3장.

의 권위를 주어(3:7), "교회로 말미암아 하늘에서 있는 통치자들과 권세들에게 하나님의 각종 지혜를 알게 하려 하셨다"(3:10). 그리스도는 교회의 "머리," 교회의 창설자, 그리고 다스리는 주님이시다(1:22; 4:15; 5:23; 참고 요 13:13). "능력 언어"의 또 다른 예는 에베소서 3장 16, 20-21절 그리고 유명한 "영적 전신갑주" 구절인 에베소서 6장 10-17절이다.

우리는 사도행전을 근거로 마술과 악령이 에베소 교회 안과 밖에 있는 사람들의 종교적 배경의 일부였음을 알았다(행 19:13-19). 이것은 신약성경 밖의 자료가 잘 설명한다. 로마황제와 그의 가족 숭배 역시 일반적이었다.[6] 이런 신념들과 행습들은 그리스도의 우월성이라는 바울의 핵심 주장과 대치되었다. 이것들은 참여자들을 도덕적 오류, 영적 속임, 그리고 귀신의 고통으로 내몰았다. 바울은 한때 신비제의 혹은 황제숭배에 참여했던 독자들에게 그리스도가 주님이라는 사실을 말하기 위해 에베소서를 기록했을 가능성이 있다. 물론 에베소서는 에베소의 이방 종교의 배경에 있는 사람은 물론이고 오늘날 독자들에게도 중요하다. 그러나 알려진 지역 종교 배경은 에베소서의 독특한 강조점을 이해하는데 유용한 가장 개연적인 단서를 제공한다.

고대 주문

에베소에서 실행되었던 신비적 관행의 일부는 주문을 외우는 일이다. 다음에 제시하는 주문은 마법가 피베치스(Pibechis)가 귀신 축출을 위해 추천한 것이다.

덜 익은 올리브로 만든 기름을 식물 매스티지아와 로터스 심과 함께 섞고, 무색의 마요라니와 함께 끓이며 말한다. "요엘, 오사르티오미, 에모리, 데오치프소이드, 시데메오크, 소데, 요에, 미티프소디오오프, 페르소디, 아에에이오요, 요에, 에오카리프다야! 나가거라!(그리고 또 다른 주문)"

---

6) John McRay, *Archaeology and the New Testament* (Grand Rapids: Baker, 1991), 256f.

> 그리고 다음의 글귀를 적은 조그마한 부적을 만든다. "자에오, 아바 오디오크, 프다, 메센티니아오, 페오크, 자에오, 카르소크." 그 부적을 환자 옆에 붙인다. 모든 귀신들은 이 부적에 두려워 떨었다.
>
> – Adolf Deissmann, *Light from the Ancient East*, trans. L. R. M. Strachan (London: Hodder & Stoughton, 1911), 255f. (번역과 일부 철자는 약간 다듬었음)

5) 선포와 권면

에베소서는 하나님, 그리스도, 구원에 관한 일련의 진술에 이어 그리스도인들이 하나님의 진리와 뜻을 그들의 삶에 반영할 것을 촉구하는 권면(혹은 기도)로 구성되어 있다.

1장은 그리스도 안에 있는 축복을 인해 하나님을 찬양하는 자세한 기술로 시작한다(1:3-23). 이런 찬양은 바울이 열거하는 일련의 영적 은총들, 곧 선택, 사랑, 예정, 구속, 죄 용서, 기업 등의 견지에서 보면 바람직하다. 이것들은 하나님의 은혜와 영광의 전체적 실재의 요소들이다. 아버지, 아들, 그리고 성령은 무익한 죄인들에게 하나님의 은총을 부어주시는 일에 적극적으로 활동하신다. 바울은 이런 진리들이 독자들을 일깨워(1:18) 그들에게 그리스도를 죽은 사람들 가운데서 살리신 그리고 그를 하나님 우편에 앉히신 힘이 전달되길 기도한다(1:20). 이것은 그리스도의 주권과 탁월성에 대한 적절한 고찰이다(1:21-23).

2장은 천상의 영광에서 인간의 빈곤으로 전환한다. 바울은 그의 독자들과 자신에게 복음 메시지를 받아들이기 전에 "허물과 죄로 죽었었다"(2:1)는 사실을 상기시킨다. 이런 필요의 상황에 있을 때 하나님의 자비가 역사했다(2:4; 참고. 롬 5:8). 선한 행위가 아니라 하나님의 측량할 수 없는 은총 곧 그의 은혜로 구원받았다(2:8-9). 선한 행위는 하나님의 죄 용서와 새 생명이라는 선물의 기특한 요인이 아니라 결과이다(2:10). 바울은 그리스도 안에 있는 그들의 구원을 선포한 후 그들이 새로운 공동체로 부름을 받았다는 점을 잊지 말라고 권면한다. 이 공동체 안에서, 옛 원수는 그리스도에 의해 파괴되었고 평화가 주어졌다(2:14). 이방인 그리스도인들은 더 이상 외인도 아니고 나그네도 아니다. 이제는 "성도들과 동일한 시민이요 하나님의 권속"이 되었다(2:19).

3장은 주로 기도와 축복으로 구성되어 있지만(3:14-21), 하나님께서 바울에게 주신 계시적 통찰력에 관한 기술도 있다(3:2-13; 참고. 롬 16:25-27). 이 묘사와 2장 후반부는, 독자들이 그리스도 안에서 계시된 진리와 사랑으로 강하게 성장하길 바라는 바울의 기도에 기초를 제공한다.

4장은 하나님의 부르심에 합당한 삶을 살라는 확장된 권면으로 시작한다(4:1). 이 부분은 5장과 6장에까지 이어진다. 바울은 하나님께서 하신 일(4:7-1; 5:2, 23, 25-27, 29)과 에베소 그리스도인들이 어떻게 생활해야 하는지에 관한 선포를 반복한다. 연합, 사역, 교리적 안정성 등에 특별한 관심을 쏟는다(4:1-6). 4장 후반부에서 바울은 이방 생활방식을 버리고 예수 그리스도에 부합하는 삶을 살아야 한다고 강조한다(4:17-21). 그리스도의 임재는 거짓말이 아니라 진리를 말하게 하며, 화내는 것이 아니라 자기를 다스리게 하며, 도둑질이 아니라 구제하게 하며, 파괴적인 지껄임이나 행위가 아니라 치유하는 말을 하게 한다(4:22-32).

5장과 6장은 예수 그리스도의 인격과 성령을 통한 개인적 변화를 계속하여 강조한다(5:1-21). 그리스도께서 가져다주신 급진적 변화는 결혼생활에서 특히 분명해야 한다. 교회에 대한 그리스도의 관계는 남편과 아내간의 상호 관계의 모델이다(5:22-33). 부모와 자녀의 관계 역시 그리스도의 주권 아래 있다(6:1-4). 하인과 주인의 관계 역시 마찬가지이다(6:5-9).

에베소서는 매일의 삶에서 하나님의 보호와 능력주심이 그리스도인들에게 필요하다고 강하게 말하며 마무리한다(6:10-20). 하나님의 전신갑주 이미지는 아마도 구약성경에서 가져온 것이다(참고. 사 11:5; 59:17). 그리스도인의 삶은 주님만이 저지하실 수 있는 악한 세력과의 지속적인 대결이다(6:12). 그리스도께서는 진리, 의, 즉응력, 신앙, 구원, 성경, 기도 등을 방어용 무기 및 공격용 무기로 주셨다.

바울은 편지 전달자 두기고를 추천하는 말과 독자에게 은혜와 평강을 기원하며 편지를 마무리한다(6:21-24).

6) 비평적 문제

두 세기 전에 일부 학자들은 바울이 에베소서를 직접 기록했는지 질문했다. 사도가 직접 썼다는 주장이 있다(1:1; 3:1). 큄멜은 에베소서가 바울의 진정성있는 서신으로 "초기 교회에서 입증되었다"라고 인정한다.7) 바울의 저작을 거부하는 이유에 일치된 결론은 없다. 많은 유명한 학자들은 바울이 기록했다고 주장한다. 우리가 최근 연구 동향8)을 따르는 것은 타당하다.

에베소서의 수신지를 두고 논의가 있다. 다섯 개의 사본에는 "에베소에"(ἐν Ἐφέσῳ)이라는 표현이 없다(1:1). 그래서 바울이 에베소서를 소아시아 지역에 있는 모든 교회들에게 회람시킬 목적으로 기록했다는 주장이 있었다. 이 견해에 따르면 "에베소에"가 후대 필사본에 삽입되어 결국 또 다른 필사본들의 모체가 되었다. 고대 사본에 "에베소에"가 없다 해도 제목에 "에베소 사람들에게"가 있다는 점을 기억해야 한다. 초기 필사자들이 이 표현을 제거했을 것이다. 왜냐하면 제목에 이미 기록되어 있기 때문이다. 수신지가 에베소 교회만이든 그 지역에 있는 교회들이든 간에 그것이 에베소 해석에 크게 영향을 주지 않는다. 에베소 지역 상황은 생활 중심지 상황과 비슷했을 것이다.

> 영지주의

또 다른 비평적 논의 주제는, 에베소서와 골로새서의 관계, 에베소서와 쿰란 자료의 평행 가능성, 영지주의 사상과 개념의 유입 가능성, 에베소서의 여러 가지 교리적 강조의 특징 등이다. 마지막 연구 주제와 관련한 질문들은 그리스도, 교회, 결혼생활에서 남성-여성 역할 등에 관한 교리들이다. 이런 질문

---

7) Werner G. Kümmel, *Introduction to the New Testament*, trans. Howard Clark Kee, rev. ed. (Nashville: Abingdon, 1975), 357.
8) 참고. Aart van Roon, *The Authenticity of Ephesians* (Leiden: E. J. Brill, 1975); Arnold, *Power and Magic*, 171; Eta Linemann, *Biblical Criticism on Trial*, trans. Robert Yarbrough (Grand Rapids: Kregel, 2001), 3-5장.

은 성경의 권위 문제에 있어서 에베소서에 있는 진술을 오늘날 교회가 주장하기는 부당하다는 견해를 견지하는 사람들에게는 절박한 것이다. 바울이 가르치는 주제에 바울이 권위자라고 인정하지 않는다면 누가 권위자란 말인가?

2. 빌립보서

1) 서론

비틀즈가 부른 노래 가사에는, 문법과 리듬 그리고 건전한 사상의 측면에서 보면 하자가 있는, "돈으로 모든 것을 살 수 없다. 맞다. 그러나 돈으로 살 수 없는 것은 사용할 수 없다"가 있다. 물론 바울이 돈을 이런 식으로 생각하지 않았다. 그러나 돈은 그가 로마 가정-감옥에 갇혀있는 동안(참고. 행 28:16) 신체적 생존에 필수적이었다. 필리피에 있는 그리스도인들, 곧 바울과 실라가 세운 교회(참고. 행 16:12-40, 그리고 본서 16장에서 논의)는 바울의 이런 필요를 도왔다. 빌립보서는 그들의 관대함을 인정한다. 또한 그들이 그들 가운데 벌어지고 있는 분열을 해결하기 위해 그리스도의 우선성을 재천명함으로 거짓 교리에 맞설 것을 주장한다.

2) 필리피(빌립보) 도시

에그나티아 가도

필리피 교회가 세워진 자세한 경위는 사도행전 16장 12-40절에 기록되어 있다. 그 교회는 바울의 2차 선교여행 중에 세워졌지만, 필리피 도시는 장구한 역사를 가지고 있다. 알렉산더 대왕의 아버지, 곧 마케도니아의 필리포스 2세의 이름을 가진 이 도시는 후에 로마 주요 전투지로 유명했다(주전 42년). 이곳 그리고 다른 곳 전투지에서 온 병사들이 이곳에 정착했다. 바울 당시에도 로마 식민지로서의 유산, 곧 시민권과 납세 특권이 지속되었다. 이 도시의 중요성은 부분적으로 **에그나티아 가도**(Via Egnatia), 곧 동-서 상업 고속도로에서 기인했다. 바울이 지역 행정관 앞에서 심문 받았을 것 같은 장소(행 16:19-21), (바울이 필리피 교회를 세웠을 때 로마 황제였던) 클라우디우스의 부친을 위한 비문, 신약성경이 거명하는 루포와 브리스가가 새겨 있는 또 다른 비문 등이 최근에 발굴되었다. 이곳은 루디아가 회심하였던 강가 그리고 바울과 실라가 갇혔던 감옥도 볼 수 있다.

3) 개요

I. 서론(1:1-11)
  A. 인사(1:1-2)
  B. 프롤로그: 감사와 기도(1:3-11)

II. 자서전적 프롤로그: 복음을 섬기는 바울의 현재 상황(1:12-26)
  A. 로마에서 복음 확장(1:12-18a)
  B. 죽음과 구출 전망(1:18b-26)

III. 복음에 합당한 생활양식 권면(1:27-2:30)
  A. 하나됨과 견고함(1:27-30)
  B. 그리스도를 닮은 겸손(2:1-11)
  C. 순종과 온전함(2:12-16)
  D. 바울, 디모데, 에바브로디도의 예(2:17-30)

IV. 복음을 반대하는 거짓 교사에 대한 경고(3:1-4:1)
  A. 자기-의를 내세우는 율법주의자들에 대항(3:1-16)
  B. 자기중심적인 방종주의자들에 대항(3:17-4:1)

V. 제시한 주제를 적용하라는 심화된 권면(4:2-9)
  A. 복음의 취지를 중심으로 하나됨(4:2-3)
  B. 어려운 환경에서도 기쁨으로 화평(4:4-7)
  C. 생각과 행동에서 견고함(4:8-9)

VI. 개인적 에필로그: 복음 확장에 동역자가 되어 준 것에 대한 바울의 감사(4:10-20)
    A. 최근 선물(4:10-14)
    B. 이전 선물(4:15-20)

VII. 맺는 인사말(4:21-23)
    A. 인사(4:21-22)
    B. 축복 기도(4:23)

4) 목적

빌립보서를 집중해서 읽으면 바울이 빌립보서를 기록한 몇 가지 이유를 발견할 수 있다. 바울은 자신의 동역자 중 한 명인 에바브로디도를 건강문제와 또 다른 이유로 그들에게 돌려보내려 한다(2:25-26). 필리피 그리스도인들에게 자신의 최근 상황을 알릴 목적으로 편지를 써서 그의 손에 들려 보내는 것은 자연스런 일이다. 디모데도 보낼 계획이다(2:19). 조만간 바울은 석방되어 그들 앞에 설 것이다(2:24). 그들은 이런 임박한 여러 방문을 준비해야 했다.

바울이 빌립보서를 기록한 목적을 고찰 할 때 바울과 필리피 그리스도인들 간의 연대의 역사를 염두에 두어야 한다. 바울이 그들에게 그리스도를 처음으로 소개하고 약 10년 동안을 그들과 좋은 관계를 유지해 왔다(필리피 교회가 주후 50년에 세워졌고 60년대 초에 편지를 썼다). 바울은 아마도 55년경에 그들을 방문해서 옛 관계를 새롭게 했다(참고. 행 20:1-2). 그들은 한 차례 이상 바울을 재정적으로 후원했다(4:15; 고후 11:9). 이것은 바울이 그렇게 깊은 개인적 친밀감으로 편지를 쓴 이유를 설명하는데 도움을 준다. 또한 편지의 수신자들이 그의 환경과 복지에 진정한 관심을 쏟을 것이라는 그의 기대를 설명한다.

사도와 교회간의 분명한 우정을 고려하면 편지의 가장 기본적 목적을 알 수 있다. 그들의 현 상황에서 그들을 향한 바울의 목양적 관심을 말하기 위해서 이다. 자신의 장기간 투옥(거의 4년)으로 인해 분명한 차질이 있음에도 불구하고 그들에게 필요한 것은 그들이 믿었던 복음이 계속하여 그 정복하는 진군을 계속하고 있다는 사실을 재확신하는 것이라고 바울은 생각했다. 바울은 1장에서 이것을 제시했다. 그들은 자신들의 삶과 섬김의 생활에서 그리스도를 지킬 수 있는 용기를 필요로 했다. 2장이 이것을 설명한다. 일반적이든 특별한 이유이든 간에 바울은 그들을 잘못된 길로 이끌어가려는 종교 지도자들을 알려줌으로 경계를 늦추지 않게 하려고 했다. 3장은 그들의 해로운 주장과 행습을 제시하며, 그들에 대한 참된 그리스도교 처방을 제시한다. 마지막으로 바울은 다음 내용을 전개한다. 다투는 사람들 중에서 조화, 그리스도인의 기쁨과 평화, 그들이 바울에게 제공한 특히 최근에 제공한 재정적 후원에 대한 만족 등. 이것들이 4장의 내용이다.

그러나 바울의 목양적 관심은 보다 특별한 문제에 대한 관심을 배제하지 않는다. 그가 마음에 품고 있는 두 가지 중 하나는 필리피 그리스도인들이 대하고 있는 반대자들이며 다른 하나는 그들이 섬기는 구원자이다.

5) 복음을 반대한 사람들

빌립보서는 복음 메시지의 효과적인 확장을 방해하는 세 그룹을 언급한다. 방해의 형태는 직접적인 반대, 내용의 변경, 혹은 교회 안에 적용 실패 등이다.

한 그룹은 로마에 있다. 그들은 그곳 공동체의 일원이다. 그러나 그들은 바울을 시기하며 바울과 경쟁한다(1:15). 바울이 사슬에 매어 있는 동안(1:17), 그들은 그들의 영향력과 추종자들을 확보하려고 했다. 바울의 반응은 친절하며, 겸양적이며, 지혜롭다. 그들이 그리스도에 관한 메시지를 왜곡시키지 않는 한, 그들이 바울을 비난해도 참는다. 중요한 것은 바울의 명성이나 감정이 아니라 복음이다(1:18). 필리피 그리스도인들에게 직접 영향을 끼치지 않는데 바울은 왜 이런 말을 할까? 첫째, 그런 반대에 대한 바울의 승리가 필리피 그리스도인들에게 용기를 내게 하기 때문이다(1:19, 25-26). 둘째, 바울은 필리피 혹은 마케도니아도 복음에 대한 비슷한 반대가 있다는 것을 알았을 것이다. 그렇다면 그의 자제력과 침착함의 예를 통해 그들이 올바로 알고 배울 수 있는 유익을 준다(3:17).

문제를 일으키는 둘째 그룹은 용인할 수 없는 자들이다. 사실 바울은 그들에게 여지를 주지 않는다. 왜냐하면 그들은 그리스도의 진정한 복음을 전하지 않기 때문이다. 그들은 바울이 갈라디아에서 정죄한 (거짓) 복음을 전한듯 하다. 바울은 그들을 "몸을 상해하는 사람들"이라고 부른다(3:2). 그의 표현은 그들이 그리스도를 믿는 믿음과 1세기 유대주의에 일반적인 의식(예. 할례) 준수를 혼합해야한다고 주장했다는 암시이다. 바울은, 할례 같은 종교적 의식을 신뢰하는 자들이 아니라 예수님을 그리스도로 고백하는 사람들이 구약성경 약속의 진정한 상속자들이라고 주장한다(3:3). "그리스도의 십자가의 원수들"(3:18)은 당연히 거부해야 한다. 예수님께서 예루살렘을 인해 슬퍼하셨듯이(눅 19:41), 바울 역시 그들의 잘못에 탄식한다(3:18). 바울은 그들에게 깊은 관심을 쏟는다(참고. 롬 9:3; 10:1). 그러나 그들의 견해는 결국 파멸에 이르고 만다(3:19). 바울은 필리피 그리스도인들에게 그들을 따르지 말라고 경고한다.

문제를 일으키는 세 번째 그룹은 필리피 그리스도인들이다. 그들에 관한 자세한 정보는 없지만 두 명의 여성이 심하게 다툰 듯하다(4:2). 바울이 필리피 교회에 만연한 이기주의와 파벌을 알고 있었다는 증거가 있다(1:17; 2:2-4, 14). 바울은 수십 차례나 기쁨(1:4, 25; 2:2, 29; 4:1) 혹은 기뻐하기(1:18; 2:17, 18, 28; 3:1; 4:4, 10)를 말한다. 이런 긍정적 강조는 부정적 상황을 대처하는 시도일 수 있다. 신약성경의 그 밖의 구절 (그리고 교회 역사)에서와 마찬가지로 여기서도 하나님의 백성은 하나님의 나라에 부합하지 않고 있다. 그러나 바울은 폭언하거나 절망하지 않는다. 오히려 예수 그리스도를 지시한다.

6) 기독론

바울은 필리피 그리스도인들의 자기-중심주의에 대한 권면을 제시하는 과정에 그들에게 그리스도가 보인 모범 사례를 말한다(2:5-11). 이 구절은 문학성이 탁월하며 신학도 풍부하다. 이 구절의 기원, 초기 교회에서 사용, 메시지를 설명하는 전문 연구서들이 많다.[9] 바울의 전체 요점은 필리피 그

---

9) 참고. Ralph P. Martin, *A Hymn of Christ: Philippians 2:5-11 in Recent Interpretation and in the Setting of Early Christian Worship* (Downers Grove: InterVarsity, 1997).

리스도인들이 그리스도와 같은 삶에 집중적인 관심을 쏟게 하는 것이다. 그리스도께서 어떤 삶을 살다가 죽으셨는지가 그들이 서로간의 관계에서 어떤 삶을 살아야 하는지와 관련된다(참고. 눅 9:23).

이 요점을 말하는 과정에서 바울은 그리스도가 어떤 분이시며 또 무슨 일을 성취하셨는지에 관한 몇 가지 중요한 진술을 한다. 예수님은 인간이 아니라, 신성 그 자체이셨으며(2:6) 또한 인간의 모습을 입으신 분이셨다(2:7). 예수님께서는 하늘의 왕의 영원한 아들이라는 왕적 유산에도 불구하고, 십자가에 죽으심으로 죄인들을 섬기기까지 자신을 낮추셨다(2:8). 그러나 그의 겸손은 비극이 아니라 하나님을 영화롭게 하는 하나님의 방법이었다(2:9). 하나님께서는 자신의 뜻을 겸손하게 수행한 분과 당신의 이름인 주님을 공유하셨으며 공유하신다(2:9-11).

하나님의 뜻

내 생애에 대한 하나님의 뜻을 어떻게 알 수 있을까? 이것은 우리가 질문해야할 가장 중요한 질문의 하나이다. 바울이 "그러므로 나의 사랑하는 자들아 너희가 나 있을 때뿐 아니라 더욱 지금 나 없을 때에도 항상 복종하여 두렵고 떨림으로 너희 구원을 이루라. 너희 안에서 행하시는 이는 하나님이시니 자기의 기쁘신 뜻을 위하여 너희에게 소원을 두고 행하게 하시나니"(빌 2:12-13)라고 기록할 때 그는 대답을 말한다.

그리스도인은 보는 것으로 사는 것이 아니라 믿음으로 살아야 한다(고후 5:7). 우리는 올바른 일을 하고 있다는 확실한 증거도 없이 결정하곤 한다. 그리스도인들을 따르는 사람들을 포함해서 모든 사람들의 삶에는 위험의 요소가 있다.

그러나 바울은 빌립보서 2장을 통해 우리 길에 빛을 비춰준다. "너희의 구원을 이루라." 이것은 구원을 얻기 위한 일을 뜻하지 않는다. 우리를 사랑하며 구원하신 주님을 섬김에 우리 자신을 전폭적으로 드리라는 뜻이다. 미래에 대한 하나님의 뜻을 아는 첫 단계는 부지런하며 현재에 충실 하는 것이다. 예수님은 작은 일에 신실한 사람에게 위대한 일이 주어진다고 말씀하셨다(눅 16:10-12).

"너희 안에서 행하시는 이는 하나님이시니 … 너희에게 소원을 두고 행하게 하시나니." 바울은 하나님을 위해 신실하게 사는 사람들이 하나님의 기대에 부응하여 내적 의지와 외적 반응을 발전시킨다고 확신했다.

"자기의 기쁘신 뜻을 위하여." 하나님께서는 당신의 모든 자녀들을 위한 선한 뜻을 가지고 계신다(렘 29:11). 하나님께서는 우리가 하나님의 뜻을 알고 또 실천하길 바라신다. 우리는 우리 무릎 위에 자세한 지도와 계획표가 떨어지길 기대해서는 안 된다. 우리는 종국적으로 주님께 이르는 길을 파악하기 위해 주님을 의지해야 한다. "너는 범사에 그를 인정하라 그리하면 네 길을 지도하시리라"(잠 3:6).

예수 그리스도에 관한 이런 격상된 주장은 바울이 필리피 그리스도인들에게 말해야 할 모든 것의 핵심이다. 그리스도는 영원한 하나님으로서 사람들보다 무한히 우월하시지만 다른 사람들을 위해 기꺼이 자신을 희생하셨다. 필리피 그리스도인들이 교만 떨어서는 안 되며, 자신보다는 다른 사람을 위해 살아야 하며, 하나님께서 그들의 삶에 임재하셔서 당신의 뜻을 이뤄가시게 해야 한다(2:13). 물론 현시대에 그리스도를 따르는 그리스도인도 이것을 각오해야 한다.

7) 비평적 문제

빌립보서의 바울 저작권 문제가 제기되지는 않았어도, 현재의 빌립보서가 합성된 것이라는 주장은 있었다. 4장 10-20절이 별도의 편지이며, 3장 1절에 있는 "마지막으로"가 원래 편지의 마지막 줄이다. 그래서 3장 2절로 4장 9절이 세 번째 합성 부분이라는 주장이다. 이런 주장을 반대하는 중요한 요점 두 가지가 있다. 고대 사본에는 그런 분리가 전혀 없었다. 그리고 빌립보서는 현재 정경 형태 그대로 의미가 잘 통한다. 그렇다면 빌립보서의 문학적 통일성에 의구심을 가져야 할 이유가 전혀 없다.[10]

20세기의 많은 학자들은 빌립보서 2장 5-11절이 초기 그리스도교 찬송이나 신앙고백을 인용한 것인지 질문했다. 이 견해는 1920년대에 처음으로 주장되었다. 이 구절이 시적 형태를 갖추고 있기에 개연적인 이론이다. 그러나 결정적인 증거는 없다.[11] 그 구절이 특성상 시이며(구약성경의 많은 부분이 시이지만 그렇다고 우리가 시적 형태의 말씀을 무시하지 않는다), 그 구절이 비-바울적이라 해도 기독론적 설득력을 약화시키지 않는다. (그 구절이 찬송이지만 바울이 지었거나 그것을 인용하면서 내용을 인정했을 수 있다.)

3. 골로새서

1) 서론

신학자 칼 F. H. 헨리(Carl F. H. Henry)는 "이교사상이 과거 어느 때보다 깊숙이 스며든 상태이다. 서구 사회를 휘어잡고 있다"라고 말했다.[12] 교회가 대중문화, 대중매체, 정부나 대학 그리고 공공학교와 같은 막강한 기관에 의해 영향 받고 있으며 속고 있는지에 관한 논의가 뜨겁다. 이것들은 유대적-그리스도교 지주를 벗어나고 있다. 교회는 반드시 "세상에" 있어야 한다. 이런 적대적 요소들에게 휘말리지 않으려면 어떻게 해야 하는가? 그리스도인들은 어떻게 "세상의 빛과 소금"의 역할을 감당할 수 있는가(마 5:13-14)?

---

10) 이 주제에 대한 보다 전문적인 연구를 위해서는 Jeffrey T. Reed, "Philippians 3:1 and the Epistolary Hesitation Formulas: The Integrity of Philippians, Again," *Journal of Biblical Literature* 115, no. 1 (1996): 63-90.
11) 참고. Frank Thielman, "Philippians," in *Zondervan Illustrated Bible Backgrounds Commentary*, ed. Clinton E. Arnold (Grand Rapids: Zondervan, 2002), 3:555.
12) Carl F. H. Henry, *Twilight of a Great Civilization: The Drift toward N대-Paganism* (Westchester, Ill: Crossway, 1988), 23.

이것은 현대 그리스도인들만이 갖게 되는 질문이 아니다. 사도 바울은 그가 세운 교회 회중들의 신앙과 생활의 통합성에 대해서 사회가 도전을 야기할 수 있음을 이미 오래 전에 알았다. 바울은 골로새서에 이 문제를 직접 설명한다.

2) 골로새 도시

이 고대 마을의 위치가 발굴된 적이 없기 때문에 정확한 정보가 부족한 상태이다. 크기를 정확히 알 수 없지만 그렇게 크지 않은 도시였다. 골로새는 에베소에서 동-남서쪽으로 1백마일 떨어진 곳, 피리기아로 불리는 지역의 리쿠스 계곡에 자리했다. 근접한 도시 라오디게아와 히에라폴리스와 마찬가지로 1세기 골로새는 지진으로 큰 고통을 겪었다. 그곳에는 원주민(피리기안), 헬라인, 유대인이 살았다. 피리기안 유대인들이 오순절 직후에 복음을 가져갔겠지만(행 2:10) 그곳에 사는 사람들은 바울이 에베소에서 2년 동안 사역할 때 처음으로 복음을 들었을 것이다(행 19:10). 골로새 출신이나 그곳에서 살았던 신약성경 인물은 에바브라, 빌레몬, 압비아, 아킵보, 오네시모이다. 이 인물들은 다음에 살펴보기로 하자.

3) 개요

I. 인사(1:1-2)
A. 발신자(1:1)
B. 수신자(1:2a)
C. 인사(1:2b)

II. 감사 및 기도(1:3-14)
A. 골로새 그리스도인들의 사랑에 감사(1:3-8)
B. 지식과 경건한 행실을 위한 기도(1:9-14)

III. 본론(1:15-3:4)
A. 그리스도의 활동과 이방인들의 화해(1:15-23)
B. 바울의 이방인 사역(1:24-2:5)
C. 실수와 대책(2:6-19)
D. 그리스도 안에 있는 새로운 생명(2:20-3:4)

IV. 윤리적 권면과 교훈(3:5-4:6)
A. 세속적인 것은 죽여라(3:5-11)
B. 그리스도인 미덕을 입어라(3:12-17)
C. 그리스도인 가정공동체 안에서 관계(3:18-4:1)
D. 계속하여 기도하라(4:2-4)
E. 외부인들에게 잘 처신하라(4:5-6)

V. 맺는 말(4:7-18)
A. 인사(4:7-17)
B. 축복기도(4:18)

4) 배경 및 목적

감옥에 구금되어 있는 동안 바울은 골로새 그리스도인들에게 편지를 보낼 수 있었다. 그는 골로새 교회의 개척자는 아니다. 개척자는 에바브라이며, 그는 그 지역 원주민이었으며 그곳에 복음 증거하는 일에 수고했다(1:7; 4:12). 바울은 두 가지 이유로 편지했다. 하나는 바울이 골로새 그리스도인들(그리고 필사본 편지를 받았을 라오디게아 그리스도인들 [2:1; 4:16])에게도 관심이 있으며 또 돌본다는 확신을 주기 위해서 이다. 바울은 그들이 그리스도를 분명히 알기를 기대했다(2:2-3). 둘째 이유는 거짓 가르침, 그리고 교회 안의 신자들 일부를 미혹하고 있던 거짓 교사들과 관련된다. 그들의 주장은 인상적이지만(2:4), "그리스도의 가르침에 기초한 것이 아니라 인간의 전통과 이 세상의 기초 철학에 기초한 것이다"(2:8). 전체적으로 골로새서는 그리스도교 교리의 순수함과 그리스도교 행습의 성실성을 위협하는 대중적이지만 그릇된 견해에 대한 사도의 대처로 간주할 수 있다.

신약성경에 거명된 신들	
아르테미스(다이애나)	행 19:24, 27, 28, 34, 35
카스토르와 폴룩스	행 28:11
헤르메스(머큐리)	행 14:12
"미지의 신"	행 17:23
제우스(쥬피터)	행 14:12-13

5) 메시지

개요가 보여주듯이 골로새서는 헬라의 일반 편지 형식, 곧 인사, 감사와 기도, 본론, 권면, 맺는 말 등으로 구성되어 있다. 그러나 메시지는 일반 편지와 다르다. 중심부에는 예수 그리스도에 관한 일련의 심오한 주장이 있다(1:15-20).

첫째, 그리스도는 "보이지 아니하는 하나님의 형상"이시다(1:15). 누구도 하나님을 본적이 없고 볼 수도 없지만(참고. 요 1:18), 하나님께서는 자신을 예수님의 인격을 통해 계시하셨다. 같은 구절의 표현에 따르면 예수님은 "모든 피조물보다 먼저 나신 분"이시다. "먼저 나신"은 "특별히 영광을 받으실"을 뜻하는 히브리 표현 방식이다. 구약성경에서 이스라엘은 "장자"로 불린다(출 4:22). 다윗도 그렇게 불렸다(시 89:27). 이런 문맥에서 이 표현은 신체적 출생이 아니라 하나님 앞에서 영광스런 자리를 뜻한다. 바울은 그리스도가 모든 피조물 위에 있는 "최고의 자리"에 있다고 말한다. 당연하다. 모든 피조물은 그로 말미암고 그를 위해 창조되었기 때문이다(1:16).

둘째, 그리스도 안에서 "모든 피조물이 유지된다." 이 말의 뜻을 완전히 설명하기란 불가능하지만, 요점은 그리스도께서 하나님의 지배 영역의 일부인 물리적 세계를 붙들고 유지한다는 말이다. 과학이 물질을 발견하고 능숙하게 다룰 수는 있어도, 물질의 속성, 본질, 기원의 신비는 궁극적으로 그리스도에게 있다. 인간의 연구가 자연 세계의 "무엇"에 관해 많은 것을 결정할 수 있지만, "왜"는 하나님, 그리고 하나님께서 그의 아들을 통해 세운 통치 안에서 발견된다. 그의 화해 사역(1:20)은 영적이며 거룩하신 하나님과 물리적이며 죄악된 세상간의 생명줄을 붙들고 구속하는 자신의 역할을 설명한다.

6) 그리스도 우월성의 함의

그리스도의 독특성과 탁월성에 관한 바울의 제시에 대해 보다 자세한 설명이 필요하지만, 골로새서의 기본 메시지가 그리스도에 관한 것임은 확실하다. 그리스도는 골로새인들을 어두움에서 구출하여 빛으로 옮겨 주셨다(1:13). 따라서 그들은 종교적 사색의 거짓 교사들이 아니라 그리스도에게 충성해야 한다. 바울은 그리스도가 어떤 분이시며 또 무슨 일을 하셨는지에 기초하여 확실한 진리를 지지하며 또 실천할 것을 권면한다.

골로새 그리스도인들은 거짓 가르침을 확인할 수 있어야 하며 또 거부해야 한다(2:8). 일부 사상은 그리스도보다 더 지적인 호소력을 가지고 있지만 생명력이 없으며 거짓되며 능력도 부족하다고 바울은 자세히 설명한다(2:9-15). 바울이 제시한 일련의 권면(2:16-23)을 근거로, 골로새에 퍼진 많은 그릇된 사상들을 파악할 수 있다. 학자들은 이런 견해를 "골로새 이단"이라 불렀다. 거짓 교리의 정확한 특징, 그리고 뚜렷한 "이단"의 활동에 관한 논의가 있지만, 바울이 율법주의(구원이 하나님의 은혜의 선물에 기초하지 않고 선한 행위에 기초한다는 견해)와 금욕주의(몸을 하나님의 은총을 입고 또 영적으로 성장하는 수단으로 가혹하게 대하는 견해)의 특정 형태를 반대하여 말하고 있다는 점은 부인할 수 없다. 바울은 이런 가르침을 따르면 머리이신 그리스도와 관계가 끊긴다고 말한다. 그런 종교적 행습은 실제로 극단적인 구속을 초래한다(2:23).

바울은 그들의 극단적인 모습 중 일부를 열거하고, 그리스도께서 그들을 지켜주시고 또 경건한 삶을 살게 하신다고 설명한다. "음란, 부정, 사욕, 악한 정욕, 우상숭배, 탐심" 등의 악덕(3:5) 그리고 "분함, 노여움, 악의, 비방, 부끄러운 말"(3:8)은, "옛 자아"가 "창조자의 형상 안에서 지식까지 새롭게 된 새사람"(3:9-10)에 의해서 정복될 때/압도될 때 패주(敗走)하게 된다. 그 결과는 그리스도처럼 "긍휼, 자비, 겸손, 온유, 오래 참음"으로 옷 입는다(3:12).

그리스도의 다스림은 그것의 드러남에서 인격적이며 내적일 뿐만 아니라 공적이다. 바울은 결혼생활, 자녀양육, 하인-주인 관계에서 그리스도의 뜻을 인식하길 요청한다(3:18-4:1). 바울은 불신자들을 위해 기도하며 또 그들을 지혜롭고 은혜롭고 설득력 있게 대하도록 권면하는 말로 마무리한다(4:2-6). 또한 편지 전달자인 두기고를 추천하고 여러 동역자들의 소식과 인사를 전한다(4:7-17). 편지의 마지막은 바울의 개인적 서명, 기도 요청, 축복으로 구성되어 있다.

바울과 환경

온실효과 …… 폐기물 처리 …… 오존층 파괴 …… 인구폭발 …… 에너지 위기 …… 세계 기아.

환경문제는 최근 수십 년 동안 관심사였다. 왜 그리스도인이 이 문제에 관심을 가져야 하는가? 천국이 그들의 최종적 집이지 않은가? 질주하는 세상에 무관심할 수 없단 말인가?

바울은 그리스도에 관해 "만물이 다 그로 말미암고 그를 위하여 창조되었다"라고 기록했다(골 1:16). 피조물은 하나님과 그분의 아들에게 속한다. 하나님의 백성이 피조물을 다루는 방법은 하나님을 향한 관심을 반영한다. 환경문제는 중요하다.

이 말은 하나님께서 자연이 숭배되길 바라신다는 뜻이 아니다. 자연숭배는 위험한 유혹이다. 경계 대상이다(롬 1:18-23). 그러나 하나님의 백성은 하나님께서 만드신 자원(공기, 물, 땅, 바다)의 청지기가 되어야 한다. 하나님께서 주신 좋은 선물을 낭비하면 하나님을 사랑하는 일에 실패한다. 우리 이웃을 우리 자신으로 사랑하는 일에 실패한다. 착한 환경 청지기는 주 하나님과 우리의 동료를 사랑하라는 위대한 이중 계명의 일부이다.

신약성경은 환경을 책임지는 삶에 대한 분명한 근거를 제시한다. 예수님은 세상의 아름다움과 하나님의 세상 다스림을 높이 평가하라고 가르치셨다(마 6:25-30). 바울은 만족하는 생활양식에 관해 말했다(빌 4:11-13; 딤전 6:6-12). 이것은 물질주의 소비 사회의 이기적 집착과는 대조적이다.

창조주이신 그리스도에 관한 바울의 가르침은 찬송가 "참 아름다워라"의 가사에 새로운 깊이를 더해준다. 그리스도 안에서 그리스도인의 하나님 예배는 환경 문제에 관한 지속적인 기도로, 비-물질주의 소비 형태로, 책임감을 갖고 정치에 참여함으로, 자원 재활용과 보존이라는 환경에 대한 책임있는 습관으로 표현되어야 한다. 이 세상에 마음을 두는 것은 죄이다. 피조물에 무관심한 것도 죄이다.

7) 비평적 문제

신중한 독자는 골로새서와 에베소서의 많은 유사점을 발견했을 것이다. (몇 가지 점에서 갈라디아서와 로마서는 비슷하다.) 어떤 사람들은 한 편지는 다른 편지의 비-바울적 확장 또는 요약이라고 주장하였다. 그러나 바울이 짧은 기간에 두 통의 편지를 비슷한 언어를 사용해서 기록했을 것이다. 바울이 에베소서를 썼다는 것보다 바울이 골로새서를 썼다는 것을 의심하는 사람은 더 적다. 편지의 저자가 바울이었다는 것을 의심할만한 강력한 이유들은 없다.

이른바 골로새 이단의 특징은 더 많은 논의를 요구한다. 보다 확실한 증거가 없는 한 모든 학자들이 동의할 결론을 내릴 수 없을 것이다.[13] 그 이단이 특히 영지주의적 특징을 지녔다는 견해는 타당하지 않다. 학계는 신약성경 가르침이 2세기에 발생한 종교적 사색의 주장에 관해 거의 언급하지 않는다는 결론을 내리고 있다.[14] 골로새 종교와 1세기 유대주의 분파와 연결하려는 시도가 더 가능해 보이지만 현재로는 잠정적일 뿐이다. 바울의 언어가 1세기 유대주의 상황의 일부인 지나치게 율법적이며 금욕적인 국면을 반영한다고 말할 수 있지만, 그리스도에게 집중하지 않는 대부분의 종교 체계에도 폭넓게 적용할 수 있다.

그리스도의 인격과 사역을 가장 잘 드러내는 1장 15-20절의 기원은 많은 학자들에 의해 찬송으로 결정되었다. 이 구절을 제거할 수 없다. 빌립보서 2장 5-11절에 관해 말한 경고가 이 구절에도 적용된다.

---

13) 참고. Clinton E. Arnold, *The Colossian Syncretism: The Interface between Christianity and Folk Belief at Colossae* (Grand Rapids: Baker, 1996)은 확신 있게 새로운 제안을 한다.
14) 참고. Craig A. Evans, *Noncanonical Writings and New Testament Interpretation* (Peabody, Mass.: Hendrickson, 1992), 166f.

4. 빌레몬서

1) 서론

거리의 주민들 … 무주택자들 … 도망자들. 우리는 이런 사람들을 개인적으로든 뉴스를 통해서든 매일 만난다. 그들이 전적으로 새로운 문제인가? 결코 그렇지 않다. 비슷한 곤경에 처한 사람들이 1세기에도 있었다. 바울의 빌레몬서는 오네시모라는 이름의 도주자 노예의 문제를 다룬다. 그는 복음을 믿음으로 새로운 생명을 가졌으며, 로마의 뒷골목에 있는 그의 은신처에서 벗어났다.

2) 개요

I. 인사(1:1-3)
II. 빌레몬 칭찬(1:4-7)
III. 오네시모 부탁(1:8-22)
IV. 인사 및 축복(1:23-25)

3) 목적

빌레몬은 바울과 개인적 친분이 있었으며 자산가였다. 그는 골로새에 살았다(참고. 골 4:9; 빌레몬의 노예 오네시모는 골로새 사람으로 불린다). 그의 집은 그리스도인 모임이 가능할 정도로 충분했다(2절). 그에게는 노예도 있었다. 이것은 당시 로마 세계에 일반적이었다. 바울은 노예 중 한 명인 오네시모의 일로 빌레몬서를 썼다.

정확한 이유는 모르겠지만 오네시모는 빌레몬 아래서 자신의 의무를 버리고 도망쳤다. 이것은 심각한 범죄였다. 범죄자가 잡힐 경우 엄한 벌을 받아야 하는 사안이었다. 화형, 오명, 신체 손상, 심지어 처형도 가능했다. 오늘날 도망자가 감시를 피해 뉴욕이나 런던과 같은 대도시로 갈 수 있듯이, 오네시모는 예상대로 그가 갈 수 있는 대도시 로마로 도망쳤다. 그러나 그는 숨어 지내지 않았다. 그는 바울이 머무르고 있는 곳에 있었으며 바울을 방문했다. 예상치 않은 결과가 생겼다. 바울은 그를 예수 그리스도가 주시는 구원으로 인도했다(10절).

오네시모는 좋지 않은 환경에서도 바른 처신 곧 그의 주인에게 돌아가 일을 바로 잡기로 결심했을 것이다. 바울은 빌레몬에게 편지하면서 그가 오네시모를 자비로 대해 주길 부탁한다. 그는 빌레몬이 그렇게 할 것이며 그 이상도 할 것이라고 확신했다(21절). 바울은 빌레몬이 오네시모에게 자유를 주길 기대했다. 또한 바울은 자신이 빌레몬의 기도에 대한 응답으로 석방되면 그를 방문할 계획이니 준비를 부탁한다(22절).

4) 문학적 및 역사적 질문

빌레몬서는 저자가 바울이라고 세 차례 말한다(1:1, 9, 19절). 디모데도 이때 감옥에 있는 바울과 함께 했다(1절; 참고. 골 1:1). 바울이 말하고 디모데가 대필했을 수 있지만 그가 공동 저자라는 증거는 없다. 바울의 다른 편지들과 마찬가지로 빌레몬서는 고대 헬라 편지작성기법을 따른다.15) 골로새서와 같은 시기에 기록되었다(참고. 골 4:9). 바울이 로마에 갇혔다고 생각하면 (참고. 1:1, 9, 10, 13절) 60년대 초이다.

빌레몬서에 반영된 상황은 그 시대이다. 골로새 근처에 위치한 라오디게아에서 발견된 고대 비문은 한 노예가 자신을 석방한 주인에게 헌정한 것이다. 주인의 이름은 마르쿠스 세스티우스 빌레몬이다.16) 이 사람이 바울이 빌레몬서에서 말한 빌레몬인지 확실하지 않지만, 같은 장소에서 같은 이름은 가능성을 높인다.

---

15) 참고. 바울의 편지와 신약성경 밖의 편지를 비교하려면 McRay, *Archaeology and the New Testament*, 365를 참고하시오.
16) Ibid., 247.

1세기 배경은 보다 특별한 방식으로 반영되어 있다. 로마법에 따르면 노예는 그것이 공적 장소에 있든 개인의 집에 있든 간에 종교 제단에 은신처를 가질 수 있다.[17] 제단 담당자는 노예를 위해 중재할 수 있다. 이것은 오네시모가 바울에게 접근한 상태에서 법조항이었다. 물론 바울이 처한 상황을 고려하면 가능성이 높지 않다.[18]

어쨌든 주인-노예 관계의 문제는 상당수의 인구가 노예 신분이었던 사회에서 중요한 문제였다. 한 저자는 로마에서는 그 비율이 50%이며, 아테네에서는 75%였다고 말한다.[19] 또 다른 진술에 따르면 로마 거주민 중 20%가 노예였다.[20] 그러나 세네카(주전 4년?-주후 65년?)는 로마 원로원이 노예가 특별한 복장을 하도록 요구하는 법을 기각했다고 진술한다. 노예가 많다는 것이 드러날까 두려웠기 때문이다.[21] 노예 문제의 한 국면을 저지할 때, 빌레몬서는 당시에 영향력을 발휘한 또 다른 사상가가 말한 관심사를 반향한다. 그리스도의 사랑에 기초한 바울의 해결은 로마 원로원의 정치적이며 법적인 해결과는 대조적이다.

그리스도교와 문화적 변화

오늘날 모든 가치관과 문화는 상대적이라는 주장이 있지만 바울은 동의하지 않는다. 당시 이방인의 가치관은 남편이 아내를 함부로 대해도 된다고 허용했다. 그러나 바울은 옥중서신에서 사랑과 존경을 가르친다

---

17) 참고. F. F. Bruce, *Paul: Apostle of the Heart Set Free* (Grand Rapids: Eerdmans, 1977), 400.
18) William Baird, "Philemon, the Letter to," in *Harper's Bible Dictionary* (San Francisco: Harper & Row, 1985), 784-85.
19) Xavier Léon-Dofour, *Dictionary of the New Testament*, trans. T. Pendergast (New York: Harper & Row, 1983), 40.
20) Everett Ferguson, *Backgrounds of Early Christianity* (Grand Rapids: Eerdmans, 1987), 46.
21) Seneca, *De Clementia*, 1.24.1; 참고. *Seneca: Moral Essays*, vol. 1, trans. John W. Basore (London/New York: Heinemann/Putnam, 1927), 421.

(엡 5장; 골 3장). 이방 문화는 노예 학대를 허용했지만, 바울은 자비와 평등을 주장했다(골 4장; 빌레몬서). 문화적으로 수용된 관행이 하나님께서 기대하시는 사랑과 정의에 대립할 때 복음은 그런 관행의 변화를 요구한다.

멕시코를 점령한 서구 유럽 스페인 사람들은 여러 가지 면에서 잔인하며 파괴적이었다. 그러나 그리스도교 영향력을 부분적으로 받아 전한 문명은 중앙아메리카에 유행하던 사람을 제물로 바치는 제사나 사람을 먹는 행습을 종식시켰다(참고. K. Windschuttle, *The Killing of History* [New York: The Free Press, 1996]. 60-67).

현대 스리랑카에서 그리스도교는 카스트 제도의 영향력을 줄였으며, 사회에서 여성의 지위를 높였으며, 도덕과 성적 윤리를 높였다. 그리스도교는 "결혼제도가 불분명한 사회에 일부일처제를 도입했다"("The Church in Sri Lanka," in *Church in Asia Today*, ed. Saphir Athyal [Singapore: Asia Lausanne Committee for World Evangelization, 1998], 436). 분단된 나라에 평화를 가져다 주었다.

그리스도인들은 문화를 지지하기도 한다. 예를 들면 초기에 교회 지도자들은 노예제도를 비난하지 않았다. 바울의 예도 예수님의 가르침도 마찬가지다. W. E. 라페티(W. E. Raffety)는 말한다. "교회는 이런 관습을 버리라는 칙령을 내리지 않았다 … 그러나 따뜻한 사랑의 메시지를 포함하는 그리스도의 복음은 고대의 잔혹함을 완화시켰으며 자비로 전환시켰다." 교회의 초기 역사에서, 개인적으로는 이런 현상이 있었지만 사회적 변화를 신속하게 일으키지 못했다.

그리스도인은 과거의 실패를 반성하며 그리스도교의 가르침을 우리 자신의 삶의 자리에 적용하는데 최선의 노력을 해야 한다.

5) 실제적 교훈

바울서신 중 가장 짧은 이 편지는 사회적으로 버림받은 사람들에게 개인적이며 실제적인 관심을 쏟는다. 이 편지는 사회적으로 낮은 계층의 사람들을 돌보신 예수님을 생각하게 한다. 또한 그리스도인 공동체 구성원 중에 존재한 수준 높은 우정을 나타낸다. 바울은 심지어 가족에게서도 찾아보기 힘든 존중하며 편안한 친밀감으로 편지를 쓴다. 그가 다루기 힘든 주제를 솔직하며 기쁘게 말할 수 있었던 것은 빌레몬이 주님 보시기에 바른 일을 행하는데 헌신되어 있다는 사실을 알았기 때문이다. 감옥에서 복음 선교사를 기다리는 이전의 유대인 랍비는 수백 마일 떨어져 있는 그리고 방문해 본 적이 없는 마을에 사는 노예를 소유한 주인에게 기쁜 소식을 듣는다. 이것은 복음에 대한 진정한 반응이 만들 수 있는 그리고 만들어야 하는 대인적이며 사회적인 응집력이다.

당시 문화에 대한 바울의 접근은 깊은 생각을 하게 한다. 다른 구절에서 바울은 정치 당국과 법적 관행에 순응을 지지했지만(롬 13:1-7), 바울은 여기서 빌레몬이 그 정도에서 멈추어 서서는 안 된다고 말한다. 그는 예수 그리스도와 구약성경에서 제시된 하나님의 성품에 뿌리를 둔 정의와 사랑의 기준을 고려해야 한다. 구약성경은 모든 사람의 평등을 지지하며, 하나님의 백성은 물론이고 그들과 함께 살아가는 이국인들과 노예들을 잘 대우할 것을 말한다. 바울은 이런 가치관을 전혀 다른 가치관을 가진 문화적 사회, 곧 노예 제도가 허용된 사회에 적용한다.[22] 바울의 견해에 따르면, 그리스도께서는 노예와 자유자, 이방인과 유대인, 남성과 여성 모두를 위해 죽으셨다(갈 3:28). 사람들을 향한 하나님의 사랑은 공평하다. 그리스도인들은 하나님과 그분의 방식을 따라야 한다(엡 5:1). 자신의 주위 환경이 결정한 행실을 따라서는 안 된다(롬 12:2). 바울의 빌레몬서는 이웃 사랑을 요구하시는 그리스도에게 반응함으로 환경을 변화시킬 것을 요구한다. "이 편지가 우리를 이끌어 가는 곳은 [노예] 제도가 시들어 죽는 분위기이다."[23]

---

[22] 바울은 히브리 혹은 유대적 체제가 아니라 로마와 헬라적 체제의 노예제도와 관련 법에 관해 말한다. 참고. Francis Lyall, *Slaves, Citizens, Sons: Legal Metaphors in the Epistle* (Grand Rapids: Zondervan, 1984), 238.

빌레몬은 바울의 충고를 귀담아 들었는가? 그가 실천하지 않았다면 이 짧은 서신이 오늘날까지 남아있겠는가?

핵심어

| 아시아 의회원 | 에그나티아 가도 | 영지주의 |

핵심인물/장소

다이애나	라오디게아	리쿠스 계곡	마르쿠스
세스티우스	마케도니아	필리피	소아시아
스미르나	아르테미스	아시아	아테네
알렉산더 대왕	에게 해	에베소	예루살렘
이레나이우스	카이스테르 강	쿰란	클라우디우스
페르가몬	피리기아	필립 2세	히에라폴리스

요약

1. 에베소는 황제숭배, 신비종교, 우상숭배, 강신술로 유명하다.
2. 에베소서는 하나님, 그리스도, 구원에 관한 일련의 진술, 그리고 독자들이 하나님의 진리와 뜻을 그들의 삶에 적용하도록 촉구하는 권면으로 구성되어 있다.
3. 에베소서를 중심으로 제기된 비평적 문제는 편지의 저작권 및 목적지, 에베소서와 골로새서 관계, 사해두루마리와 병행구절, 영지주의 사상의 흔적, 다양한 교리의 특성 등이다.

---

23) Bruce, *Paul*, 401.

4. 필리피에 있는 교회는 바울과 실라가 2차 선교여행 중에 세웠다.
5. 바울이 빌립보서를 기록한 목적은 그들의 최근 상황에 대한 그의 목양적 관심을 표현하며, 그들에게 자신의 상황을 알리며, 디모데와 자신의 방문을 준비하게 하려는 것이다.
6. 빌립보서에서 바울은 복음 메시지를 방해하는 세 그룹을 제시한다. 한 그룹은 로마에 있는 그리스도인 공동체에 속해 있다. 다른 한 그룹은 진정한 복음을 전하지 않는 그룹이다. 또 다른 한 그룹은 필리피 그리스도인 중 자기-본위의 일부 사람들이다.
7. 바울이 골로새서를 기록한 목적은 그의 관심을 확신시키고, 또 그들을 그릇된 길로 이끄는 거짓 교사들을 경계하라고 경고하기 위해서이다.
8. 골로새서의 기본 메시지는 그리스도의 독특성과 우월성이다.
9. 바울은 골로새서에서 율법주의와 금욕주의를 반대한다.
10. 바울이 자신의 친구인 빌레몬에게 보낸 편지는 오네시모라는 도망친 노예 문제를 다룬다.
11. 당시에 상당수가 노예였기 때문에 바울이 빌레몬의 관심과 반응을 끌어내는 것은 매우 중요했다.
12. 바울은 오네시모의 문제를 처리할 때 빌레몬이 당시의 법적 관습 그 이상을 실천하며 또한 하나님의 성품에 뿌리를 둔 정의와 사랑의 기준을 고려하라고 권면한다.

복습 문제

1. 에베소서는 이방종교 중심지였으며, _____의 신전이 있었다.
2. 바울이 에베소서를 기록한 목적의 단서는 _____에 대한 많은 언급이다.

3. 에베소서는 그리스도인의 매일 삶에서 _____와 _____의 필요를 강조하면서 마무리된다.
4. 필리피 교회는 바울과 _____가 세웠다.
5. 바울은 필리피에 있는 그리스도인들과 강한 _____를 가졌다.
6. 바울은 필리피 그리스도인들에게 그들의 _____에 관해 권면한다.
7.. 골로새 교회 개척자는 _____였다.
8. 바울의 다른 서신들처럼 골로새서도 _____ 편지의 구조로 되어 있다.
9. 바울이 골로새 그리스도인들을 대상으로 바로잡으려 한 잘못된 사상을 학자들은 _____라 부른다.
10. 바울은 그의 친구 빌레몬에서 _____ 편지를 썼다.
11. 빌레몬서의 주제는 도망한 노예 _____이다.
12. 사회적 소외자인 오네시모에 대한 바울의 관심은 _____의 관심을 반영한다.

연구 질문

1. 현대 사회가 고대 에베소 세계와 비슷하다는 예를 제시하시오.
2. 에베소서의 주요 주제를 말하시오.
3. 골로새서가 다루는 이슈, 그리고 오늘날에도 만연한 이슈는 무엇인가?
4. 바울은 골로새서에서 그리스도에 관해 설명한다. 바울이 가르친 것을 근거로 그리스도에 관한 세 가지 사실을 제시하시오.
5. 바울이 골로새 그리스도인들에게 경계하라고 "원수"들은 누구인가?

6. 바울이 빌립보서와 골로새서에 그리스도를 제시한다. 두 가지 비슷한 점과 두 가지 차이점을 말하시오.
7. 고대 사회 세계에서 빌레몬서가 중요한 이유는 무엇인가? 현대 상황에 적용할 점은 무엇인가?

심화 연구 자료

본 장의 각주에 인용한 자료들과 본서 17장에 제시한 자료도 참고하시오.

Arnold, Clinton E., ed. *Zondervan Illustrated Bible Backgrounds Commentary*. Vol. 3. Grand Rapids: Zondervan, 2002. 옥중서신 네 개를 설명한다. 선택 구절을 논의하여 성경과 성경 밖의 문헌과 관계를 제시한다. 많은 도표, 사진, 예시적 사이드 바가 있다.

Barth, Marcus. *Ephesians: Introduction, Translation, and Commentary*. 2 vols. Garden City, N.Y.: Doubleday, 1974. 주요한 학문적 연구이다. 오래된 감이 있지만 여전히 도움이 된다.

Barth, Marcus, and Helmut Blanke. *The Letter to Philemon*. Grand Rapids: Eerdmans, 2000. 짧은 빌레몬서에 대한 무려 500쪽에 달하는 연구이다! 역사적 및 신학적 문제에 관한 많은 전문 보록이 있다.

Bockmuel, Markus. *The Epistle to Philippians*. Peabody, Mass.: Hendrickson, 1998. 최근 학계 동향을 반영한 전문 주석이나 읽기 쉽다.

Brown, Raymond. *An Introduction to the New Testament*. New York: Doubleday, 1997. 옥중서신 각각에 대한 최근 바울 학계 동향을 개관하고 평가한다.

Calvin, John. *The Epistles of Paul the Apostle to the Galatians, Ephesians, Philippians, and Colossians*. Trans. T. H. L. Parker. Grand Rapids: Eerdmans, 1965. 신학적 통찰력과 집중에 견줄 수 없는 고전적 강해이다.

Lightfoot, J. B. *Saint Paul's Epistles to the Colossians and to Philemon*. 6th ed. London: Macmillan, 1882. 정확한 역사적 정보에 근거한 고전적 설명이다. 골로새 이단과 같은 문제들에 대한 많은 후속 연구의 토대이다.

Moritz, Thorsten. *A Profound Mystery: The Use of the Old Testament in Ephesians*. Leiden: Brill, 1996. 바울이 구약성경을 폭넓게 인용하지 않은 편지에서도 구약성경이 바울신학에 얼마나 근본적인지 보여준다.

O'Brien, Peter. *Colossians, Philemon.* Waco: Word, 1982. 역사적 엄격성과 신학적 통찰력을 겸한 철저한 강해이다. 저자는 인도에서 선교사로서 여러 해 동안 가르쳤다.

_____. *Ephesians.* Grand Rapids: Eerdmans, 1999. 에베소서에 대한 가장 해박한 주석이다.

_____. *The Epistle th the Philippians.* Grand Rapids: Eerdmans, 1991. 바울의 교리와 예배 관심을 유지하는 학문적 주석이다.

Stott, John R. W. *The Message of Ephesians.* Downer Grove: InterVarsity, 1979. 학생들에게 적합한 실제적 주석이다. 바울의 가르침을 실제 삶에 적용할 점들을 잘 제시한다.

Turcan, Robert. *The Cult of the Roman Empire.* Trans. Antonia Nevill. Oxford: Blackwell, 1997. 바울 시대와 그 이후 시대의 종교 세계를 자세히 설명한다. 이방신들과 많은 종교 운동과 행습을 다룬다. 이런 종교가 사라지고 그리스도교 신앙이 결국 승리했는지의 문제를 심도있게 다룬다. 심화 독서와 연구를 위한 참고자료를 제시한다(383-85쪽).

제6장
데살로니가전후서·디모데전후서·디도서
- 충성의 유산 -

개요

- 데살로니가전서와 데살로니가후서
  서론
  데살로니가 도시
  데살로니가전서와 데살로니가후서의 기원
  데살로니가전서
    개요
    목적 및 메시지
    데살로니가에서 하나님 중심
  데살로니가후서
    개요
    목적 및 메시지
    비평적 문제

- 디모데전서, 디모데후서, 디도서
  4차 선교여행과 저자 문제
  디모데전서
    개요
    기록 배경 및 메시지
  디모데후서
    개요
    기록 배경 및 메시지

> 디도서
> 개요
> 기록 배경 및 메시지
> - 목회서신의 지혜
> - 비평적 문제
>
> **목표**
>
> 본 장을 읽은 후, 다음에 제시된 일을 할 수 있어야 한다.
>
> 1. 데살로니가 도시가 중요한 이유를 열거한다.
> 2. 데살로니가전서와 데살로니가후서의 내용을 개관한다.
> 3. 데살로니가전서와 데살로니가후서의 기록 목적을 확인한다.
> 4. 목회서신을 기록한 이유를 비교한다.
> 5. 디모데전서와 디모데후서의 내용을 개관한다.
> 6. 디도서의 내용을 개관한다.
> 7. 목회서신의 독특한 권면의 특징을 설명한다.

1. 데살로니가전서와 데살로니가후서

오늘날 세계에는 다양한 위기와 불확실한 일에 위협을 느끼고 있다. 그래서 극단적, 자기도취적 개인주의에 숨는다. 자만은 서구의 현대 생활에서 주요 주제가 되었다. 공공 교육이 자만을 부추긴다. 대중 잡지는 역시 자만을 높이 평가한다. "자신에 대한 호감"이 최우선 순위가 되었다. 한 연구는 "자아가 실재의 주요 형태가 되었다"라고 말한다. 그러나 같은 연구는 이런 관점의 지혜를 질문한다.[1]

---

1) R. N. Bellah et al., *Habits of Human Heart: Individualism and Commitment in American Life* (San Francisco: Harper & Row, 1985), 143.

고대 시대의 그리스도인들 역시 자아의 의미 그리고 그들의 존재 자체에 대한 위협에 직면했다. 그러나 한 유명한 경우, 곧 마케도니아 도시 데살로니가에 사는 그리스도인들은 자기 도치와 자만이라는 거짓 안전에 숨지 않았다. 그들은 오히려 하나님을 높였다. 그들은 거친 주위 사회가 그들에 대해 생각한 것이나 그들에게 강요한 것에 근거하여 자기 정체와 자기 이해를 도출하지 않았고 주님의 역사가 그들을 위해 그들에게 말한 것을 근거해서 도출했다. 그리스도를 통해 그들을 위한 하나님의 역사가 그들에게 하나님을 기쁘시게 하는 구속적 삶을 살게 할 자원을 제공했다. 하나님의 역사는 주위 지배적인 문화를 두려워하는 자기중심의 삶이나 그런 문화에 순응하는 사람을 기뻐하지 않으신다.

1) 서론

바울은 2차 선교여행 중에 그의 동역들과 함께 시리아 안티오크를 떠나(행 15:35), 소아시아를 가로질러 수백 마일 서쪽으로 이동하여(행 15:41; 16:1, 6), 마케도니아 도시 필리피에 도착했다(행 16:12). 그곳에서 짧은 기간에 어려움을 겪으면서 열매 맺는 사역을 한 후, 바울은 유대인 회당이 없었던[2] 암피폴리스와 아폴로니아를 지나, 데살로니가에 이르렀다. 그곳에는 유대인들이 많았다(행 17:1). 데살로니가는 필리피에서 거의 100마일 떨어진 곳에 위치했다. 바울이 먼저 유대인 지역에 복음을 전하려했던 것이 그의 전략이었음을 기억해야 한다(행 16:13; 17:1, 10, 17; 18:4; 19:8; 롬 1:16).

반대가 있었으나 바울은 교회를 세웠다. 후에 그는 그곳에 사는 그리스도인들에게 두 통의 편지를 보내 그들을 격려하고 가르쳤다. 이 편지가 데살로니가전서와 데살로니가후서이다.

---

[2] 참고. John McRay, *Archaeology and the New Testament* (Grand Rapids: Baker, 1991), 289.

> ### 초기 교회사에서 데살로니가전서와 데살로니가후서
>
> 데살로니가전서와 데살로니가후서는 초기 교회 지도자들에게 알려졌으며 또한 사용되었다.
>
> | | |
> |---|---|
> | 폴리카르포스 | 주후 110년 |
> | 순교자 저스틴 | 주후 140년 |
> | 이레나이우스 | 주후 175년 |
> | 알렉산드리아의 클레멘스 | 주후 200년 |
> | 테르툴리아누스 | 주후 200년 |
> | 오리게네스 | 주후 250년 |
> | 유세비우스 | 주후 315년 |

2) 데살로니가 도시

고대 도시 유물 대부분은 그리스 도시 중 현대 그리스에서 아테네 다음으로 큰 도시 현대 데살로니가에 묻혀있다. 고대 자료에 따르면 데살로니가는 궁벽한 마을이었다. 주요 동서무역로인 에그나티아 가도에 위치했다. 지도층 사람들은 경제적 번영을 누렸지만 노예들과 하류층 사람들은 필수품도 사용하지 못하는 상황이었다. 데살로니가는 이방 신전, 그리고 바울과 실라가 사역했던 유대인 회당을 자랑했다.

3) 데살로니가전서와 데살로니가후서의 기원

사도행전은 데살로니가 교회가 심한 박해 상황에서 세워졌다고 분명히 말한다(행 17:1-9). 상황이 어려워져서 바울과 실라는 밤에 몰래 피해야 했다(행 17:10). 그들은 은신처를 찾았고, (데살로니가에서 50마일 떨어진) 베레아에서 잠시 사역할 기회를 얻었다(행 17:10). 그러나 데살로니가에서 반대한 사람들이 따라와 베레아에서도 방해했다. 그들의 분노 대상은 바울이었다. 왜냐하면 실라와 디모데는 베레아에 남아 있을 수 있었기 때문이다. 바

울은 250마일 떨어진 아테네로 가기로 결정했다. 그는 그곳에서 데살로니가에 있는 초신자들의 생명에 관한 소식이 실라와 디모데에게서 오길 기다렸다(행 17:15; 18:51[고린도에서 만남]). 그들은 박해를 견뎌낼 것인가, 아니면 그리스도를 믿은 새로운 신앙을 버릴 것인가?

바울은 아테네에 잠시 체류하면서 복음을 전했다. 그는 서쪽으로 여행하여(대략 50마일 떨어져 있는 고린도로 가서 실라와 디모데를 만났다(행 18:5). 바울은 데살로니가 그리스도인들의 소식을 듣고 데살로니가전서를 써서 디모데 편에 보냈다. 그리고 몇 달 후에 데살로니가후서를 기록했다.

4) 데살로니가전서

(1) 개요

I. 인사(1:1)

II. 개인적 회고(1:2-10)
    A. 교회의 생명력(1:2-3)
    B. 교회의 영적 근원(1:4-6)
    C. 살아있는 신앙의 실제 표현(1:7-10)

III. 사도적 사역의 특징(2:2-12)
    A. 고난 견디기(2:1-2)
    B. 순수한 동기(2:3-6)
    C. 훌륭한 태도(2:7-9)
    D. 온전한 행실(2:10-12)

IV. 복음 수용(2:13-16)

V. 데살로니가 그리스도인을 향한 바울의 관심(2:17-3:13)
    A. 좌절된 목적(2:17-20)
    B. 선교 계획(3:1-5)
    C. 즐거운 찬양(3:6-10)
    D. 중보기도(3:11-13)

VI. 그리스도인 삶을 위한 권면(4:1-12)
    A. 일반적 지침(4:1-2)
    B. 도덕성(4:3-8)
    C. 그리스도인 사랑(4:9-12)

VII. 그리스도의 재림과 관련한 문제들(4:13-5:11)
    A. 죽은 사람들의 상태(4:13-18)
    B. 때와 시기(5:1-11)

VIII. 교회 내부 생활(5:12-5:24)
    A. 지도자 인정(5:12-13)
    B. 대인관계(5:14-15)
    C. 신앙생활(5:16-18)
    D. 공동체 생활(5:19-22)
    E. 바울의 두 번째 기도(5:23-24)

IX. 맺는 말(5:24-28)

(2) 목적 및 메시지

앞에서 고찰한 역사적 배경의 견지에서 말하면, 바울이 데살로니가전서를 기록한 주요 목적은 새신자들이 박해에 직면한 상태에서도 신앙을 굳게 지키도록 권면하기 위함이다. 제시한 개요는 바울의 메시지를 여러 부분으로 나눈다. 바울이 독자들을 격려하고 돕는 방법은 네 가지로 정리할 수 있다.

첫째, 데살로니가전서는 고난의 때가 당신의 백성을 위한 하나님의 계획의 일부라고 확실하게 밝힌다. 그들이 직면한 반대는 이상한 것이 아니라(참고. 벧전 4:12), 바울 그리고 주 예수께서 견뎌낸 것과 같은 것이다(살전 1:6). 바울은 그들이 자신의 말, 곧 이전에 유대 교회가 겪은 동일한 고난이 그들의 삶에도 닥친다는 말을 마음에 깊이 새길 것을 권면한다(2:13-16). 그는 편지와 함께 디모데를 그들에게 보낸다. 그 목적은 "아무도 이 여러 환난 중에 흔들리지 않게 하려는 것이다"(살전 3:3). 사실 새신자들을 대상으로 한 바울의 기본적 가르침의 일부는 복음을 믿는 진정한 신앙 곧 복음이 요구하는 대로 사는 삶에 고난이 따른다는 것이다(3:4). 바울이 사용하는 이 전략은 이미 예수님께서 사용한 전략이다. 예수님께서는 제자들에게 버림받은 그 날에 열두 제자들에게 고난의 때가 온다고 일렀다. 그래서 그 때가 이르면 그들이 좌절하지 않고 강건하게 되길 기대했다(요 16:1-4). 바울은 데살로니가전서에서 비슷한 방법을 사용한다.

둘째, 바울은 기도할 때 그들의 믿음과 사랑을 칭찬함으로 새신자들을 격려한다(1:3). 그는 목소리를 높여 주님께 충성한 그들의 신앙과 명성을 칭찬한다. 그들의 신앙이 초기 그리스도교 세계에 널리 퍼진 상태였다(1:8). 바울은 디모데가 그들의 신앙과 사랑에 관해 말한 것을 듣고 마음을 새롭게 한다(3:6). 데살로니가전서의 어조는 독자들이 믿음으로 오랫동안 생존하게 되는데 바울의 관심이 있다는 사실을 분명히 한다. 그가 택한 자세는 의심이나 비판이 아니라 신뢰와 추천이다.

셋째, 바울은 깊이 있는 가르침으로 그들을 격려한다. 서로에 대한 그들의 사랑이 모범적이지만 개선의 여지가 있다(4:9-10). 바울이 제시하는 가르침의 영역은 사도적 사역의 특징(2:3-12), 그가 전하는 선포와 가르침의 권위(2:13; 4:2), 그리스도의 제자들에게 적합한 성적인 표현의 종류(4:3-8), 그리고 그리스도인들이 서로간의 책임 있는 사랑을 표현하기 위해 계발해야 하는 일하는 습관(4:9-12) 등이다. 물론 이것이 바울이 기록하는 모든 것은 아니지만 그가 편지를 쓰는 목적을 이루는 한 방법이 보다 자세한 가르침을 제시하는 것을 제시하는 정도면 충분하다. 예수님처럼, 바울이 하나님의 백성에게 목양의 필요가 있다는 것을 알았을 때 그는 그들에게 많은 것을 가르쳤다(막 6:34-35).

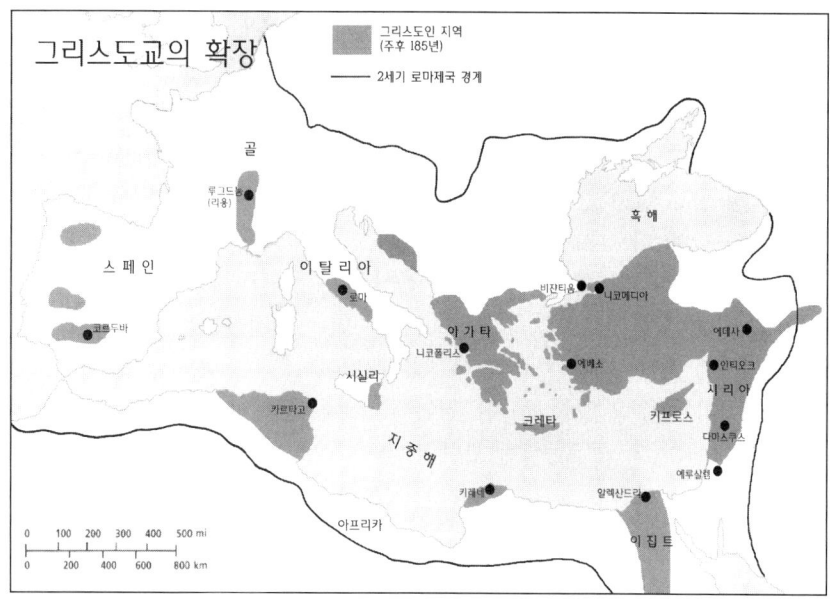

넷째, 바울은 독자들에게 마지막 일에 대한 통찰력을 제시함으로 그들을 격려한다. 신학자들은 이런 가르침의 영역을 종말론이라 부른다. 이 세상의 끝 그리고 그 후에 일어날 일들에 관해 성경이 말하는 내용을 연구한다는 뜻이다. 데살로니가전서와 (데살로니가후서)의 특징 중 하나는 종말론 강조이다(데살로니가후서의 38%가 종말론에 관한 내용이다). 그러나 바울의 목적은 미래에 대한 종합적 지식을 제공하는데 있지 않다. 오히려 현재의 희망과 격려이다. 그의 목적은 사색이 아니라 교화이다. 그러나 바울은 이 목적을 이루기 위해 도래할 일을 말한다. 이런 일에는 심판 때 예수님의 재림(1:10), 그리스도의 도래 때 기쁨과 보상(2:19; 3:13), 주님께서 의로운 사람들을 살리시고 살아있는 그리스도인들을 공중으로 끌어 올리는 사건의 순서(4:13-18), 그리고 마지막 날에 속임수의 위험(5:1-11) 등이다.

(3) 데살로니가에서 하나님 중심

본 장을 시작할 때 현대인의 자기중심과 데살로니가 그리스도인의 하나님 중심을 대조했다. 유대인과 이방세력의 박해가 있었기에 데살로니가 교회 혹은 데살로니가서가 존재하게 되었다는 점은 확실하다. 왜 그런가? 바울이 데살로니가서에서 하나님, 그리스도, 그리고 관련어를 자주 언급하면서 주님께 돌리는 핵심 역할은 이 질문에 부분적인 대답을 한다.

단어 "하나님"은 데살로니가전서의 헬라어 본문에 36회 사용된다는 점을 먼저 언급한다. (번역본마다 사용 회수는 다를 수 있다.) "예수님"은 16회이다. "주님"은 24회이다. "그리스도"는 10회 정도이다. 상대적으로 짧은 데살로니가후서에서 "하나님"은 18회, "예수님"은 13회, "주님"은 22회, "그리스도"는 10회 사용된다. 데살로니가전서는 89구절인데 데살로니가후서는 47구절이다. 이것은 136구절에서 하나님, 그리스도, 그리고 둘 다를 언급하는 구절이 무려 150회에 이른다. 게다가 성령을 6회 이상 언급한다.

데살로니가전서를 개관하면서 바울이 독자들에게 하나님께서 그들을 구원하시기로 선택하셨다는 사실을 상기시킴으로 그들에게 확신을 주고 있음을 살펴보았다(1:4; 참고. 살후 2:13). 그들의 삶에 중심 무대는 우상이 아니라 하나님이시다(1:9). 하나님께서는 데살로니가 사람들에게 구원의 메시지를 전할 수 있는 능력과 권세를 바울에게 주셨다(2:2-5). 그들의 "그의 나라와 영광으로" 부르신 분은 하나님이시다(2:12; 참고 살후 1:11; 2:14). 하나님은 그들이 받아들인 복음의 궁극적 근원자이시며(2:13), 그들이 속한 교회를 주관하시는 분이시다(2:14). 하나님께서는 그의 백성들의 삶에 대한 뜻을 가지고 계시며, 그 뜻을 거역하는 사람들을 벌하신다(4:3-8).

간단히 말해 데살로니가전서 (그리고 데살로니가후서)에서 바울이 사용하는 언어는 자아가 아니라 하나님을 구심점으로 한 개인적이며 공동체적인 의식을 표현한다. 이것은 자아가 중요하지 않다는 말이 아니다. 그리스도인 자아가 효과적으로 사용되어야 하는 경우도 많다. 주님에 대한 인식, 예배, 섬김 등이다. 하나님께서는 인간의 의식과 관점을 넓히시며, 그것들을 자기 고착증과 답답한 환경의 압도적인 한계 위에 놓으신다. 그들이 직면한 그런 상황에서 데살로니가 그리스도인들의 성공 "비결"은 그들이 바울에게 받아 수용한 권면에 반영되어 있는 하나님 중심에 있다.

5) 데살로니가후서

(1) 개요

I. 인사(1:1-2)

II. 그리스도 재림 때 있을 심판(1:3-12)
    A. 그리스도의 재림 전에 있을 시련(1:3-5)
    B. 그리스도가 재림 때 있을 징벌(1:6-10)
    C. 그리스도의 재림 견지에서 교회를 위한 기도(1:11-12)

III. 그리스도 재림과 관련한 사건들(2:1-12)
    A. 침착 요구(2:1-2)
    B. 배교(2:3-7)
    C. 적그리스도 출현(2:8-12)

IV. 바른 태도 독려(2:13-17)
    A. 신앙의 기초 상기함으로(2:13-14)
    B. 견고하게 설 것을 권면함으로(2:15)
    C. 영적 성숙을 위해 기도함으로(2:16-17)

V. 중보기도(3:1-5)
    A. 기도 부탁(3:1-2)
    B. 기도 응답의 확신(3:3-4)
    C. 소원 기도(3:5)

VI. 신앙과 삶에 관한 교훈(3:6-15)
    A. 무질서에 대한 태도(3:6-10)
    B. 무질서 바로잡기(3:11-13)
    C. 무질서 징계(3:14-15)

VII. 마지막 인사(3:16-18)
    A. 기도(3:16)
    B. 친필 서명(3:17)
    C. 축복기도(3:18)

(2) 목적 및 메시지

데살로니가전서에 관해 이미 언급한 내용들은 데살로니가후서 이해에 도움이 된다. 왜냐하면 두 편지는 불과 몇 개월 만에 기록되었기 때문이다. 바울은 그들의 신앙과 사랑(1:3), 그리고 시련 중의 인내를 계속하여 칭찬한다(1:4). 그는 그리스도의 재림(1:5-10)과 종말적 사건들(2:1-12)에 관해서도 계속하여 말한다. 이런 주제들과 관련해서 말하면 데살로니가후서는 데살로니가전서를 요약한다.

그러나 바울은 다른 주제에 관해서도 말한다. 첫째, 바울은 그리스도인들이 그릇된 길로 가고 있지 않다는 확신을 주기 위해 노력한다(2:1-3, 15; 3:2-4). 여기서 바울은 초기 교회에 참된 사도적 가르침과 약간 모순을 보이며 회람되는 문서들과 사람들에 관해 말한다. 데살로니가후서의 주요 목적은 그런 영향력을 제거하는 것이다.

둘째, 제멋대로 생활하는 형제들을 대하는 방법에 관해서 가르친다(3:6-15). 교회의 모든 문제가 적대적인 외부사람들에게서만 생기지 않는다. 내부적인 죄악된 행동이 대황폐를 가져올 수 있다. 바울은 게으르며 참견하기 좋아하는 사람을 대하는 지침을 제시한다. 그들이 징벌을 받겠지만 그렇다고 원수로 대해서는 안 된다(3:15).

마지막으로, 데살로니가후서의 주요 목적은 그리스도인들에게 최종적 승리, 보상, 정의를 확신시키는 것이다(1:4-10). 그때 복음의 원수들은 징벌 받는다. 그리스도인들은 그리스도를 위해 고난 받은 것에 합당한 보상을 받아 기뻐할 것이다. "우리 주 예수의 복음에 복종하지 않은"(1:8) 사람들은 형벌을 받는다. 그러나 그리스도의 제자들은 그들이 용감하게 섬긴 주님의 놀라운 변화를 경험할 것이다(1:10).

그리스도의 재림과 영원한 형벌

그리스도인들은 천국 소망이 있다. 그러나 지옥은?

데살로니가에 있는 초신자들이 박해 받을 때, 바울은 그들에게 천국의 보상을 확신시켰다. "주 예수께서 나타나실 때"(살후 1:7). 그 때 그들의 고난은 그 이상으로 보상된! 일부 사람들은 이 때를 그리스도께서 재림하셔서 실제 지상 왕국을 세우시는 때라고 말한다. 또 다른 사람들은 "주 예수께서 나타나실 때"를 이 세상에 종말이 오고 모든 사람들이 하나님의 심판대 앞에 설 때라고 생각한다. 일부 사람들은 오른편에 또 다른 일부 사람들은 왼편에 세워질 것이며 영원한 보상이나 징벌을 받을 것이다(마 25:31-33).

종말 사건의 연대기를 두고 논의가 많다. 그러나 그리스도를 믿는 사람들은 "멸망되지 않고 영원한 생명을 얻는" 것(요 3:16)에 대한 이의는 없다. 마찬가지로 그리스도를 거절한 사람들은 "영원한 멸망의 형벌"로 고생할 것이다(살후 1:9). 바울만이 이런 견해를 제시하지 않는다. 예수님께서는 천국보다 지옥에 관해 더 많이 말씀하셨다. 성경은 하나님의 진노가 실재적이며, 하나님의 은혜를 무시하는 사람들에게는 끔찍한 형벌이 주어지는 것이 확실하다고 말한다.

영원한 형벌은 영원한 생명만큼이나 확실하다 하나님은 둘 다 약속하셨다. 우리에게는 선택만이 있을 뿐이다. 데살로니가 그리스도인들은 올바른 선택을 했으며, 바울은 기뻐했다. 바울의 생애와 편지들은 오늘날 그리스도인들이 그리스도 안에 있는 하나님의 은혜의 메시지를 아직 믿지 않는 사람들에게 전해야 할 본보기이다. 그들의 영원한 운명은 위험에 처해 있다.

> 모든 사람이 구원받게 된다는 견해(보편주의)가 대중적 입장이 되었다. 지옥은 없다. 또 다른 사람들은 영혼 소멸론(annihilation)을 주장한다. 죽음 이후에 있을 징벌의 고통이 심하지만 그 후에는 사라진다. 지옥은 영원하지 않고 일시적이다. 이런 견해는 매력적이지만, 하나님의 말씀이 아니라 인간의 생각에 기초한 것일 뿐이다(참고. 잠 14:12).

(3) 비평적 문제

두 편지의 첫 부분은 바울을 저자로 주장한다. (거명된 바울과 실라는 2차 선교여행 동역자들이다. 그들이 편지의 내용을 작성하는데 기여했다는 표시는 없다.) 데살로니가전서의 저자가 바울이라는 입장에 반대하는 학자는 없다. 문제는 데살로니가후서의 저자이다. 용어에 차이를 보이며, 주장하는 바에 의하면 매우 형식적이며, 바울의 다른 편지들에는 특별히 언급되지 않는 그림자 같은 인물인 "불법한 자"(2:8-9)를 언급한다. 이런 질문들이 중요하며 흥미롭지만, 바울의 저작권에 의구심을 갖게 할 정도로 설득적이지 않다. 일부 사람들은 데살로니가후서가 먼저 기록되었고 그 다음에 데살로니가전서가 기록되었다고 생각한다. 흥미로운 주장이지만 설득력이 없다.[3]

비평적 연구는 데살로니가 배경에 대한 우리의 지식을 보완하는 두 가지 증거를 밝혔다. 첫째는 바울의 증거에 불평하는 사람들의 소리를 들어준 "읍장"이라는 칭호와 관련 있다(행 17:6). 이 직책을 기술하는 헬라어 단어는 "폴리타르케스"(πολιτάρχης)이다. 이 단어는 1세기 문헌에는 없는 것이기에 데살로니가의 지역 상황에 대한 신약성경의 묘사가 문제가 있다는 주장이 제기되었다. 그러나 오늘날 36개의 비문은 폴리타크라는 직책이 바울 당시 마케도니아에 있었다고 증거 한다.[4]

---

[3] D. A. Carson, Douglas J. Moo, and Leon Morris, *An Introduction to the New Testament* (Grands Rapids: Zondervan, 1992), 350-51.

[4] McRay, *Archaeology and the New Testament*, 295.

2. 디모데전서, 디모데후서, 디도서

목회서신

바울의 초기서신인 데살로니가서를 마치고 이제는 바울 생애의 말기에 기록된 세 개의 편지, 곧 디모데전서, 디모데후서, 디도서를 살펴보겠다. 이 편지들은 **목회서신**(Pastoral Epistle)으로 불린다. 18세기에 만들어진 이 용어는 두 가지 점에서 적절하다. 첫째, 세 개의 편지는 수신자인 디모데와 디도를 위한 목양적 관심을 보이기 때문이다. 둘째, 세 개의 편지는 영혼을 돌보며 또 교회와 세상에서 하나님의 백성들이 바르게 행할 것을 말하기 때문이다.

1) 4차 선교여행과 저자 문제

목회서신으로 불리는 세 개의 편지는 모두가 바울이 저자라고 주장한다. 그러나 그 배경을 바울의 생애와 연결하여 묘사하는 일은 사도행전과는 달리 쉽지 않다.[5] 바울이 주후 62년경 로마에서 석방되었다는 고대 전통에 따라,[6] 일부 학자들은 바울이 4차 선교여행을 했다고 주장한다. 그렇다면 그는 스페인으로 가서(롬 15:24, 28; 참고. 클레멘스 1서 5:7), 동쪽 크레타로 향했고(딛 1:5), 전에 방문했던 에베소와 마케도니아를 방문했을 것이다(딤전 1:3). 그리고 밀레투스와 고린도(딤후 4:20), 트로아스(딤후 4:13), 니코폴리스(딛 3:12)도 방문했을 것이다. 이 여행 중에 그는 디모데전서와 디도서를 썼을 것이다.[7] 그리고 바울이 다시 투옥되었을 때 디모데후서를 기록했을 것이다. 디모데후서에는 바울이 사슬에 매인 암시가 있다(1:8; 2:9). 디모데후서를 기록한 직후 바울은 로마 황제 네로의 "광기"[8]가 초래한 박해 상황에서 참수형 되었다.

---

[5] John A. T. Robinson, *Redating the New Testament* (Philadelphia: Westminster, 1976), 67-85는 이런 시도를 한다.

[6] Eusebius, *Ecclesiastical History* 2.22.

[7] 니코폴리스에서 기록되었을 것이다. 참고. McRay, *Archaeology and the New Testament*, 338.

[8] Eusebius, *Ecclesiastical History* 2.25.

> ## 바울 생애의 마지막
>
> 고대 자료는 목회서신이 바울 생애 중 다음 시기에 기록되었다고 말한다.
>
> [페스투스] 재임시, 바울은 자신을 변호한 후 로마 감옥으로 보내졌다. 아리스타르쿠스(Aristarchus)는 그의 동료 사역자이었다. 바울은 그의 서신 어딘가에서 그를 동료 죄수로 불렀다. 사도행전을 기록한 누가는 바울이 로마에서 죄수로 2년을 보냈고 또 담대하게 복음을 전했으며, 그리고 최후를 맞이했다고 기록한다. 자신을 변호한 후 그는 다시 로마로 이송되었으며, 그곳에서 순교 당했다.
>
> - Eusebius, *Ecclesiastical History* 2.22.

바울이 목회서신을 기록했다고 편지 자체가 주장함에도 불구하고, 오늘날 대부분의 학자들은 목회서신이 후대의 산물이라고 주장한다. 누군가가 바울의 이름으로 썼다고 주장한다. 왜냐하면 교회가 수세기 동안 당연시한 견해, 곧 바울이 실제 저자였다는 견해를 반박할 이유가 있다는 것이다.

바울의 저작권에 대한 논의를 여기서 다 말하기는 어렵다. 참고 가치가 높은 한 논문은 바울의 저자 문제가 너무 성급하게 처리되었다고 주장한다. 현대의 대안적 견해를 받아들여야 할 타당한 이유가 없다.9) 최근에 L. T. 존슨(L. T. Johnson)은 디모데전서와 디모데후서의 바울 저작을 확신있게 주장했다. 그는 이 주제에 대한 비평적 연구의 오류를 지적했다.10) 고대 교회가 익명으로 쓴(바울의 경우는 바울의 이름으로) 편지를 사도적인 것으로

---

9) E. Earle Ellis, "The Authorship of the Pastoral: A Resume and Assessment of REcent Trends," in idem, *Paul and His Recent Interpreters* (Grand Rapids: Eerdmans, 1961), 49-57.

10) L. T. Johnson, *The First and Second Letters to Timothy* (New York: Doubleday, 2001), 55-97.

받아들였다는 증거는 없다.[11] 제기된 질문이 중요하지만 우리는 목회서신을 그리스도교 정경의 일부로 간주하며, 예수 그리스도의 택함 받은 사역자 사도 바울이 쓴 것이라고 주장한다.

---

11) Terry L. Wilder, "Pseudonimity and the New Testament," in *Interpreting the New Testament*, ed. David Alan Black and David S. Dockery (Nashville: Broadman & Holman, 2001), 296-335를 참고하시오.

2) 디모데전서

(1) 개요

I. 인사(1:1-2)

II. 거짓 교사에 관한 경고(1:3-7)

III. 율법의 바른 사용(1:8-11)

IV. 바울을 향한 하나님의 사랑(1:12-17)

V. 디모데에게 임무 부여하는 바울(1:18-20)

VI. 기도에 관한 가르침(2:1-8)

VII. 여성에 관한 가르침(2:9-15)
   A. 단장(2:9-10)
   B. 가르침과 권위 행사(2:11-15)

VIII. 감독과 집사(3:1-16)
   A. 감독(3:1-7)
   B. 집사(3:8-13)
   C. 하나님의 집에서 행동의 기초(3:14-16)

IX. 그릇된 금욕주의(4:1-5)

X. 사역 훈련(4:6-16)

XI. 그리스도인 의무(5:1-6:2)
   A. 권면(5:1-2)
   B. 홀어미(3:3-16)
   C. 장로들과 관련한 지침(5:17-25)
   D. 노예들과 관련한 지침(6:1-2)

XII. 거짓 교사들에 대한 마지막 고발(6:6-10)

XIII. 돈 사랑(6:6-10)

XIV. 마지막 권면(6:11-16)

XV. 부유한 사람들에 관한 지침(6:17-19)

XVI. 마지막 훈계(6:20-21)

(2) 기록 배경 및 메시지

바울은 디모데에게 그가 목회자로서 사역하고 있는 "에베소에 머물러라"는 권면으로 디모데전서를 시작한다. (에베소 도시에 관해서는 앞 장을 참고하시오.) 거짓 교사들은 그리스도인 공동체의 안정성과 신실성을 위협하고 있었다(1:3-7). 바울은 율법을 바르게 해석하는 것, 곧 그것의 의미를 파악하는 것에 관해 가르친다(1:8-11). 거짓 교사들은 바울의 옛 유대인 반대자들이 예수님의 대속적 죽음과 부활을 통한 은혜에 의한 구원 전파를 여전히 불신한다고 주장하면서, 율법을 부적절하게 사용한다.

바울은 반대에 직면한 디모데에게 용기를 주기 위해 자신이 전에 복음을 반대한 경험을 상기시킨다(1:12-17). 그러나 하나님께서는 그에게 자비를 베푸셨다. 그러므로 디모데의 어려움 상황에도 희망이 있으며, 하나님께서 그를 보호하신다(1:18-20). 바울은 그가 집중해야 할 일련의 일들을 일깨워 준다. 기도와 예배(2장), 교회 직분자들의 높은 기준(3장), 건전한 가르침을 고수함으로 이단에 대처(4장), 홀어미와 장로들 돌봄(5장), 노예의 주인 존경(6:1-2) 등이다. 바울은 거짓 교사들과 그들의 가르침을 경고하고(6:3-5, 20-21), 또 디모데를 권면하면서 편지를 마무리한다. 디모데는 돈을 사랑해서는 안 되며 그가 직면한 많은 혼란에도 힘 있게 그의 소명에 충성해야 한다.

목회자의 자질

바울은 교회 직분자들과 지도력에 요구되는 수준 높은 자질을 목회 서신에 제시한다. 자질 목록이 다르지만 비슷하다.

딤전 3:2-7	딛 1:6-9
책망할 것이 없으며	책망할 것이 없으며
한 아내의 남편이어야 하며	한 아내의 남편이어야 하며
절제하며	악행하지 않고 믿는 자녀
신중하며	거만하지 않으며
존경받으며	급히 화내지 않으며
대접 잘하며	술을 즐기지 않으며
가르칠 수 있으며	구타하지 않으며
술을 즐기지 않으며	더러운 이득을 탐하지 않으며
구타하지 않고 관용하며	대접 잘하며
다투지 아니하며	선한 일을 권장하며
돈을 사랑하지 않으며	자신을 다스리며
가족을 잘 다스리며	바르며
최근 회심자가 아니어야 하며	거룩하며
외부인에게 칭찬받아야 하며	절제하며
	그리스도교 메시지를 지키며
	바른 교훈을 권면하며
	반대하는 사람들을 책망하며

3) 디모데후서

(1) 개요

I. 인사(1:1-2)

II. 신실을 권면(1:3-18)
    A. 디모데로 인한 감사(1:3-5)
    B. 담대하게 고난을 견디도록 권면(1:6-14)
    C. 불충성과 충성의 본보기(1:15-18)

III. 강건하며 고난을 참아라(2:1-13)
    A. 디모데에게 직접 호소(2:1-3)
    B. 군사, 운동선수, 농부 이미지(2:4-7)
    C. 예수 그리스도를 기억하라(2:8-10)
    D. 고난에 직면한 상태에서 인내의 찬송(2:11-13)

IV. 인정받은 일꾼이 알아야 할 것과 실천해야 할 일(2:14-26)
    A. 거짓 교사와 싸우라는 권면(2:14-19)
    B. 그릇 유추(2:20-21)
    C. 거짓 가르침 상황에서 디모데가 감당해야 할 책임(2:22-26)

V. 마지막 날의 어려운 때(3:1-9)

VI. 디모데에게 믿음을 지키라고 다시 호소(3:10-17)

VII. 세상에 전하라는 명령(4:1-5)

VIII. 바울의 마지막 증언(4:6-8)

IX. 개인적 언급 및 가르침(4:9-18)

X. 마지막 인사(4:19-22)

(2) 기록 배경 및 메시지

바울은 아마 로마 감옥에서 디모데후서를 쓴다(1:8). 그곳에서 마지막 심문과 처형을 기다리고 있다(4:6-8, 16-18). 그 편지의 목적은 디모데를 격려하며, 겨울이 오기 전에 디모데가 바울을 만날 수 있도록 준비시키는 것이다(4:21).

제시한 개요가 나타내듯이 디모데후서의 많은 부분은 고난을 다룬다. 바울은 디모데의 신실한 신앙에 감사하며(1:3-5), 바울과 함께 "복음을 위한 고난"에 동참하라고 권면한다(1:8). 이것은 디모데가 바울처럼 감옥에 갇히길 바라는 말이 아니라, 그런 충성에 어떤 희생이 따르더라도 그리스도에게 충성하라는 권면이다. 바울은 그런 삶을 살았다. 일부 사람들이 바울을 버렸는데, 바울과 함께 그리스도교 신앙을 주장하는 일에 위험이 따랐기 때문이다. 그러나 오네시브로는 예외이다(1:15-18; 4:19). 디모데는 "그리스도의 좋은 병사로 … 고난을 견뎌야 한다"(2:3). 또한 훈련하는 운동선수처럼(2:5), 열심히 일하는 농부처럼(2:6) 견뎌야 한다. 이것은 엄격한 스토아적 기계론도 금욕주의도 아니다. 주 예수님의 본보기이며(2:8-10), 그의 종들에게 요구하는 것이다(2:11-13).

바울은 디모데를 인도할 그리고 에베소에 있는 그리스도인들에게 전할 목양적 조언의 건강한 기준을 제시한다. 거짓 교사들과 싸워야 한다(2:14-19). 디모데는 청년의 정욕과 다툼을 피하고, 효과적인 목양적 지도력을 발휘하게 하는 그리스도인 미덕을 보여야 한다(2:22-26). 그러나 디모데는 때가 악함을 알아야 한다. 속이는 자들이 경솔한 사람들을 악용하기 때문이다(3:1-9). 디모데는 사도적 본보기와 가르침을 통해, 신앙을 통해, 성경에 관심을 둠으로 그들의 위협을 이겨낼 수 있다(3:10-17).

바울은 청중이 듣지 않을 지라도 그리스도교 메지시를 신실하게 선포할 것을 극적으로 명령하면서 편지를 마무리한다(4:1-5). 그는 자신의 상황을 기술하며, 에베소 그리스도인 중 몇 명에게 그의 인사를 전하며, 그의 유일한 동역자 누가의 인사를 전하며, 또 디모데에게 로마로 올 때 준비할 일들을 지시한다(4:6-22). 디모데는 마가와 바울의 개인 소지품 일부를 가지고 가야 한다(4:11-13).

디모데가 그의 사랑하는 멘토가 최후를 맞이하기 전에 그와 마지막 재회했는지, 그리고 바울이 확신하며 기대한 천상의 보상을 받았는지 단순하게 알지 못한다(4:8).

4) 디도서

(1) 개요

I. 인사(1:1-4)

II. 장로의 자격(1:5-9)

III. 거짓 교사들을 침묵시키기(1:10-16)

IV. 여러 그룹을 위한 지침(2:1-10)
   A. 나이 드신 분들과 관련한 지침(2:1-2)
   B. 나이 드신 여성들과 젊은 여성들과 관련한 지침(2:3-5)
   C. 젊은 남성들과 디도와 관련한 지침(2:6-8)
   D. 노예들과 관련한 지침(2:9-10)

V. 지침의 근거(2:11-15)

VI. 사회에서 선 실천하기(3:1-8)
   A. 시민으로서 책임(3:1-2)
   B. 그리스도인 자세의 기초(3:3-8)

VII. 거짓 교사에 관한 자세한 지침(3:9-11)

VIII. 개인적 지침, 인사(3:12-15)

(2) 기록 배경 및 메시지

디도서는 목회서신 중 가장 짧다. 기록 목적은 크레타 섬에서 많은 다른 목회자들을 감독하는 디도에게 아데마와 두기고가 도착하기까지 해야 할 실제적 지침을 전하는 것이다(3:12). 바울은 디도가 고린도에서 북서쪽으로 140마일 떨어진 곳에 있는 니코폴리스에서 겨울에 자신과 합류하길 바란다.12)

바울은 디도와 함께 크레타에 있다가, 교회 조직과 지도력 훈련을 마치도록 그를 그곳에 남겨 두었다(1:5). 그는 장로들과 목회자들에게 요구되는 수준 높은 기준을 상기시킨다(1:6-9). 또한 그리스도교 메시지를 반대하는 사람을 대하는 방법을 가르친다(1:10-16). 바울이 사역했던 곳에 반대자들이 많았듯이 크레타에도 많다. 바울은 한 크레타인 예언자의 말을 인용하여 디도가 싸워야 할 진저리나는 부류의 사람들을 기술한다(1:12).

바울은 모든 연령층의 남성과 여성이 그리스도의 사랑과 복음의 진리를 드러내는 방식으로 생활하는데 관심을 쏟는다. 그는 나이 드신 남성, 나이 드신 여성, 젊은 여성, 젊은 남성과 관련한 분명한 지침을 제시한다(2:1-6). 또한 그는 디모데 개인에게 그리고 노예들에게 적용되는 조언을 한다(2:7-10). 이 모든 것의 목적을 부정적으로 표현하면 하나님의 말씀이 비방을 받지 않게 하라는 것이다. 긍정적으로 표현하면, 바울은 "우리 구주 하나님의 교훈이 빛나게 되길" 원한다(2:10). 주님께서 그의 백성들을 위해 하신 모든 일의 견지에서 그리스도교 신앙을 가장 효과적으로 전하는 것이 바람직하다(2:11-15).

바울은 "통치자들과 지도자들"에게 복종하는 태도(3:1)를 그리고 믿지 않는 사람들에게는 신중한 태도를 취할 것을 말하며 편지를 끝맺는다. 왜? "우리도 전에는 어리석은 자요, 순종하지 아니한 자요, 속은 자요, 여러 가지 정욕과 행락에 종노릇 한 자요, 악독과 투기를 일삼은 자요, 가증스러운 자요, 피차 미워한 자였기 때문이다"(3:3). 그리스도인들이 다른 사람들보다 영

---

12) 니코폴리스에 관해서는 McRay, *Archaeology and the New Testament*, 338-40 을 참고하시오.

적이며 도덕적인 생활을 한다면, 그것은 그들 자신의 내적 선함 때문이 아니라 하나님의 은혜 때문이다. 따라서 그들은 받은바 부르심에 부응하는 삶을 살기 위해 최선을 다해야 한다(3:4-8, 14).

3. 목회서신의 지혜

바울이 쓴 마지막 세 편지에는 많은 통찰력과 가르침이 있다. 그래서 그리스도인들이 좋아하는 책이다. 많은 간결한 충고들이 있다. 바울이 제공한 지혜의 몇 가지 국면을 살펴보자.

바울이 젊은 디모데에게 보낸 신뢰를 주목해야 한다. 디모데가 젊었기에 (딤전 4:12), 사람들이 그를 무시하거나 그의 지도력을 가볍게 볼 수 있었다. 젊고 경험 부족한 사람들은 교회를 포함해서 어떤 기관에서든지 어려움을 당하기 십상이다. 그러나 그럴 필요가 없다. 복음전도자와 학자의 삶을 살다 작고한 J. 에드윈 오르(J. Edwin Orr)는 대학생들의 영적 각성이 지난 두 세기 동안 국제적으로 기여한 공헌을 정리했다.[13] 그리스도께 열정적인 젊은 이들은 자신들의 죄를 회개하고 그를 믿었으며, 희생을 치루면서 그리스도를 따랐다. 그들이 하나님 나라 확장에 중추적 역할을 했다. 그들은 신실한 젊은 디모데를 닮았다. 그의 젊은 동역자 디모데에게 보낸 바울의 목양서신은 대학생 그리스도인들에게 그리스도께 충성의 중요성을 경시하지 말 것을 계속하여 권면한다. 다음이 아니라 지금 충성하라.

---

13) J. Edwin Orr, *Campus Aflame: A History of Evangelical Awakenings in Collegiate Communities*, rev. ed. (Wheaton, Ill: International Awakening Press, 1994).

포커스 21
두 명의 젊은 그리스도인의 신앙은 견고하다

　바울은 데살로니가 그리스도인들이 박해를 참아낸 것을 칭찬하고, 젊은 디모데에게 필요하다면 고난을 준비하라고 권면한다. 한 세기 후 골(현재 프랑스) 지방에 블란디나라는 젊은 여성과 15살 된 폰티쿠스가 바울의 권면을 용감하게 실천했다. 한 고대 편지는 그들의 박해에 관해 기록한다.

　검투 축제 마지막 날이다. 블란디나는 폰티쿠스와 함께 다시 소환되었다 … 그들은 매일 사람들 앞에서 고문당했다. 강제로 우상에게 서약하도록 했으며 무리는 분노했다. 왜냐하면 그들은 확고했으며 오히려 그들을 무시했기 때문이다. 젊은이에게 동정도 여성에게 존중도 주어지지 않았다. 그들은 서약을 받아내려고 모든 수단을 동원하여 위협했으며 차례대로 고문했다. 그러나 허사였다. 폰티쿠스는 동료 그리스도인 여성을 보고 용기를 얻었다. 이교도들은 그녀가 그를 권면하며 강건하게 하는 것을 알았다. 그는 모든 고문을 견디다 결국 숨을 거두었다. 그러나 정결한 블란디나는, 자녀의 모든 고초를 자신이 참아내면서 자녀에게 용기를 북돋아 왕을 위해 승리하도록 내보낸 숭고한 어머니처럼, 그들을 재촉했다. 마지막 숨을 거두는 것이 야수들에게 던져지는 것이 아니라 마치 결혼 잔치에 초대받은 것 마냥 기뻐하고 즐거워했다. 채찍질 당하고 뜨거운 불 고문을 당한 후 그물망에 담겨져 결국 황소에게 던져졌다. 야수들은 오랫동안 그녀를 들이받았다. 그녀 자신에게 일어난 일은 개의치 않고 자신을 주님에 대한 믿음과 그리스도와 교제만을 생각했다. 그녀는 이렇게 희생되었다. 이교도들은 이렇게 모진 고문을 오랫동안 견뎌낸 여자를 본 적이 없다고 말했다.

- Eusebius, Church History 5.1.53-56.

옥중서신에서와 같이 목회서신에서도 바울은 긍정의 윤리를 제시한다. 이것은 주님을 섬기는 일이 나쁜 일을 하지 않는 문제가 아니라는 뜻이다. 물론 하나님께 불순종하지 않는 것은 중요하다. 오히려 그리스도인들에게 필요한 것은 악을 정복해서 선으로 대체하는 일이다. 바울은 디모데에게 "젊은이의 악한 정욕을 피하라"라고 말한 후, 곧바로 디모데가 추구할 일을 열거한다. "의, 신앙, 평화이다"(딤후 2:22). 때로 그리스도인들은 특정의 사고방식이나 행동을 해결하지 못하는 무능력에 좌절하곤 한다. "나는 이 생각을 버려야 한다. 나는 그런 행동을 해서는 안 된다"라고 다짐한다. 그러나 생각과 행동은 더 강해진다. 바울 (그리고 주님)의 해결은 불가능한 일을 박멸하기 위해 노력하기 보다는 방향을 전환하여 그리스도에게 집중하며 건설적으로 확장하는 것이다. 목회서신을 자세히 연구하면 디모데가 피해야 하는 부정적인 충고는 물론이고 디모데가 걸어야 할 긍정적인 단계를 요약하는 바울의 많은 본보기가 보인다.

바울이 디도에게 보낸 편지는 선한 일을 반복해서 강조한다(딛 2:7, 14; 3:1, 8, 14).[14] 이런 언급은 "사람이 의롭다 하심을 얻는 것은 율법의 행위에 있지 않고 믿음으로 된다"는 바울의 강조(롬 3:28)가 선한 일이 중요하지 않거나 선택적이라는 뜻이 아니라는 것을 상기시키기에 가치 있다. 예수님은 그를 사랑하는 사람들이 그의 계명을 지켜야 한다고 가르치셨다(요 14:15). 목양서신, 특히 디도서에서 바울은 이 진리를 강조한다.

성경에 대한 그리스도인의 이해는 디모데후서 3장 15절에 가장 분명하게 기록되어 있다. 바울은 "모든 성경은 하나님의 감동으로 되었다"라고 말한다. 그는 특별히 구약성경을 지시하지만 신약성경에도 해당된다. 성경은 바울 서신도 포함하기 때문이다(벧후 3:15-16). 베드로는 다른 수사법을 사용해서 동일한 진리를 표현했다. "먼저 알 것은 성경의 모든 예언은 사사로이 풀 것이 아니니, 예언은 언제든지 사람의 뜻으로 낸 것이 아니요. 오직 성령의 감동하심을 받은 사람들이 하나님께 받아 말한 것임이라"(벧후 1:20-21). 요점은 그리스도인들이 성경에 대한 신뢰성을 분명히 해야 한다는 것이다. 왜냐하면 성경은 사람의 책이 아니라 하나님께서 주신 책이기 때문이다. "하나님의 감동으로" 기록되었다고 주장하기 때문이다.

---

14) NIV는 "선한 것" 혹은 "무엇이든지 선한 것"으로 번역한다. "선한 일"로 번역이 가장 적절하다.

4. 비평적 문제

바울이 목회서신을 기록했는지, 그가 기록했다면 그의 생애 중 언제 기록했는지에 관해 학자들의 논의가 있다고 언급했다. 그리고 목회서신에 반영된 교회 조직, 바울이 말한 거짓 교사의 정체, 목회서신의 바울 신학과 그 밖의 서신에 기초한 바울 신학의 관계에 관한 논의도 있다.

디모데전서의 특정 구절은 그 편지를 읽는 모든 사람들에게 도전한다. 율법에 관한 바울의 긍정적 언급(1:8-11)이 다른 구절에 있는 덜 긍정적 언급과 일치하는가? "여자는 일체 순종함으로 조용히 배우라. 여자가 가르치는 것과 남자를 주관하는 것을 허락하지 아니하노니 오직 조용할지니라"라는 진술이 오늘날 교회에서 어떻게 이해해야 하며 지켜져야 하는가?15) "여성은 해산함으로 구원받는가"(2:15)라는 진술은 무슨 뜻인가? 현대 교회는 디모데의 교회가 실천한 홀어미 돌보는 사역(5장)에 동일한 우선순위를 두어야 하는가?

목회서신과 관련한 주요 비평적 질문은 그것의 기원, 곧 바울의 저작인지 아닌지, 그리고 그것의 배경, 곧 바울의 생애 중인지 아니면 수 십 년 후에 기록되었는지의 문제이다. 그렇다면 바울 생애에 존재했을 것과는 다른 상황을 말하는 것이 아닌가? 학자들이 이 문제들을 열띠게 논의한다. 그러나 조만간 보편적으로 만족스런 대답을 기대하기는 어렵다.

---

15) 이 질문에 관한 자세한 연구는 *Women in the Church: A Fresh Analysis of 1 Timothy 2:9-15*, ed. Andrea J. Köstenbeger, Thomas R. Schreiner, and H. Scott Baldwin (Grand Rapids: Baker, 1995)을 참고하시오.

신약성경의 여성들(딤전 2장)

서구 사회의 최근 동향은 사회에서 여성의 역할을 때로는 곤경을 부각시킨다. 신약성경은 여성을 어떻게 이해하는가? 디모데전서 2장 11-12절에 기록된 바울의 진술은 비하의 말인가?

예수님께서는 여성들과 공개적으로 대화하고 또 그들을 가르침으로 여성들을 존중해 주셨다. 당시 유대인 랍비들이 인상 찌푸렸을 일이다. 그는 구약성경의 남성과 여성의 평등 교리(창 1:27)를 지지하셨다. 예수님은 구약성경에 기초하여 남편이 아내를 이용하는 이혼 관습을 정죄하셨다(마 19:4-6). 그는 아브라함의 아들과 딸 모두를 만져서 치유하셨다(눅 13:16). 가난한 홀어미의 소액은 부유한 위선자들의 고액보다 위대했다(눅 21:1-4). 여성들은 용감한 남성들과 함께 예수의 십자가 죽음을 목격했다(눅 23:27, 29). 빈 무덤을 처음 발견한 주인공은 바로 여성들이었다(눅 24:2).

바울은 예수님을 따라, 당시 일반적 대우보다 훨씬 높게 여성들을 대우했다. 남편은 자신보다 아내의 복지에 관심을 두어야 한다(엡 5:25). 바울은 그리스도 안에 있는 많은 여성 동역자들과 사역을 함께 했다(롬 16:1, 3, 6, 7, 12; 빌 4:3). 여성들은 남성들과 동일하게 그리스도 안에 있는 구원의 상속자들이다(갈 3:28).

교회와 사회에서 여성의 역할에 관한 논의는 활발하다. 디모데전서 2장 11-12절 같은 논쟁적 텍스트를 설명할 때, 주 예수님 그리고 바울을 포함하여 그의 사도적 제자들이 여성을 높이 평가한 사실을 염두에 두어야 한다. 그들의 실천을 이해하고 가르침을 적용하는 방법은 다양하다. 그러나 신약성경의 지시가 현대 시대에 뒤떨어진다는 이유로 시대에 뒤처진 것이라고 섣불리 결론지어서는 안 된다.

핵심어

목회서신 폴리타르케스

핵심인물/장소

갈리오	고린도	크레타	그리스
네로	니코폴리스	데살로니가	데살로니키
델피	로마	마케도니아	밀레투스
베레아	필리피	소아시아	스페인
아가야	아테네	안티오크(시리아)	암피폴리스
에베소	트로아스		

요약

1. 바울은 박해를 당해도 2차 선교여행 중 데살로니가에 교회를 세웠다.
2. 바울이 데살로니가전서를 기록한 목적은, 고난의 때도 그의 백성을 위한 하나님의 계획의 일부임을 확언함으로, 그들의 신앙과 사랑을 칭찬함으로, 그리고 마지막 일에 대한 통찰력을 제공함으로 새신자들을 격려하는 것이다.
3. 바울은 데살로니가전서에서 자신이 아니라 하나님을 높인다.
4. 바울은 데살로니가후서에서도 데살로니가전서에서 시작한 격려를 지속한다. 그리고 그리스도인들이 미혹되지 않아야 한다고 강조하며, 제 멋대로 생활하는 형제들을 다루는 지침을 제시하며, 그리스도인들에게 최종적 승리, 보상, 공의가 있다고 확신시킨다.

5. 디모데전서, 디모데후서, 디도서는 목회서신으로 불린다. 세 개의 편지가 수신자들을 위한 목양적 관심을 보이며, 영혼을 돌보며 교회 질서 등의 목양적 문제를 다루기 때문이다.
6. 바울이 디모데전서를 기록한 목적은 디모데가 반대에 맞서서 에베소 교회를 목회하도록 권면하기 위해서 이다.
7. 바울은 디모데전서에서 디모데에게 기도와 예배에 전념하고, 교회 직분자를 임명할 때는 수준 높은 기준을 제시하고, 건전한 교리를 지킴으로 이단을 피하고, 홀어미들을 잘 돌보며, 노예들이 주인들을 존경하게 하며, 거짓 교사들과 싸우며, 돈 사랑을 피하는 등의 사항들을 상기시킨다.
8. 바울은 디모데후서에서 하나님의 종이 견뎌야 하는 고난에 집중한다.
9. 바울이 디도서를 기록한 목적은 동역자들이 합세할 때까지 크레타 사역에 필요한 실제적 지침을 전달하기 위해서 이다.
10. 디도서에는 다른 그룹들, 예를 들면 나이 드신 남성, 나이 드신 여성, 젊은 여성, 젊은 남성, 디도, 그리고 노예들에 대한 특별한 지침들이 있다.

복습 문제

1. 바울은 그의 _____ 중에 데살로니가 교회를 세웠다.
2. 데살로니가 유물 대부분이 발굴되지 않은 것은 유물들이 _____ 도시 아래에 묻혀 있기 때문이다.
3. 데살로니가 교회는 많은 _____를 경험했다.
4. 바울은 서로에 대한 사랑을 표현하는 문제에 관한 보다 깊이 있는 _____을 제시함으로 데살로니가 그리스도인들을 격려하고자 한다.

5. 바울이 데살로니가전서에서 _____라는 단어를 반복해서 사용한 것은 그의 관심이 _____에 있다는 예증이다.

6. 바울은 데살로니가후서에서 데살로니가전서의 _____ 버전을 기록한 듯하다.

7. 바울이 고린도에 머문 연대는 _____에 의해 그 단서가 있다.

8. 목회서신은 _____, _____, _____ 등이다.

9. 바울의 디모데전서, 디모데후서, 디도서는 그들에게 _____를 제시한다.

10. 디모데는 _____에서 목회자로 사역했다.

11. 바울은 디모데후서를 기록할 때 _____ 도시에 있었다.

12. 디도는 _____ 섬의 목회자 그룹을 감독했다.

연구 질문

1. 데살로니가전서의 하나님 중심 메시지는 자기-거만의 문제를 어떻게 말하는가?

2. 고난이 어떤 방식으로 데살로니가 그리스도인들의 헌신을 돕는가?

3. 디모데전서, 디모데후서, 디도서가 목회서신으로 불리는 이유는?

4. 바울의 긍정적 윤리를 기술하시오.

5. 목회서신에 기술된 지혜의 세 가지 특징은 무엇인가?

 ## 심화 연구 자료

본장의 각주에 인용된 자료들을 참고하시오. 바울에 관한 일반적인 자료는 본서 17장을 참고하시오.

Beale, G. K. *1-2 Thessalonians*. Downer Grove: InterVarsity, 2003. 두 편지를 접근하기 쉽게 논의한다.

Brown, Raymond. *An Introduction to the New Testament*. New York: Doubleday, 1997. 옥중서신을 다루는 소중한 장을 할애한다. 바울이 특정의 신약성경을 기록했는지에 대한 비평적 논의에 관심을 기울인다.

Carson, D. A. *The Inclusive Language Debate: A Plea for Realism*. Grand Rapids/Leisecter: Baker/InterVarsity, 1998. 성경 번역에 대한 최근 논쟁을 전문적이나 쉽게 설명한다.

_____. "Pseudonymity and Pseudephigraphy. In *Dictionary of New Testament Background*, ed. Craig A Evans and Stanley E. Porter. Downer Grove: InterVarsity, 2000, 857-64. 목회서신 저작권에 대한 중요한 논의를 제시한다.

Castro, Ann F. "An Inconclusive Relay: Is There Conclusive Evidence for Women's Ordination?" *Touchstone* 15 (2002): 27-31. 헬라어 교수인 저자는 "여성 문제" 연구 결과를 제시한다.

Donfried, Karl P. *Paul, Thessalonica, and Early Christianity*. Grand Rapids: Eerdmans, 2002. 바울의 교리, 초기 교회 형성, 사해사본, 기타 문제 등과 관련하여 데살로니가서에 대한 학문적 논의를 정리한다.

Doriani, Dan. *Women in Ministry*. Wheaton, Ill.: Crossway, 2003. 여성 문제에 관한 바울서신의 어려운 구절들을 설명한다. 결론은 시대에 뒤지지 않으며 그렇다고 선구적이지도 않다.

Fudge, Edward William, and Robert A. Peterson. *Two Views of Hell: A Biblical and Theological Dialogue*. Downers Grove: InterVarsity, 2000. 서로 반대되는 견해를 주장하는 두 해석자의 논쟁이다. 퍼지는 회개하지 않은 죄인은 죽은 후 잠시 동안 고통 받고 그 후에는 소멸된다고 주장한다. 이것은 영혼 소멸론으로 불린다. 피터슨은 전통적인 입장을 주장한다. 회개하지 않은 죄인은 영원한 심판을 받는다.

Johnson, L. T. *The First and Second Letter to Timothy*. New York: Doubleday, 2001. 로마 가톨릭의 대표적인 학자는 목회서신의 바울 저작을 주장한다. 종합적인 참고문헌을 제시하며, 그레코-로마 배경을 잘 설명한다.

Keener, Craig S. *Paul, Women, and Wives: Marriage and Women's Ministry in the Letter of Paul.* Peabody, Mass.: Hendrickson, 1992. 디모데전서 2장 9-15절이 더 이상 교회 행습에 구속력을 갖지 않는다고 주장한다.

Köstenbeger, Andrea J. Thomas R. Schreiner, and H. Scott Baldwin, eds. *Women in the Church: A Fresh Analysis of 1 Timothy 2:9-15* Grand Rapids: Baker, 1995. 디모데전서 2장에 대한 전문 연구이다.

Mounce, William D. *Pastoral Epistles.* Nashville: Thomas Nelson, 2000. 철저한 연구이다(641쪽에 달한다). 마운스는 바울 저작을 주장한다. 각 구절의 신학적 해석에 초점을 맞춘다. 종합적인 참고자료 목록을 제시한다.

Oden, Thomas C. *Ministry through Word and Sacrament.* New York: Crossroad, 1989. 목회자의 기능 및 소명에 관한 수 세기 동안의 교회 지도자들의 사상을 편집했다. 설교, 기도, 영성 관리, 목회 지도력의 여러 국면 등의 주제를 설명한다. 이런 지혜의 많은 부분은 바울의 목회서신에 기초한다.

Weima, Jeffrey A. D., and Stanley E. Porter. *An Annotated Bibliography of First and Second Thessalonians.* Leiden: Brill, 1998. 데살로니가서를 연구한 수백 개의 구절을 포함하는 연구 도구이다.

용어집

㉠

가현설(Docetism)
영지주의와 관련한 초기 그리스도교 이단으로, 그리스도가 인간처럼 보였을 뿐이며 인간으로서 실제로 고난 받아 죽은 후 다시 살아난 일이 없었다고 주장한다. 물질은 악하기 때문에 신적 존재가 성육신을 통해 몸을 입을 수 없었다는 전제에 기초한다.

갈보리(Calvary)
"골고다"를 참고하시오.

감독(Bishop)
초기 교회의 지도자이다. "장로"로 불리기도 했다. 자격은 디모데전서 3장 1-10절 그리고 디도서 1장 5-9절에 열거되어 있다.

게메라(Gemera)
유대주의 탈무드의 주요 둘째 부분으로, 주로 미쉬나에 대한 상세한 주석으로 구성되어 있다. "미쉬나," "탈무드"를 참고하시오.

게바(Cephas)
"바위"를 뜻하는 아람어 이름으로, 헬라어로는 "베드로"이다. 이 이름은 예수님의 열두 사도 중 한 명인 시몬에게 주어졌다(요 1:42; 고전 1:12; 갈 1:18).

게헨나(Gehenna)
"힌놈의 아들들의 골짜기"를 뜻하는 히브리 단어로, 예루살렘 남쪽의 한 장소이다. 구약성경 시대에 이 곳에서는 이방제의가 실시되었다(대하 28:1-3). 신약성경 시대에 이 곳은 불이 끊임없이 타오르는 쓰레기 소각장이 되었다. 예수님은 이 용어를 영원한 심판의 동의어로 사용하셨다(마 10:28; 막 9:47-48). "지옥"으로 번역되기도 한다.

겟세마네(Gethsemane)
예루살렘 동쪽 올리브산에 있는 올리브 작은 숲과 정원이다. 예수님께서 제자들을 자주 데리고 가셨던 곳이다. 십자가 처형 전날 밤, 예수님은 그곳에서 고뇌하며 기도하셨고, 체포되었다(눅 22:39-53; 요 18:1-11).

계시(Revelation)
드러내다, 누설하다, 밝히다 등을 뜻한다. 우리가 하나님에 관한 지식을 알 수 있는 것은 하나님께서 자신을 드러내기로, 곧 계시하시기로 하셨기 때문이다. 때로 하나님께서는 우리가 알아야 할 특별한 일을 계시하신다(갈 1:12; 2:2; 엡 3:3). 성경은 하나님의 영원한 말씀이기 때문에 하나님을 결정적으로 드러내신 예수 그리스도처럼 하나님의 계시이다. "계시록"은 신약성경의 마지막 책으로 불린다. 요한은 그 책, 곧 "하나님께서 그에게, 곧 예수 그리스도에게 주신 계시"(계 1:1)를 시작하기 때문이다.

고난(Passion)
"고난 받다"를 뜻하는 라틴어에서 파생된 용어이다. 예수님의 고난, 특히 십자가에서 그의 대속적 죽음과 관련한 고난을 나타낸다.

고르반(κορβᾶν)
하나님께 드린 어떤 것을 나타내는 용어이다(레 1:2; 민 7:13). 마가복음 7장 11-13절에서 예수님은 고르반을 핑계 삼아 나이 드신 부모님을 섬기는 율법의 의무를 저버린 유대인들을 책망하셨다.

골고다(Golgotha)
"해골"을 뜻하는 아람어로, 예수님이 십자가형을 당한 곳인 예루살렘 외곽의 한 장소를 나타낸다(요 19:17). "갈보리"라는 용어는 해골을 뜻하는 라틴어이다.

공관복음(Synoptic Gospel)
마태복음, 마가복음, 누가복음이 비슷한 자료를 사용하며, 또한 예수님의 갈릴리 사역을 강조하면서 그의 생애를 거의 같은 관점으로 조망하기 때문에 이 세 복음서에 사용한 용어이다. 요한복음은 예수님의 예루살렘 사역을 많이 말한다.

공관복음 제문제(Synoptic Problem)
마태복음, 마가복음, 누가복음의 공통점과 차이점에 대한 연구이다.

공동서신(Catholic letters)
특정의 교회가 아니라 일반 그리스도인들을 수신인으로 한 7개 편지(야고보서, 베드로전서, 베드로후서, 요한 1서, 요한 2서, 요한 3서, 유다서)이다. 이 편지들은 일반서신으로 불리기도 한다. 일부 사람들은 히브리서를 이 그룹에 포함시키기도 한다.

공동체 이론(Community Construction)
사회과학 방법론과 모델을 사용해서 초기 그리스도교에서 공동체 형성의 역동성을 묘사하는 신약성경 역사기록에 관한 최근 동향이다.

교회(Church)
헬라어 에클레시아(ἐκκλησία)를 번역한 용어로, 그리스도를 믿는 회중 전체(보편적 교회) 혹은 특정의 사람들(예. 에베소에 있는 교회, 계 2:1; 혹은 고린도에 있는 교회, 고전 1:1)을 지시한다. 바울은 교회를 "그리스도의 몸"이라 부른다. 그리스도인들은 그리스도와 유기적 결합 관계에 있다(고전 12:27-28; 엡 5:29-31).

구속(Redemption)
"구입하다" 혹은 "값을 지불하다"는 뜻의 용어이다. 신학적으로, 하나님께서 그의 백성을 구원하시며, 해방시키시며, 구출하신다는 교리이다(사 49:26; 60:16). 신약성경에서 구속활동의 기초는 예수 그리스도의 죽음과 부활이다(롬 3:24, 25; 벧전 1:18-21).

구원론(Soteriology)
"구원에 관한 가르침"을 뜻하는 신학용어이다. 그리스도교 신학에서 구원론은 사람의 죄, 죄인이 하나님과 관계를 회복케 하는 방법을 정의하는 하나님의 성품, 그리스도의 대속적 죽음, 죄 용서, 칭의, 성화 등을 설명한다.

구전(Oral Tradition)
　기록되기 전에 구전으로 개인에게서 개인에게로 한 세대에서 다음 세대로 전달된 전승이다. 입으로 전승을 전달하던 신약성경 시대에 구전을 짧았다. 증인들은 구전이 전해지던 때에도 생존했었다(참고. 눅 1:1-4).

구원(Salvation)
　구원자이신 하나님의 활동이다. 예수 그리스도의 죄 용서를 통한 이 활동 덕택에 사람은 죄와 사망 그리고 악의 세력과 결과에서 자유하게 된다. 우리는 그리스도를 믿는 믿음으로 현재 구원의 혜택을 누릴 수 있다. 궁극적 구원은 그리스도인의 미래적 희망이다.

권면(Paranesis, Paranetic)
　신약성경 서신서의 윤리적 교훈 부분(예. 약 4:7-12)을 칭하는 용어이다.

그리스도(Christ)
　"메시아"를 참고하시오.

글로솔라리아(γλωσσολαλια)
　"방언"을 참고하시오.

기독론(Christology)
　그리스도 예수인격과 사역에 관한 연구로, 그의 성육신, 죽음, 부활 이전, 동안, 이후 그의 신성과 인성의 모든 국면을 고찰한다.

ⓝ

남갈라디아설(South Galatian Theory)
　바울이 갈라디아서를 예루살렘 방문 직전에 소아시아 남부에 있는 교회들에게 써 보냈다는 견해이다. 이 교회들은 바울과 바나바가 1차 선교여행 중에 방문했던 교회들이다. 예를 들면 버가, 피시디안 안티오크, 이고니움, 루스드라, 더베 등이다.

용어집 225

내증 연구(Internal Criticism)
내적 요소들에 기초하여 텍스트를 확인하는 본문비평과 문학비평의 방법론이다(예. 기독론의 정도, 예수님의 말씀 순서 등).

냉소(주의)(Cynicism)
주전 5세기에 소크라테스의 친구인 안티데네스가 세운 헬라철학파이다. 미덕이 사람들의 관습이나 제도와 같은 외적인 것에도 지적으로 그리고 독립적으로 있다고 가르쳤다. 견유 철학자들은 신약성경 시대에도 존재했다.

니산월(Nisan)
히브리 달력의 첫째 달 이름이다. 3/4월에 해당한다. 예수님은 니산월 14일에 죽으셨다.

니케아신조(Nicene Creed)
주후 325년에 개최된 니케아 회의에서 작성된, 그리스도 신앙의 간략한 진술이다. 이 신조는 아버지 하나님 그리고 예수님의 인성을 포함하여 아들 예수간의 적절한 관계를 강조한다.

ㄷ

다신론 혼합주의(Polytheistic Syncretism)
다른 종교의 사상들을 결합한다. 이런 결합은 많은 신들을 포함하는 새로운 종교를 만들었다. "종교적 혼합주의"를 참고하시오.

담화분석(Discourse Analysis)
텍스트의 부분을 물론이고 전체를 더 잘 이해하기 위해 텍스트의 형태와 역할을 분석한다. 이 방법의 주요 가정은 확장된 텍스트 (혹은 담화)의 의미가 문장 수준 위에서 발견된다는 것이다.

대리 속죄(substitutionary atonement)
그리스도께서 죄인들의 자리에서 그들이 받아야 할 형벌을 대신 담당하여 죽으셨음을 말한다.

도덕률 폐기론(Antinomianism)
그리스도를 믿는 사람은 누구든지 모든 도덕적 법칙에서 자유롭다는 견해이다. 바울(고전 5:1-5)과 요한(요일 3:7-10)은 이런 입장에 반대한다.

도시 관리자(Politarch)
도시 관리자를 뜻하는 헬라어이다. 누가는 이 단어를 데살로니가의 관리를 나타낼 때 이 단어를 사용했다(행 17:6, "읍장")

독자반응이론(Reader-Response Theory)
텍스트의 의미는 저자가 의도한 의미가 아니라 독자가 텍스트를 대할 때 갖는 느낌과 생각에 있다고 주장하는 해석방법론이다.

동방의 박사들(Magi)
천체와 구약성경을 관찰하여 유대인의 위대한 왕의 출생을 알아낸 비-유대인 종교 점성가들이다. 그들은 예수님을 경배하기 위해 베들레헴에 왔다(마 2:1-12).

동정녀를 통한 출생(Virgin Birth)
동정녀의 예수님 잉태로 가장 잘 표현되는 교리이다. 마리아는 사람에 의해서가 아니라 하나님의 기적 활동에 의해서 잉태했다.

디다케(*Didache*)
익명의 그리스도인이 작성한 지침서로, 교리와 윤리 그리고 교회 행습을 설명한다. 작성연대는 주후 85-135일 것이다.

디아도키(*Diadochi*)
알렉산더 대왕이 죽은 후, 그의 군사 지도자들이 영토를 차지하기 위해 투쟁을 벌였다. 그 결과 안티고노스 키클롭스는 소아시아를, 프톨레마이오스는 이집트와 북아프리카를, 셀레우코스 니카토르는 메소포타미아 동쪽에서 인도에 이르는 지역을, 그리고 또 다른 지도자들은 그렇게 중요하지 않은 지역을 차지했다.

디아스포라(*Dioaspora*, Dispersion)
팔레스타인 밖, 곧 이방인 지역에 흩어져 사는 유대인들을 지칭하는 용어이다.

ㄹ

랍비(Rabbi)
예수님 당시 율법에 능통하고 또 잘 가르친 사람들을 "교사" 혹은 "선생"이라고 부른 명예로운 칭호이다. 제자들은 예수님을 "랍비"로 불렀다(막 26:25; 막 11:21; 요 3:2). 예수님은 제자들에게 자신을 그렇게 부르지 말라고 말씀하신 적이 있다(마 23:7, 8).

레위인(Levites)
제사장들과 함께 백성들을 가르치며 제사를 드린 성전 관리자이다. 그들은 이스라엘 초기 때부터 존재했으며 예수님 당시에도 존재했다(눅 10:30-35; 요 1:19).

로고스(Logos)
"말씀"을 참고하시오.

ㅁ

마가가설(Marcan Hypothesis)
마가복음이 가장 먼저 기록되었으며 마태복음과 누가복음의 기본 자료였다는 가설이다.

마지막 만찬(Last Supper)
"주의 만찬"을 참고하시오.

마카베오(Maccabees)
마타시아스 유다의 별명으로 "해머"를 뜻한다. 그는 주전 167년에 형제들 그리고 하시딤과 함께 시리아 압제자들과 전쟁하여 승리했다. 하즈모니안 왕조로 불리는 그의 가문은 로마가 주전 63년에 팔레스타인을 지배할 때까지 유대 지역을 다스렸다. "하즈모니안"을 참고하시오.

마카베오 2서(2 Maccabees)
　마카베오 독립운동의 역사에 관한 기록인데, 마카베오 1서와는 다른 관점으로 기록되었다. 마카베오 1서가 유다, 요나단, 시몬이 유대인들을 셀레우코스 압제에서 해방시킨 역할을 강조하는 반면, 마카메오 2서는 성전과 제사의 모욕에 초점을 두고 있으며 헬라적 유대인들을 비난한다.

말씀(Word)
　요한복음 1장 1-14절과 계시록 19장 13절은 예수님을 말씀($\lambda\acute{o}\gamma o\varsigma$)이라고 한다. 따라서 그리스도인들은 예수님을 로고스 혹은 하나님의 말씀이라고 한다. 사람의 말이 마음의 내면을 표현하듯이 예수님은 하나님이 어떤 분이신지 완전하게 표현하신다. 성경이 하나님의 말씀으로 표현되는 것은 하나님의 마음과 생각을 정확하게 드러내기 때문이다.

맘몬(Mammon, $\mu\alpha\mu\omega\nu$)
　"부" 혹은 "돈"을 뜻하는 아람어의 헬라어 번역이다(마 6:24; 눅 16:13). 신약성경이 부를 악으로 간주하지 않지만 그것이 하나님을 대신하거나 하나님을 떠나게 하면 정죄된다.

맛소라 텍스트(Masoretic Text)
　주후 7세기부터 9세기에 확정된, 구약성경 히브리어 텍스트에 붙여진 이름이다. 맛소라는 히브리 구약성경 텍스트를 필사하여 자음에 모음을 첨가시킨 학자들을 일컫는 용어이다. 사해사본이 증거 하듯이, 맛소라 텍스트 자체는 고대의 것이다. 이것의 약어는 MT이다.

메시아(Messiah)
　"기름부음을 받은 사람"을 뜻하는 히브리 단어이다. 구약성경에서 이 용어는 하나님께서 특별한 일을 위해 임명한 사람들을 나타냈다. 예언자들은 이스라엘을 회복할 메시아가 오신다고 예언했다(시 110편; 단 9:25-26). 예수 그리스도는 하나님의 나라를 실현함으로 그 예언을 성취하셨다. "그리스도"는 메시아를 헬라어로 번역한 용어로, 예수님의 이름이 되었다(예. 갈 3:14, 16, 17, 22, 24, 26).

메주자(Mezuzah)
성문, 성전, 혹은 가정집의 문설주이다. 유대교에서 이 용어는 신명기서 몇 구절을 적어 넣은 양피지 조각을 뜻했다.

모세 율법(Mosaic Code)
하나님께서 시내산에서 모세에게 주신 율법이다.

모형론(Typology)
구약성경의 인물, 활동, 사건, 의식을 예수 그리스도 및 신약성경의 진리에 대한 예언적 예고로 간주하는 성경해석 방법론이다. 예를 들면 예수님은 구리 뱀을 자신의 임박한 죽음으로 이해하셨다(요 3:14). 바울은 바위에서 솟아난 물을 그리스도의 모형으로 이해했다(고전 10:1-4). 그리고 히브리서는 예수님을 새로운 멜기세덱으로 간주한다(히 6:19, 20).

목회서신(Pastoral Letters)
디모데전서, 디모데후서, 디도서를 칭하는 용어이다. 이 편지들은 바울이 두 지역의 교회 지도자들에게 보낸 것이다. 디모데는 에베소 지역 교회의 지도자이며, 디도는 크레타 지역 교회의 지도자이다.

묵시(Apocalyptic)
신학 운동과 그것의 문헌 모두를 기술하는 용어이다. 세상의 종말이 가까울수록 악이 증가하며 하나님의 결정적 활동하심으로 새로운 세상이 시작된다고 생각한다. 유대주의 및 그리스도교 묵시문학이 존재하며, 그것의 특징적 모티프는 신약성경에 있다(마 24-25장; 계시록).

문학비평(Literary Criticism)
성경을 문학으로 간주하며 그것의 형식, 구조, 수사법, 그리고 문학적 특징 등을 분석한다. 역사적 분석과 밀접하지만 오늘날은 역사적 분석은 독립적으로 사용된다. 그리고 일반적으로 문학 연구의 기법들을 사용한다.

미너스쿨(Minuscule)
　본문비평이 주로 사용하는 용어로, 주후 9세기부터 16세기에 만들어진 헬라어 신약성경 사본들을 지시한다. 이 사본들은 상대적으로 작은 초서체이다. 이 용어는 "약간 작은"을 뜻한다. "본문비평"과 "언셜"을 참고하시오.

미드라시(Midrash)
　구약성경 히브리어 텍스트에 대한 랍비의 주석이다. 이런 주석은 주전 50년에 시작되었다. 미드라시는 두 부분으로 나뉜다. 한 부분은 법적인 문제를 다루는 할라카이며, 다른 한 부분은 윤리적 권면을 다루는 하가다이다. "하가다"와 "할라카"를 참고하시오.

미쉬나(Mishnah)
　주전 2세기부터 주후 2세기 동안에 만들어진 유대주의 율법 가르침의 모음집이다. 랍비 유다 하-나시가 편집했다. 어조가 바리새적이며, 율법의 의미를 제시하려 했다. (미드라시의 주석인) 게메라와 함께 탈무드를 구성한다. "게메라," "탈무드," "토세프타"를 참고하시오.

(ㅂ)

바리새인(Pharisees)
　신약성경 시대에 유대주의 사상의 주요 그룹 중 하나이다. 바리새인들은 성경과 전승을 권위 있는 것으로 받아들였으며, 하나님의 섭리, 천사, 부활, 사후 생명 등 전통적인 신학교리를 지지했으며, 유대주의 율법을 엄격하게 지켜야 한다고 주장했으며(그들의 이름은 "분리"를 뜻한다), 그리스도인들이 주요 율법을 무시한다는 이유로 그리스도교를 반대했다. 6천 명 정도 소수집단이었지만 그들의 영향력은 대단했으며 많은 방식으로 당시 유대인 사상을 대표했다.

방언 말하기(Speaking in Tongue)
　다른 언어를 사용하여 지적으로(행 2:1-12)나 미지의 혹은 "천사의" 말로(고전 13:1) 말하게 하는 성령의 영적 은사이다. 바울은 방언의 부적절한 사용을 신랄하게 비판하며(고전 14:6-25), 그리스도인들이 질서 있는 예배를 드리라고 권면한다(고전 14:26-33).

배교(Apostasy)
자신의 신앙과 행습을 철저하게 거절한다. 히브리서는 이 죄를 엄하게 경고한다.

백부장(centurion)
로마 군대 조직에서 100명의 군사를 거느리는 지휘관이다. 전형적으로 소규모 군사 통치 계층의 덕망 있는 일원이었다. 고위층 백부장은 기사에 준하는 지위를 차지했다. 백부장의 임무는 몇 가지이다. 첫째, 그의 휘하 군사들을 훈련시킨다. 둘째, 군사를 사열한다(무기, 복장 등). 셋째, 주둔지와 전투지에서 군사들을 지휘한다. 복음서 저자들은 백부장을 호의적으로 묘사한다(참고. 마 8:5; 막 15:39; 눅 23:47).

베마(Bῆμα)
심판석 혹은 로마 법정이다. 이 용어는 정치적 연설이 행해진 높은 무대, 혹은 법정 판결이 전달되었음을 함축한다.

변화산(Transfiguration)
팔레스타인의 높은 산(아마 헤르몬 산)에서 예수님의 변형을 말한다. 이때 예수님은 베드로, 야고보, 요한에게 그의 본질적 신성을 보여주셨다. 모세와 엘리야도 함께 하면서 예수님과 이야기를 나누었다. 아버지 하나님께서는 "이는 내 사랑하는 아들이니 너희는 그의 말을 들으라"라는 말씀으로 그 계시 장면(마 17:1-13)을 마무리하셨다.

보혜사(Paraclete)
"누군가를 돕기 위해 부름을 받은 존재"를 뜻하는 헬라어이다. "위로자," "상담자," "충고자" 등 다양하게 번역된다. 일반적으로 성령을 나타내며(요 14:16, 26; 15:26; 16:13), 예수님을 나타내기도 한다(요일 2:1).

복음(Gospel)
초기 그리스도인들이 예수그리스도의 생애, 죽음, 부활에 관해 선포한 메시지를 기술한 "기쁜 소식"을 말한다(고전 15:1-8). 신약성경의 처음 네 권의 책을 지칭하는 용어이기도 하다.

복음 준비기(*Praeparatio Evangelium*)
초기 많은 교부들과 현대 신학자들이 사용하는 용어이다. "복음을 위한 준비"를 뜻하며, 이전의 모든 역사가 그리스도의 오심에 대한 서막이라는 사상을 전달하는데 사용된다.

본문비평(Textual Criticism)
처음 저자 혹은 필사자가 기록했을 것을 결정할 목적으로 고대 텍스트나 번역본을 연구하는 방법론이다. 최근까지 신약성경 사본은 5천개 이상 발견되었으며 수천 개의 번역본이 있다. 이것은 원래 텍스트의 필사와 전수의 과정을 이해하는데 도움을 준다.

부활(Resurrection)
죽은 후 다시 살아나다. 신약성경신학의 핵심은 예수님께서 죽은 사람들 중에서 살아나신 것이며, 또 그리스도인들이 시대 종말에 새로운 생명으로 부활한다는 약속이다(고전 15:1-57). 부활체는 부패하지 않는 영체이다(고전 15:42-44, 49). 불신자들도 부활하지만 결국에는 정죄받는다(요 5:28, 29).

북갈라이다설(North Galatian Theory)
바울이 갈라디아서를 그의 2차 선교여행 중에 소아시아 북부 중앙에 세운 교회들을 대상으로 기록했다는 견해이다.

불가타역(*Vulgate*)
"공통의" 혹은 "대중적인"을 뜻하는 라틴어 *vulgatus*에서 파생한 용어이다. 제롬이 5세기 말에 라틴어로 번역한 성경이다. 로마 가톨릭은 이 번역본의 권위를 인정했다.

비아 돌로로사(*Via Dolorosa*)
"고난의 길"이다. 문자적으로, 예수님께서 예루살렘을 지나 골고다에 이른 길이다. 비유적으로, 그리스도교 예배에서 사람이 아니라 하나님을 위한 참된 영광은 부분적으로 고난을 통해 임한다는 사실을 상기시킨다.

비유(Parable)

심오한 영적 진리를 전달할 목적으로 고대 교사와 예언자, 그리고 예수님께서 사용한 이야기이다. 비유에는 일반적으로 일상생활과 관련한 점들이 있으며, 때로는 사람들의 관심을 집중시키기 위한 가상 혹은 놀람의 요소도 포함한다. 비유는 독자들에게 중요한 결단을 요청하기도 한다. 예수님의 사역에서 비유의 근본 요점은 단지 기쁨을 주거나 정보 전달이 아니라 삶을 변화시키려는데 있다.

비신화화/탈신화화(Demythologizing)

현대 과학적 사고가 수용할 수 있는 자기-이해를 제공할 목적으로 성경의 이미지들을 재해석한다. 한스 요나스(Hans Jonas)가 만든 이 전문어를 만들었으며, 루돌프 불트만(Rudolf Bultmann)은 자신의 성경해석학에 사용했다. 불트만의 전제는 과학적 세계관을 가진 현대인들은 성경의 신화적 세계관(불트만은 "신화"를 타계를 개념화하기 위해 사용한 현세계의 언어적 상징이나 이미지로 정의했다)을 수용하지 않는다는 것이다. 불트만은 인류학(인간-중심) 혹은 실존적(개인적) 범주에서 성경의 신화적 표현을 재해석하는데 관심을 두었다.

빛의 절기(Feast of Light)

"수전절"을 참고하시오.

ㅅ

사도(Apostle)

"사자" 혹은 "보냄을 받은 사람"을 뜻하는 용어로, 예수님께서 이명하신 12명의 지도자들에게 사용되었다(막 3:13-19). 사도직에 요구되는 자격은 부활하신 주님을 본 것이다(행 1:13-14). 바울은 이런 이유에서 사도직을 주장할 수 있었다(고전 9:1). 사도들은 "12제자"로 불렸다(요 20:24; 고전 15:5).

사두개인(Sadducees)

예수님 당시 제사장 귀족으로 구성된 유대주의 그룹이다. 그들은 모세오경만 의지했으며, 천사, 사후생명, 섭리, 부활을 부인했다. 민족을 지킬 의도로 로마에 기꺼이 협력했다.

사마리아 사람(Samaritans)
구약성경의 이스라엘 지역, 곧 요단강 서쪽, 북쪽으로 갈릴리, 남쪽으로 유대 지역에 거주하는 사람을 말한다. 사마리아 사람들은 주전 400년에 유대인들과 헤어졌으며, 그들만의 성경(토라), 그리짐 산의 성전, 제사, 예배를 가졌다. 유대인들은 그들을 배교자로 무시했다 유대인들은 그들과 상종하지 않았다(요 4:9).

사본(Manuscript)
성경 천체 혹은 일부를 손으로 쓴 것이다.

사해사본(Dead Sea Scroll)
주전 250년부터 주후 68년간에 기록된 유대 문헌으로, 1940년대 후반에 사해 근처 동굴에서 발견되었다. 800개가 넘는 단편들에는 구약성경 그리고 아마 신약성경 본문의 당시 축복, 찬송, 기도가 있다. "쿰란"을 참고하시오.

사회학적 비평(Sociological Criticism)
현대 사회과학 이론과 통찰력을 사용하여 성경 텍스트가 기록된 사회적 배경을 연구하는 해석방법론이다.

산헤드린(Sanhedrin)
유대주의 최고 법정이다. 주전 4세기에 시작되었으며 예수님 시대에 71명으로 구성되었다. 산헤드린에는 세 그룹, 곧 대제사장, 장로, 서기관이 있었다. 이 공의회는 유대주의 율법의 문제들을 중재 재판에 부쳤으며 그들의 결정이 최종적이었다. 예수님(마 26:59), 스데반(행 6:12-15), 베드로와 요한(행 4:5-21), 바울(행 22:30-23:10)은 이런 저런 방식으로 산헤드린의 심문을 받았다.

삶의 자리(Sitz im Leben)
*Sitz im Leben*은 "삶의 자리"를 뜻하는 독일어이다. 양식비평가들은 복음서 전승 단위가 형성된 가상의 상황을 정의하기 위해 이 용어를 사용했다. 전승 단위는 최종 형태가 되기 전에 몇 가지 "삶의 자리"를 거쳤을 것이다.

삼위일체(Trinity)

하나님이 한 분이면서 동시에 세 분으로 존재한다는 교리이다. 하나님은 아버지, 아들, 성령으로 영원히 존재하신다. 이 신비의 계시는 구약성경을 통해 제시되었으며, 또한 하나님의 아들이신 예수 그리스도를 통해 가장 분명하게 보여졌다(마 3:16, 17; 28:19; 고전 12:4-6; 고후 13:14; 벧전 1:2). 아버지는 하나님이시며(고전 8:6), 아들도 하나님이시며(요 1:18), 성령도 하나님이시다(엡 4:4, 5). 삼위일체는 그리스도인 신앙의 핵심이며, 실제로 모든 주요 교리는 논리적으로 이것에 기초한다.

상황화(Contextualization)

복음 메시지를 변경시키지 않은 채로 다양한 언어로 그리고 문화적 배경에서 복음을 제시하는 일이다.

서기관(Scribes)

바벨론 유배 이후부터 예수님 시대에 이스라엘 백성들을 위해 유대 율법을 가르치며 필사하며 해석하는데 정통한 학자들이다. 그들은 예수님의 가르침에 반대하는 일에 바리새인과 야합했다.

서사비평(Narrative Criticism)

성경이 문학적 산물임을 강조하며, 현대의 통찰력을 고대와 현대 문학작품에 적용하려는 신약성경 해석방법이다. 문학적 기교, 플롯, 구조, 사건의 순서, 극적 긴장감, 독자에게 전달하려는 영향력, 그 밖의 요소들에 초점을 둔다. 특별한 신학 사상, 문법과 어휘, 그리고 역사적 언급에는 많은 관심을 두지 않는다.

석의(Exegesis)

텍스트와 관련된 언어, 기록 환경, 스타일, 목적 등의 적절한 자료들을 고찰함으로 저자의 본래 의미 혹은 의도를 이끌어내는 과정이다.

성경(Bible, Scripture)

"책"을 뜻하는 헬라어 비블리온(βιβλίον)에서 파생한 용어로, 교회의 신앙과 생활의 최고 규범인 그리스도교 문헌을 구성하는 66권(구약성경 39권, 신약성경 27권)이다. 로마 가톨릭은 14권의 외경을 구약성경에 포함시킨다. "외경," "정경"을 참고하시오.

성구집(Lectionary)

예배시간이나 개인 경건의 시간에 사용할 목적으로, 신약성경 중 계시록을 제외한 각 책들의 내용 중 짧은 구절들을 모아 교회절기에 따라 편집한 것이다.

성구함(Phylactery)

구약성경의 네 구절(출 13:1-10, 11-16; 신 6:4-9; 11:13-19)을 기록한 것을 담는 조그만 가죽 상자이다. 유대인 남성들은 왼쪽 팔에 차고 다녔으며 기도할 때는 이마에 대었다. 유대적 전통은 출애굽기 13장 9, 19절과 신명기 6장 8절과 11장 18절이 이것을 요구하는 것으로 해석한다. 예수님은 성구함의 부당한 사용을 비판하셨다(마 23:5).

성도(Saints)

라틴어 "거룩한"을 뜻하는 *sanctus*에서 파생한 용어이다. 신약성경에서 그리스도인들은 성도로 불리는데, 그들이 거룩한 하나님을 섬기며 거룩한 삶을 살아야 하며 또한 성령으로 충만하기 때문이다(롬 1:7). 따라서 그리스도인들은 "성도"로 불린다(골 1:4; 딤전 5:10).

성례전(Sacrament)

하나님께서 예수 그리스도를 통해 주신 비가시적이며 영적인 은혜를 표시하는 가시적인 상징이다. 개신교 그리스도인 대부분은 세례와 주의 만찬을 성례전으로 받아들인다. 로마 가톨릭과 동방정교회는 다섯 가지를 추가한다. "세례"와 "주의 만찬"을 참고하시오.

성만찬(Eucharist)

"주의 만찬"을 참고하시오.

성문서(Writings)

히브리 성경의 세 번째 부분이다. 역사서 일부, 시편, 잠언서, 또 다른 시적 책들이 포함된다.

성육신(Incarnation)

"육신을 입었다"를 뜻하는 라틴어이다. 신학적으로, 영원한 삼위일체의 둘째 위격이 동정녀 마리아를 통해 출생하여 인간의 몸을 입음으로 인간이 되었다(요 1:14; 빌 2:6-8; 딤전 3:16)는 교리이다.

성직 매매(Simony)

교회 직분이나 특권을 사고파는 행위이다. 이 용어는 사도행전 8장 9-25절에서 유래했다. 이 구절에 따르면 시몬은 베드로와 요한에게 그들이 가진 사도적 능력을 그에게 나눠주면 돈을 주겠다고 제안했다.

성화(Sanctification)

그리스도인들을 점차적으로 거룩하게 하는 하나님의 지속적 활동이다. 칭의가 단 하나의 활동인 반면 성화는 칭의에서 시작하는 일련의 과정이다.

세례/침례(Baptism)

개인이 물에 잠김으로 교회 회원으로 공개적으로 받아들여지는 그리스도교 의식이다(행 2:38-41). 교회가 세례를 채택하기 전에 요한과 또 다른 유대인들이 이 의식을 행했다.

세리(Publican)

로마를 위해 세금을 징수한 유대인이다. 그들은 부정직하며, 또 부정직하다는 이유로 무시당했다. 예수님은 세리 혹은 세금징수원 마태를 선택하여 12사도 중 한 명으로 삼았다(마 9:9-13).

셀레우코스 왕조(Seleucid Dynasty)

알렉산더 대왕이 주전 323년 죽은 후 휘하 장군이었던 셀레우코스가 세운 왕조이다. 이 왕조는 대략 주전 312년부터 로마시대가 이르기까지 시리아를 다스렸다. 이 왕조의 수도는 안티오크였다. 그들은 주전 2세기부터 안티오코스 4세가 죽고 마카베오 가문에 의해 축출될 때까지 팔레스타인을 다스렸다.

속죄(Atonement)
죄를 용서하다. 이스라엘의 "속죄일"은 하나님과 죄를 범한 나라 간의 교제를 회복시키기 위한 피 제사를 포함한다. 예수님의 죽음은 십자가를 통해 속죄를 이룸으로 그 의식을 성취하셨다(갈 3:13).

수사비평(Rhetorical Criticism)
성경저자의 의도를 더 잘 이해하기 위해 연구된 방법론 중 하나이다. 당시 저자가 사용한 화법, 논증, 설득력 등에 따라 텍스트를 분석한다.

쉐마(Shema)
신명기 6장 4-9절, 11장 13-21절, 민수기 15장 37-41절에 기록되어 있는 유대인들의 최고 신앙 고백으로 유대주의 유일신 신앙을 표현한다. 예수님 당시 가정과 회당에서 암송했다. 예수님께서는 위대한 두 계명을 말씀하실 때 쉐마를 언급하셨다(막 12:28-31). 쉐마는 신명기 6장 4절의 첫 단어이다. 그 뜻은 "들으라"이다.

송영(Doxology)
영광과 존귀를 하나님께 돌리는 찬송의 형식적 표현이다. 신약성경에서 송영은 하나님 아버지와 아들 예수님에게도 돌린다(롬 11:33-36; 유 24-25; 계 5:12-13).

수전절(Feast of Dedication)
기슬월(11/12월) 25일에 시작하여 8일간 진행되는 유대 절기로, 주전 164년 유다 마카베오가 성전을 재봉헌하여 성전에 다시 불을 밝힌 한 일을 기념한다(마카베오 1서 4:52-59). 빛의 절기로도 불리며, 오늘날에는 하누카로 알려졌다. 예수님은 이 절기에 참여하셨다(요 10:22-39).

스토아철학(Stoicism)
바울시대에 일반적이었던 헬라철학의 한 분파로 범신론적 물질주의가 특징이다. "신"을 이성적 원칙에 따라 만물을 만든 우주 안에서 이성의 내재적 원칙으로 이해한다. 인생의 목적은 자아, 자신의 욕망과 야망, 환경에 개의치 않은 생활을 터득함으로 행복을 얻는 것이다. 바울은 아테네에서 스토아철학자들을 상대로 복음을 변호했다(행 17:18).

스올(Sheol)

"하데스"를 참고하시오.

승천(Ascension)

예수님께서 부활하시고 40일 후에 하늘로 올라가심을 묘사하는 용어이다(눅 24:50-53; 행 1:9).

신비(Mystery)

비밀을 의식과 교리로 하는 일부 비-그리스도교 종교를 묘사하는 용어이다. 신약성경에서 예수님과 바울은 영적 진리를 비밀로 말하지 않았고 드러냈다. 예수님은 제자들에게 알려진 하나님 나라의 비밀을 말씀하신다(마 13:11; 막 4:11; 눅 8:10). 그리고 바울은 그리스도(엡 3:3, 4), 복음(엡 6:19), 하나님의 뜻(엡 1:9), 경건(딤전 3:16) 등의 비밀을 설명한다. 본질적으로 이것은 복음을 통해 세상에 알려진, 하나님의 구원의 의지이다.

신비종교(Mystery Religion)

헬라시대의 일반 종교이다. 그것들 중 일부는 그 이전 시대부터 있었다. 사후에 있을 보다 나은 생명을 약속하며, 은밀한 의식을 행하며, 신들과 친밀한 관계를 추구한다. 격렬하며 난잡하기까지 하다. 엘레우시우스(Eleusinian)와 디오니시오스(Dionysian) 신비종교가 유명하다.

신-칸트주의(Neo-Kantianism)

19세기 후반의 철학운동의 하나이다. 임마누엘 칸트(Immanuel Kant)의 인식론에 기초하며, 헤겔 철학과 물질주의에 반대한다.

실존주의(Existentialism)

1차 세계대전 당시 독일에서 그리고 2차 세계대전 직후 프랑스에서 번성했던 철학으로, 인생에 대한 철학과 태도의 다양성을 나타내는 용어이다. 실존주의는 영국, 북아메리카, 서구 문화에 상당한 영향력을 끼쳤다. 칼 야스퍼스(Karl Jaspers)와 마틴 하이데거(Martin Heidegger)와 같은 주요 철학자들과 관련 있다. 그러나 주요 지지자들의 일부는 집필자들이었다(예. Albert Camus, Jean-Paul Sartre). 실존주의는 현대 세세에서 인간 삶의 문제에 깊은 관심을 쏟는다.

십일조(Tithe)
나라의 신앙 활동을 후원한 목적으로 소득의 1/10을 돈이나 소유물로 하나님께 바치는 것이다(레 27:30-33; 신 14:22-29; 느 10:37, 38). 예수님은 십일조를 그릇되게 강조하는 것에 반대하셨으며(마 23:23), 바울은 기쁜 마음으로(고후 9:7) 최선을 다해 드리라고 말한다(고후 8:3).

십자가 신학(Theologia Crucis)
그리스도를 믿는 믿음과 그의 십자가에 참여함으로 연약함, 고난, 죽음을 참아내며 정복하는 것에 초점을 두며 복음을 이해하는 방식이다.

◎

아디아포라(Adiaphora)
특히 공식적 신앙의 영역과 관련하여 도덕적으로 중립적인 "중요하지 않은 문제"를 뜻한다. 한 개인 이런 "중요하지 않은 문제"를 다루는 방법은 양심의 문제이다. 왜냐하면 성경은 이런 문제를 명령하지도 금하지도 않기 때문이다.

아람어(Aramaic)
예수님 시대에 팔레스타인에서 일반적으로 사용된 히브리어와 관련된 셈어이다. 예수님은 가르치실 때 아람어를 사용하셨다. 고대 시리아에서 파생한 언어이다(성경의 아람어). 구약성경의 일부는 아람어로 기록되었다.

아레오파고스(Apreopagus)
아테네에 있는 성채 북서쪽 언덕 혹은 그곳에서 소집된 법정을 뜻하는 용어이다. 바울은 이곳에서 그리스도교를 변호했다(행 17:16-34).

아마겟돈(Armageddon)
메기도 산을 뜻하는 히브리어이다. 계시록 16장 16절에서는 세상의 종말에 있을 대전투가 벌어지는 장소를 지시한다. 역사적으로, 메기도 평원에서 결정적인 전투가 벌어졌다(예. 삿 4-6장; 삼상 31장).

아멘(amen)

"참된" 혹은 "진실로"를 뜻하는 헬라어 (그리고 히브리어)로 기도 끝에 사용된다. 예수님은 자신의 최고 권위를 강조하기 위해 "내가 진실로 진실로 너희에게 말한다 …"를 사용하여 말씀하시거나 가르치셨다.

아브라함의 품(Abraham's Bosom)

하데스의 일부, 곧 구약성경 시대에 죽은 신앙인들이 조상 아브라함과 함께 안식을 누리는 장소를 지칭한다(눅 16:19-31).

아시아 의회원(Asiarch)

아시아주에서 시의 연맹이 선출한 로마 행정관이다. 아시아 의회원은 부유하며 귀족 중에서 선출되었다. 그들의 임무 중 하나는 로마와 황제를 위해 지역 애국 문화 활동을 감독하는 일이었다. 사도행전 19장 31절은 그들 중 일부가 바울의 동료였다고 기술한다.

안식일(Sabbath)

유대인들의 1주일 중 일곱째 날(토요일), 곧 하나님께서 그들의 안식을 위해 그리고 이스라엘과 맺은 언약에 대한 상징으로 구별한 날이다.(출 20:8-11; 신 5:12-15). 예수님은 안식일이 사람을 위해 존재한다고 말씀하셨다(막 2:23-28). 히브리서는 안식일이 천국에서 영원한 안식을 예고한다고 말한다(히 4:9-11). 그리스도인들이 한 주의 첫날(일요일)에 예배하는 것은 예수님께서 죽은 사람들 중에서 부활하신 것을 기념하기 위해서이다.

알레고리(Allegory)

이야기의 세부 내용을 상징적 의미로 제시하는 문학용어이다. 알렉산드리아의 필로는 구약성경의 많은 부분을 이런 방식으로 해석했다. 예수님(마 13:1-9, 18-23, 24-30, 36-43)과 바울(갈 4:21-31)은 종종 알레고리를 사용했다.

암하아레츠(am ha-aretz)

"땅의 백성들"을 의미하며, 교육을 받지 못한 일반 대중을 지시하는 히브리어이다. 이 사람들은 사회 상류층에게 멸시받았다. 요한복음 7장 49절이 이 사람들을 언급한다. 헬라어로는 "호이 폴로이"(οἱ πολλοί)이다.

압바(*abba*)
  예수님이 하나님을 아버지로 친밀하게 부르실 때 사용한 아람어이며(막 14:36), 초기 그리스도인들도 사용했다(롬 8:15; 갈 4:6). 고대 유대 문헌에는 이 용어가 사용되지 않았다.

얌니아(Jamnia)
  예루살렘에서 서쪽으로 25마일 떨어진 마을이다. 로마가 이곳에서 신앙교육기관을 활성화시켜도 된다고 허락한 주후 90년 이후 전통적 유대주의 학습의 장이 되었다. 요하난 벤 자카이(Johanan ben Zakkai)의 지도력 아래, 그것이 기초가 되어 현대 유대교가 발전했다.

양식비평(Form Criticism)
  (특히 복음서의) 기록 자료를 문학적 형식으로 분류하고, 가정한 초기 구전 기간의 다양한 "삶의 자리"를 통해 예수님의 말씀의 본래 형식으로 확인하려는 문헌분석 방법이다. 이 방법은 테스트의 기본적인 것과 부차적인 것을 구분하는데 도움을 주며 또한 석의 과정도 돕는다. "석의"를 참고하시오.

양식사(Formgeschichte)
  "양식비평"을 참고하시오.

언셜(*Uncial*)
  본문비평가들이 대문자 형태의 헬라어 글자를 부르는 용어이다. 언셜 사본들은 주후 3-5세기에 필사되었다. "미너스쿨"과 "본문비평"을 참고하시오.

언약(Covenant)
  하나님께서 그의 백성들과 맺은 합의로 쌍방 모두에게 구속력이 있다. 구약성경과 신약성경에는 몇 개의 언약이 있다. 예수님께서는 하나님의 약속에 기초하여 새로운 언약을 세우셨으며(창 12:1-3; 렘 31:31-34), 그의 희생적 피로 인치셨다(막 14:22-25; 고전 11:23-26).

에그나티아 가도(Via Egnatia)

로마 세계의 주요 동서 무역로이다. 바울이 방문한 필리피는 이 무역로에서 지리적으로 중요한 위치를 차지했다.

에세네파(Essenes)

예수님 당시 유대주의 한 분파로 묵시, 금욕, 율법에 대한 엄격한 순종을 강조한다. 사해사본의 증거에 따르면 쿰란 공동체는 에세네파였을 것이다. "묵시," "사해사본," "쿰란"을 참고하시오.

에피쿠로스학파(Epicureanism)

헬라철학자 에피쿠로스(Epicurus, 주전 342-270년)의 물질주의 철학이다. 그는 기쁨 혹은 행복이 인생의 최고 목적이며, 만물이 물질로 구성되었으며, 결국 만물은 죽는다고 가르쳤다. 바울은 아테네에서 에피쿠로스 철학자들을 만나 복음을 변호했다(행 17:16-18).

엑클레시아(ἐκκλησία)

"교회"를 참고하시오.

여호와(Yahweh)

구약성경에 계시된 하나님 이름의 현대어이다(창 4:26; 출 6:2-4). 히브리어로는 יהוה이다. 네 글자로 되어 있기에 네 글자어로 불린다. "존재하다"를 뜻하는 단어에서 파생했으며 "스스로 존재하시는 분"을 뜻한다. 우주의 창조자이자 보존자이신 하나님을 강조하는 이름이다.

열심당(Zealots)

예수님 당시 극단적 민족주의를 표방한 유대주의 한 당파이다. 하나님 나라의 도래를 위해 무력 저항도 불사했다. 그들의 활약은 주후 66-70년의 유대 전쟁을 재촉했으며 결국 로마의 장군이자 후에 황제가 될 티투스에 의해 예루살렘이 파괴됨으로 그 전쟁은 끝났다. 예수님의 제자 중 한 명인 시몬은 열심당 출신이었다(막 3:18; 행 1:13).

영광의 신학(Theologia Gloriae)

그리스도를 자기 개선, 출세의 지름길, 권력 장악의 길, 동료의 인정, 하나님의 인정의 수단으로 간주하며 복음을 이해하는 방식이다.

예언서(Prophets)
히브리 성경의 둘째 부분이다. 예언서에는 이사야서처럼 긴 책도 있고 요엘서나 오바댜서처럼 짧은 책도 있다.

예언자(Prophet)
하나님의 뜻을 선포하도록 부름을 받은 사람이다. 예언자의 임무는 죄를 지적하여 회개를 이끌어내며 백성들에게 하나님의 과거 역사를 상기시키며 도래할 심판을 경고하며 미래 사건을 묘사하고 또한 믿음으로 반응하는 사람들에게 자비를 선언한다. 구약성경 예언자도 있고 신약성경 예언자도 있다. 남성과 여성 모두가 예언했다.

역사비평(Historical Criticism)
자료의 역사적 정황, 곧 기록시기와 기록장소, 그 자료의 원천, 텍스트가 언급하거나 암시하는 사건, 연대, 인물, 장소, 그리고 그 밖의 역사적 문제 등을 연구하는 학문이다. 종종 하나님께서 인간사를 다루시는 일에 관한 성경적 수장을 반대하는 철학적 입장을 뜻한다.

역사적 내러티브(Historical Narrative)
사건들, 특히 그것의 특징과 상호관계에 초점을 두면서 순차적으로 기록한 내러티브이다.

영감(Inspiration)
성경이 하나님께서 주신 말씀이라는 진리이다. 하나님께서 주권적 활동으로 성경의 인간저자에게 말씀을 주셨다. 이 교리에 대한 고전적인 신약성경 텍스트는 디모데전서 3장 16-17절이다.

영지주의(Gnosticism)
그리스도교, 유대주의, 헬라 사상의 밀의적 혼합이다. 교회는 그리스도 이후 2-3세기 동안 이 사상을 이단으로 강력하게 간주했다. 영지주의는 특별한 지식(γνῶσις)을 통한 구원, 숨겨진 "존재"로부터 복잡한 일련의 신적 감화력, 신적 존재에게 가는 은밀한 길을 인도하는 신적 구원자 등을 가르쳤다.

예루살렘 회의(Jerusalem Council)
  안티오크에 있는 교회 대표자들(바울, 바나바, 그 밖의 사람들)과 예루살렘에 있는 교회 대표자들의 회의이다(행 15:1-35). 이방인 회심자들이 할례를 포함한 모세 율법 의식 없이도 구원받을 수 있는지 문제를 해결하기 위한 회의였다. 이 회의는 바울의 1차 선교여행과 2차 선교여행 사이에 열렸을 것이다.

예수 세미나(Jesus Seminar)
  예수는 실제로 무엇을 말했으며 또한 무엇을 했는지에 대답할 목적으로 10여 년 동안 연구한 현대의 급진적 학자들의 모임이다.

오순절(Feast of Pentecost)
  첫 추수를 기념하는 절기(민 28:16)로, 칠칠절로 알려졌다(출 34:22 신 16:10). 유월절 후 50일째 되는 날(7주 후 첫 날)에 시작된다. 성령이 예루살렘에 있는 초기 그리스도인들에게 임해 교회 안에서 하나님의 새로운 역사를 시작한 날이 바로 오순절이다(행 1:8; 2:1-41).

외경(Apocrypha)
  주전 200년부터 주후 100년까지 기록된 14권의 모음집으로 구약성경 정경에 포함되지 않지만, 로마 가톨릭 성경에는 포함된 책들이다. 이 책들은 구약성경의 신명기적-정경서로 불리기도 한다. 일반적으로 말하면, 이 용어는 "비진정적" 혹은 "그릇된"을 뜻하며, 구약성경 및 신약성경과 관련된다. 예를 들면 "솔로몬의 시편"(구약성경)과 "도마복음서"(신약성경)가 있다. "묵시," "위경"을 참고하시오.

위경(Pseudepigrapha)
  주전 200년에서 주후 200년간에 기록된 공상적인 종교 책으로, 엘리야나 모세 혹은 에녹과 같은 과거의 유명한 인물을 저자로 말한다. 이런 책들이 구약성경이나 신약성경과 관련 있지만 성경으로 받아들여지지 않았다.

유대교(Judaism)
  구약성경과 탈무드 등의 권위 있는 문헌에 기초하여 신학적, 윤리적, 사회적 신념과 행습과 관련하여, 유대인들이 지지하는 신앙 체계에 대한 일반 용어이다.

유대화주의자(Judaizer)

모세의 율법에 따라 할례를 받아야 구원받을 수 있다고 주장하며 바울을 반대한 급진적인 유대인 그리스도인이다. 그들은 행위를 구원의 일부 요소로 만들었다. 예루살렘 회의(주후 50년)는 유대화주의자들이 제기한 문제에 대해 바울의 입장을 지지했다(행 15:1-21).

유월절(Feast of Passover)

7일간 무교절을 시작하는 유대절기로 니산월 14일에 열리는 절기이다. 유월절 식사 음식은 구운 양고기, 무교병, 쓴 나물 등이다(출 12:14-30; 13:3-10). 희생된 양의 피가 문설주에 발려 있는 것을 보고 죽음의 사자가 이스라엘 자녀를 "넘어간" 때인 이집트 탈출 전날 밤을 기념한다(출 12:12, 13). 예수님은 그의 제자들과 함께 마지막 유월절 식사를 했다. 바울은 예수님을 우리를 위해 죽으신 "우리의 유월절 어린양"으로 부른다(고전 5:7-8).

유일신론(Monotheism)

한 분 하나님만 존재하신다는 신앙이다.

율법(Law)

신약성경에서는 몇 가지 의미로 사용된다. 구약성경의 법적 및 윤리적 가르침(요 7:19) 혹은 구약성경의 처음 다섯 권, 곧 모세오경(마 7:12)을 지시할 수 있다. 사람들 생활에서 시행되는 일반 원칙이나 기준(롬 7:23, 25; 약 2:12), 혹은 유대주의 규칙(행 25:8)을 함축할 수 있다.

의(Righteousness)

(사람에게는 없고) 하나님에게만 있는 속성으로, 도덕적 올바름, 전적으로 공의로운 활동, 바른 관계 등으로 구성된다. 하나님은 존재하심, 활동하심, 그리고 자신과 피조세계 질서 유지하심 등에서 절대적으로 도덕적으로 완전하시다. 사람은 예수 그리스도를 믿는 신앙과 성령의 새롭게 하시는 능력으로 의롭게 될 수 있다.

이단(Heresy)

그릇된 가르침이다. 신앙 공동체의 공식적 입장을 따르지 않는 가르침이다. 일부 유대 지도자들은 그리스도교를 "이단"으로 불렀다(행 24:14). 바울은 디모데(딤전 1:3-7)와 디도(딛 3:10)에게 이단들의 거짓 가르침을 주의하라고 권면한다.

이방인(Gentile)

유대인들이 비-유대인으로 생각한 사람들로, 신학적으로 말하면 하나님과 언약관계에 있지 않은 사람들이다. 전형적으로 이방인은 예수님 시대의 유대인들에 의해 "부정한" 사람들로 간주되었다.

인자, 사람의 아들(Son of Man)

다니엘서 7장 13, 14절에서 유래한 용어로 예수님께서 즐겨 사용하신 자기-칭호이다. 이 용어는 예수님 당시 일반적인 메시아적 칭호는 아니었다. 따라서 예수님은 메시아 임무에 대한 자신의 이해로 그 내용을 채웠다. 곧, 인자는 하나님의 나라를 도래시키며, 죽었다가 다시 살아나시며, 또한 시대 종말에 영광으로 다시 오실 것이다(마 16:13-28; 26:62-64; 막 10:32-34; 13:24-27).

일반서신(General Letters)

"공동서신"을 참고하시오.

일반 시대(C.E.)

"주후(A.D.)"를 참고하시오.

임마누엘(*Immanuel*)

"하나님께서 우리와 함께 하신다"를 뜻하는 히브리어 이름이다(사 7:14). 이 예언의 궁극적 성취는 동정녀를 통해 출생하신 예수 그리스도에게서 발견할 수 있다. 그의 성육신은 하나님께서 그의 백성과 함께 하셨으며 또한 하신다는 확실한 증거이다(마 1:22, 23).

㈜

자료비평(Source Criticism)
　　복음서에 대한 비평적 연구방법론이다. 복음서저자들이 복음서를 기록할 때 사용했을 자료를 재구성하고자 한다.

잠언(Proverb)
　　유명한 진리나 사상을 표현하는 짧고 간단한 말이다. 성경에서 잠언은 실제 삶을 위한 신학적 진리를 전달한다. 그러나 추상적 교리를 전달하기도 한다.

장로(Presbyter)
　　교회 지도자 혹은 장로를 지시하는 신약성경 용어이다.

장막절/초막절(Feast of Tabernacle)
　　유대주의 주요 세 절기 중 하나이다(레 23:33-43). 1년 농사의 마무리를 기념한다. 신약성경 시대에는 티쉬리월(9/10월) 15일에 시작하여 8일 동안 지속되었다. 절기 기간에 백성들은 초막에서 생활하면서 광야 생활을 회상했다. 예수님은 적어도 한 차례 이 절기에 참여했다(요 7:1-30).

재림(Second Coming)
　　예수 그리스도께서 시대의 종말에 만주의 주님으로 가시적으로 이 땅에 돌아오는 사건이다(행 1:11; 계 11:15; 19:11-16). 예수님은 자신의 재림을 예언하셨으며(마 24:29-31), 신약성경의 일부분도 그의 재림을 예언한다(살전 4:13-18; 벧후 3:3-13). 재림은 "임재" 혹은 "오심"을 뜻하는 헬라어 파루시아(παρουσία)로 불린다. 일부 그리스도인들은 그리스도인들을 위한 그리스도의 오심과 그 후 그리스도인들과 함께 이 땅에 오심을 구분한다.

전승(Tradition)
　　정경과 병행관계에 있는 신앙적 가르침으로, 때로는 정경과 동등한 권위를 가진 것으로 간주되었다. 예수님 당시 바리새인들은 그들의 전승을 구약성경과 같은 권위가 있는 것으로 간주했다. 사두개인은 그렇지 않았다. 오늘날 로마 가톨릭은 성경과 자신들의 전통에 의거하여 교리를 내세우지만, 개신교는 오직 성경(*sola scriptura*)에만 기초한다.

제2성전기 유대주의(Second Temple Judaism)
유대인들이 바벨론 유배에서 돌아와 제2성전을 건축한 후 그들의 사회와 문화를 기술하는 용어이다. 이 시대는 주후 70년 성전 파괴로 끝났다.

제사장(Priest)
예배 장소에서 하나님께 희생 제사를 드리고 중보 기도하도록 임명받은 사람이다. 예수님 시대에 그런 희생 제사는 예루살렘 성전에서 드려졌다. 예수님은 오랫동안 지속된 제사 체제의 종말을 예언하셨다(마 24:1, 2). 초기 그리스도교는 그리스도인 모두가 "왕 같은 제사장"이며(벧전 2:9), 그들의 몸이 성령의 전이며(고전 6:19), 삶 전체가 "받으실 만한 향기로운 제물이요, 하나님을 기쁘시게 한 것"(빌 4:18)이라고 가르쳤다. 제사장 계층만이 아니라 모든 사람들이 간구하며, 기도하며, 중보할 수 있다(딤전 2:1).

제자(Disciple)
라틴어 *discipulus*(헬라어 μαθητής)에서 파생한 단어로 "학습자, 학생"을 뜻한다. 신약성경에는 250회 이상 사용된다. 넓은 의미로 그리스도를 따르며 그에게 배우는 사람들(마 14:26; 행 6:1)을, 그리고 좁은 의미로 열두 사도(마 10:1-2; 11:1)를 지칭한다. 참고. 사도.

적그리스도(antichrist)
그리스도 재림 전에 등장하여 그와 대결하지만 결국 패한다. 그리스도께서 오시기까지 많은 "적그리스도"가 세상에 등장하여 그리스도인들과 싸운다(요일 4:1-3; 요이 7).

정경(canon)
측량의 기준 혹은 기초를 뜻하는 용어이다. 기산에서 이 용어는 교회가 사상과 생활의 최고 권위로 받아들인 성경을 뜻한다.

정경비평(canon criticism)
여러 가지 해석 방법 중 정경의 특성, 기능, 권위를 설명하는 해석방법이다. 역사비평이 제시한 성경의 특징을 출발점으로 삼아, 성경 본문을 보존 관리한 신앙 공동체 안에서 그 본문이 한 역할을 질문한다.

장로(Elder)

"감독"을 참고하시오.

장르(Genre)

문학의 형식 혹은 문학의 "종류"를 말한다. 성경 연구에서 이 용어는 복음서, 서신서, 묵시, 그리고 역사적 내러티브 등 문학적 형식을 나타낸다.

종교 혼합주의(Religious Syncretism)

서로 다른 종교의 사상을 결합한 것이다. 이런 관행을 헬라시대에 일반적이었다. 모든 신적 존재들과 종교가 궁극적으로 같다는 일반적 사상 때문이다. "다신론적 혼합주의"를 참고하시오.

종말론(Eschatology)

마지막 일, 곧 인간 생명 그리고 세상의 마지막을 설명하는 신학의 한 분야로 죽음, 사후 생명, 시대의 마지막, 재림, 죽은 사람들의 부활, 마지막 심판, 영원한 상태 등을 포함한다.

죄(Sin)

율법이나 하나님의 뜻에 위배되는 생각, 행동, 말, 혹은 상태를 말한다. 죄는 하나님과 교제를 파괴한다. 신약성경에 따르면 모든 사람은 죄인이지만(롬 3:23), 죄를 용서하기 위해 죽으시고 부활하신 예수 그리스도를 믿는 믿음을 통해 죄 용서 받을 수 있다(롬 5:12-21).

주의 만찬(Lord's Supper)

예수님께서 잡히시기 전날 밤에 그의 제자들과 함께 지낸 마지막 유월절 식사이다. 그는 (자신의 몸을 상징하는) 빵과 (자신의 피를 상징하는) 포도주로 구성된 의식적 식사를 제정하셨다. 이것은 예레미야가 예언한 새 언약의 재가였다(렘 31:31-34; 마 26:27-28). 이 의식은 그리스도인 교회의 교제의 핵심 의식이 되었다(고전 11:17-32). 이것은 "성만찬"으로도 불린다.

주전(B.C.)

"그리스도 이전"(Before Christ)을 뜻하는 약어이다. 일부 사람들은 "일반 시대 이전"을 뜻하는 B.C.E.(Before the Common Era)를 선호한다. 참고. 주후(A.D.).

주후(*A.D.*)

"우리 주님의 시대"를 뜻하는 라틴어 *anno domini*에서 유래한 용어로, 그리스도의 출생을 시간 표시의 기준으로 사용한다. 일부 사람들은 C.E.(Common Era, "일반 시대")를 동의어로 사용한다.

중간사(Intertestamental)

구약성경의 완성 이후 신약성경 기록까지 기간을 나타내는 일반 용어이다.

지방 관리(Ethnarch)

지방 관리를 의미하는 이 용어는 그것이 사용된 그레코-로마 시대에 여러 가지 뜻을 나타내었다.

지복(beatitudes)

예수님께서 하나님의 나라에 살며 예수님께서 요구하신 원칙을 구현하는 사람들에게 선포하신 아홉 가지 복을 말한다.

지옥(Hell)

"게헨나"를 참고하시오.

진노 달래기(Propitiation)

하나님의 진로를 가라앉히는 제사이다. 신약성경에서 하나님은 영원한 삼위일체의 둘째 위격인 아들의 죽음을 통해 그의 진노를 가라앉혔다(요일 2:2). "속죄"(expiation)를 참고하시오.

집사(Deacon)

"일꾼"을 뜻하는 헬라어 디아코노스(διάκονος)를 번역한 용어이다. 초기 교회에서 집사는 섬기는 일에 헌신한 직분이었다. 자격은 디모데전서 3장 8-13절에 열거되어 있다.

ㅊ

천년왕국(*Millennium*)
"천년"을 뜻하는 라틴어이다. 이 용어는 계시록 20장 1-8절에서 유래한 것으로, 이 구절에 따르면 사탄이 결박되고 성도들이 부활한 후 그리스도께서 천년동안 다스리고 통치하신다. 무천년설과 후천년설은 이 구절을 교회와 그 사역에 대한 상징으로 해석하는 반면, 전천년설은 그리스도의 재림 이후에 있을 일을 해석한다.

총독(*Proconsul*)
로마 원로원이 1년 동안 원로원령의 한 주를 다스리도록 임명한 총독이다. 원로원령은 상주군이 필요 없을 정도로 안전했다. 사도행전은 2명의 총독을 언급한다. 키프로스의 서기오 바울(행 13:7-12)와 아가야의 갈리오(행 18:12-17)이다.

총독(*Procurator*)
황제가 제국의 한 주에서 업무, 특히 재정 업무를 관장하도록 임명한 로마 관리이다. 유대 총독은 행정가이자 군사 지도자 역할을 했다. 신약성경에는 3명의 총독이 언급된다. 폰티우스 필라테(주후 26-36년; 요 18:19), 안토니우스 펠릭스(주후 52-59년; 행 23:24-25), 포르키우스 페스투스(주후 59-62년; 행 24:27-26:32) 등이다.

칭의(*Justification*)
하나님께서 사람을 의롭다고 그리고 그와 바른 관계가 되었다고 선언하시는 활동이다. 칭의는 예수 그리스도의 완전한 삶, 대속의 죽음, 부활에 기초하며 인간 입장의 행위 혹은 공로와 상관없이 오직 믿음으로 그것을 전유할 수 있다.

ㅋ

카리스마(χάρισμα)
"은혜로 주어진 선물"을 뜻하는 헬라어이다. 특히 바울과 다른 저자들은 "성령의 은사"를 지시할 때 사용한다. 이것은 하나님께서 전도, 양육, 성장을 위해 교회에게 주신 것이다(롬 12:3-8; 고전 12장; 엡 4:7-13; 벧전 4:10).

케리그마(Kerygma)
초기 교회가 그리스도를 믿어야 할 사람들에게 예수 그리스도의 생애와 죽음 그리고 부활에 관해 선포한 메시지를 나타내기 위해 신약성경 신학이 사용하는 헬라어로, 문자적인 뜻은 "선포"이다.

코란(Koran)
이슬람교의 경전으로, 지지자들은 모하메드에게 주어진 알라의 계시로 믿는다.

코이네 헬라어(Koine Greek)
"공통의"를 뜻하는 헬라어이다. 코이네 헬라어는 예수님 당시 일상어였다. 초기 고전 헬라어에서 발전했으며 알렉산더의 정복 후 지중해 지역에 확산되었다. 신약성경은 코이네 헬라어로 기록되었다.

쿰란(Qumran)
에세네파가 엄격한 공동체 생활을 했던 사해 북서쪽에 위치한 여리고 근처에 있는 고고학 발굴지이다. 사해사본은 그 동동체가 생활한 근처 동굴에서 발견되었으며, 로마가 주후 68년 공동체 건물을 파괴하기 직전에 감춘 문헌 중 일부일 것이다.

크고 흰 보좌(Great White Throne)
천년왕국 후 인류에 있을 하나님의 최종 심판이다(계 20:11-15). 전천년설은 그리스도의 지상 천년통치 기간에 사탄과 그의 추종자들이 이 보좌 앞에서 심판 받는다고 주장한다.

클레멘스 1서(1 Clement)
1세기 후반 혹은 2세기 초반에 로마에서 고린도에 있는 교회에게 쓴 편지로, 지도력에 관한 논쟁 문제를 다룬다.

ㅌ

타락(Fall)
인류가 하나님의 명령을 위반하여 하나님의 의를 잃게 되었고, 물리적 및 영적 사망, 하나님과 분리, 인간의 보편적 죄성 등의 결과를 가져왔다(창 3장; 롬 5:12-21; 고전 15:22).

탄나임(Tannaim)

주후 1, 2세기에 미쉬나를 가르친 랍비들이다. 그들의 작품은 2세기 후반에 랍비 유다(주후 217년 죽음)가 미쉬나 가르침을 완성함으로 절정에 이르렀다.

타르굼(Targum)

유대인들이 더 이상 히브리어를 완전히 이해할 수 없을 때, 히브리어 구약성경을 아람어로 의역한 성경이다. 히브리어와 관련이 깊은 아람어는 중동의 일반 언어가 되었다. 타르굼은 중간사 기간에 만들어졌으며 현재에도 많이 존재한다.

탈무드(Talmud)

유대주의 생활과 사상의 기초를 형성한 유대주의 전통의 수집물이다. 탈무드는 수 세기에 거쳐 발전했으며 주후 4, 5세기에 두 가지, 곧 팔레스타인 탈무드와 바빌로니아 탈무드로 편찬되었다. 바빌로니아 탈무드는 더 길며 더 철저하다. 두 버전은 두 부분으로 구성되어 있다. 한 부분은 토라를 해석한 미쉬나이며, 또 다른 한 부분은 미쉬나에 대한 설명인 게메라이다.

테펠린(Tephellin)

성경의 일부 구절을 담은 가죽 상자이다. 유대인들은 기도할 때 이 성구함을 지녀야 했다.

토라(Torah)

"지침," "율법," "가르침"을 뜻하는 히브리어이다. 일반적으로 성경의 처음 다섯 권, 곧 모세오경을 말한다. "토라"는 생활방식에 관한 하나님의 모든 가르침을 폭넓게 의미하기도 한다.

토세프타(Tosefta)

미쉬나와 병행되는 유대적 율법 문헌들의 수집물이다. 이 자료는 미쉬나와 같은 시기에 기록되었지만, 권위 있는 문헌으로 간주되지 않는다. 그래서 미쉬나 정경에 포함되지 않았다. "토세프타"라는 단어는 "보충"을 뜻한다. "미쉬나"를 참고하시오.

ㅍ

파라다이스(Paradise)
신약성경 시대에 천국, 곧 사후의 축복 장소를 묘사하는데 사용된 용어이다. 예수님께서는 죽어가는 강도에게 말씀하셨다 "네가 오늘 나와 함께 낙원에 있으리라"(눅 23:43). 바울은 자신의 생애 동안 낙원에 갔던 경험을 말한다(고후 12:3-4). 계시록 2장 7절은 파라다이스의 멋진 모습을 생명나무가 자라고 사라지지 않는 장소로 묘사한다.

파루시아(παρουσία)
"재림"을 참고하시오.

파피루스(Papyrus)
갈대로 만든 것으로 고대의 종이였다. 신약성경 초기 사본들은 파피루스에 기록되었다.

팍스 로마나(*Pax Romana*)
"로마에 의한 세계평화"를 뜻하는 라틴어구이다. 300년간의 평화 시기는 주전 1세기 로마 황제의 등장으로 시작했다. 팍스 로마나는 그리스도교가 지중해 세계에 신속하게 전파되는데 기여했다.

페리코프(Pericope)
양식비평에서 비유, 치유 이야기, 기적 이야기와 같은 전승의 문학적 단위를 일컫는 용어이다. 양식비평가들은 이런 구전 단위가 복음서로 기록되기 전에 독립적으로 전해졌다고 말한다. "양식비평"을 참고하시오.

편집비평(Redaction Criticism)
복음서에 대한 비평적 연구방법론 중 하나이다. 초기 전승단위를 편집된 형태에서 분리시켜 본래의 삶의 자리(*Sitz im Leben*)에 위치시킨다. 이런 방식으로 전승사는 재구성될 수 있다. 편집자는 교정자로 불리기도 한다. "양식비평"과 "*Sitz im Leben*"을 참고하시오.

프톨레마이오스 왕조(Ptolemanic Dynasty)

알렉산더 대왕의 휘하 장군 중 한 명인 프톨레마이로스 1세의 가문이다. 이 왕조는 주전 323년부터 33년까지 이집트를 통치했다. 그 후 로마가 지배권을 행사했다.

ㅎ

하가다(Haggadah)

탈무드에 있는 랍비 문헌 중 비법률적인 자료를 지칭하는 히브리어이다. 이것의 가르침은 할라카가 가지는 권위를 가지지 않는다.

하나님의 나라/다스림(Kingdom of God)

하나님의 주권적 통치 혹은 다스림이다. 이것은 예수님의 가르침 본질이었다. 하나님의 나라는 예수님의 초림으로 시작되었으며 그의 재림으로 절정에 이를 것이다. 이것은 하나님의 구속 활동의 완전한 성취를 말한다.

하나님의 아들(Son of God)

신약성경이 예수님에게 사용하는 메시아적 칭호이다(시 2:7; 요 1:49). 또한 아버지 하나님에 대한 예수님의 특별한 관계를 나타내는 심오한 의미로 사용된다(마 11:25-27; 요 1:14-18; 고전 1:9). 그리스도인들은 예수 그리스도를 믿는 믿음을 통해 하나님의 가족으로 받아들여진 덕택에 하나님의 자녀로 불린다(요 1:12; 갈 4:4-7).

하누카(Hanukah)

"수전절"을 참고하시오.

하데스(Hades)

죽은 사람들이 있는 곳으로(행 2:27, 31), 구약성경은 스올(Sheol)이라 한다. 70인역은 "스올"을 "하데스"로 번역한다. 일부 경우 "지옥"을 뜻하기도 한다(마 16:18; 눅 16:3). "게헨나"를 참고하시오.

하시딤(Hasidim)
주전 2세기 안티오코스 4세, 곧 에피파네스의 박해 기간에 죽음도 불사하며 자신들의 신앙을 포기하지 않은 경건한 유대인들을 지칭하는 히브리어이다(마카베오 1서 2:42).

하즈모니안(Hasmonean)
주전 167년 셀레우코스를 저항한 마카베오와 그 후손의 가문을 지칭하는 용어이다(마카베오 1서 14:25-25; 요세푸스, 「유대고대사」 20.8.11). "마카베오"를 참고하시오.

할라카(Halakah)
탈무드의 내용 중 행위 혹은 생활방식을 설명하는 법률적 자료를 지칭하는 히브리어이다. 랍비들은 할라카가 구속력을 가진다고 주장한다. "하가다," "미드라시," "미쉬나," "탈무드"를 참고하시오.

해석학(Hermeneutics)
"해석하다"를 뜻하는 헬라어에서 파생한 용어이다. 텍스트 해석의 과학과 예술을 의미한다. 해석학은 석의를 포함하며, 텍스트가 본래 의미한 것과 지금 의미하는 것 모두에 관심을 둔다. "석의"를 참고하시오.

헤롯당(Herodians)
예수님 당시 헤롯 왕조의 권력을 지지한 유대주의 당파이다. 그들의 신학적 입장은 사두개인의 입장과 비슷하지만, 카이사르에게 세금을 바치는 문제와 관련하여 예수님을 반대하는 일을 두고 바리새인들과 야합했다(마 22:16; 막 12:13). 일부 헤롯당원들은 예수님이 갈릴리에서 기적을 행하자 그를 죽이려 했다(막 3:6).

헬라주의자(Hellenists)
팔레스타인 밖에 살며 헬라어를 사용하고 또 헬라 생활방식을 어느 정도 수용한 유대인들을 지칭하는 용어이다(행 6:1; 9:29).

헬라화(Hellenization)

알렉산더 대왕의 세계 정복(주전 4세기)으로 시작한 일련의 과정, 곧 비-헬라인을 강제로 헬라어 사용은 물론이고 헬라사상과 생활방식에 따르게 한 문화작업이다. 이 과정의 기간이 길어서 "헬라시대"로 불린다. 신약성경은 이 당시의 언어인 코이네 헬라어로 기록되었다.

현상학(Phenomenology)

인간 의식과 그것의 대상을 연구하는 철학운동이다.

협력 사역(Concursus)

성경 기록 과정에서 하나님과 인간 저자의 협력 활동이다.

해체주의(Deconstructionism)

경험의 사실에 대한 객관적 접근의 시도가 불가능하다는 역설적 결론을 내리게 한다고 주장하는 포스트모던 입장이다. 언어는 지시 대상물을 지시하지 않는다. 오히려 말은 또 다른 말이나 말들간의 차이를 나타낼 뿐이다. 신학에서 목표는 전통적인 사상이나 전통적인 교육 방법을 "해체"라는 것이다.

회당(Synagogue)

유대교의 예배와 교육 장소이다. 회당은 중간사 동안에게 발전했다. 주전 587년에 성전이 파괴된 후 시작되었다. 유대인들이 율법을 연구하며, 모임을 가지며, 하나님을 예배하며, 율법에 준하여 공의를 실천한 장소이다. 헤롯 통치 때 성전이 재건되었지만 많은 유대인들이 예루살렘 성전에 가서 예배할 수 없었기 때문에 회당은 계속 존재했다. 로마 전역, 주로 팔레스타인에 많은 회당들이 있었다. 초기 그리스도인들의 예배는 많은 면에서 회당 예배와 비슷했다.

희생제사(Sacrifice)

하나님의 영광 그리고 우리가 하나님께 종속되어 있다는 사실을 인식하여 하나님께 드리는 제사이다. 동물제사 시스템은 구약성경에 제시되어 있다. 이것은 자신을 영단번의 최종 제사로 드린 예수 그리스도의 죽음으로 성취되었다(히 9:11-14; 10:10). 그리스도인들은 하나님을 섬기는 일에 자신의 산 제자로 드려야 한다(롬 12:1, 2).

12제자(Twelve)

"사도"를 참고하시오.

70인역(Septuagint, LXX)

히브리어 구약성경의 헬라어 번역본이다. 대략 주전 250년에서 주후 50년간에 번역되었다. 히브리어를 자신들의 일반 언어로 사용하지 않은 디아스포라 유대인들이 이 번역본을 사용했다. "70인"을 사용한 것은 전승에 따르면 70명 (혹은 72명)의 학자들이 72일 동안 번역했기 때문이다. "외경"과 "디아스포라" 그리고 "얌니아"를 참고하시오.

Q(독일어 *Qulle*)

"자료"를 뜻하는 독일어이다. 주로 예수님의 말씀을 담은 가상의 자료를 부르는 용어이다. 이 가설에 따르면 마태와 누가가 복음서를 기록할 때 이 자료를 사용했다. 내용의 핵심은 마태복음과 누가복음에 공통적으로 사용되지만 마태복음에는 없는 대략 23개 구절이다.

복습문제정답

제1장 왜 신약성경을 연구하는가?
1. 토라, 예언서, 성문서
2. 토라
3. 언약
4. 외경적/신명기-정경적
5. 문화적 교양
6. 복음서, 사도행전, 서신서, 계시록
7. 요세푸스
8. 정경
9. 신인 협력
10. 파피루스

제2장 모든 것을 모든 민족에게
1. 타르수스
2. 사울
3. 선교사
4. 체포
5. 신적인
6. 다신론적
7. 율법주의
8. 아브라함
9. 예배
10. 예수님
11. 대속물
12. 부활, 십자가

제3장 로마서
1. 길이
2. 종교개혁, 루터
3. 아우구스티누스
4. 믿음
5. 그리스
6. 인사말
7. 복음
8. 생활방식
9. 음식, 관습
10. 존 칼뱅

제4장 고린도전후서·갈라디아서
1. 고린도
2. 부도덕성
3. 2차
4. 에라스투스 비문
5. 고린도전서
6. 은사
7. 찬양
8. 고난
9. 예루살렘 모금
10. 바나바, 1차
11. 사도행전 13장
12. 유대화주의자

제5장 에베소서·빌립보서
　　　골로새서·빌레몬서
1. 아르테미스 혹은 다이애나
2. 능력
3. 신적 보호, 능력부여
4. 실라
5. 우정
6. 자기-중심
7. 에바브라
8. 헬라적
9. 골로새 이단
10. 개인적
11. 오네시모
12. 그리스도

제6장 데살로니가전후서·
　　　디모데전후서·디도서
1. 2차
2. 데살로니가
3. 반대
4. 가르침
5. 하나님, 하나님
6. 더 짧은
7. 갈리오 비문
8. 디모데전서, 디모데후서, 디도서
9. 목양적 관심
10. 에베소
11. 로마
12. 크레타

복음서 연구
-예수와 복음서-

엘웰 월터 · 로버트 야브루 지음/ 류근상 옮김
신국판/ 376면/ 15,000원/ 크리스챤출판사

　본서는 뛰어난 복음주의 성경연구자료이다. 이 책은 단지 신약성경 각권의 내용만 제시하는 것이 아니라 성경과 관련된 역사와 문화 및 지리적 배경에 대한 폭넓은 통찰력을 제공한다. 복음서는 하나님께서 예수 그리스도를 통해 이루신 하나님 나라의 도래와 확장 그리고 구원사역에 관해 이야기함으로 제자도의 실천을 촉구한다.

바울서신 연구
- 바울과 바울서신 -
Encountering Paul And His Epistles

2010년 8월 15일 1판 1쇄 발행

저 자: 월터 A. 엘웰 · 로버트 W. 야브루

옮긴이: 류근상

발행인: 류근상

발행처: 크리스챤출판사

주 소: 경기도 고양시 덕양구 토당동 364
현대 107-1701호

전 화: 031) 978-9789, 070-7717-7717

핸드폰: 011) 9782-9789, 011) 9960-9789

팩 스: 031) 978-9779

등 록: 2000년 3월 15일
등록번호: 제 79 호
판 권: ⓒ 크리스챤출판사 2010

정 가: 10,000원
I S B N: 978-89-89249-72-6